JN173736

非戦・対話・NGO

国境を越え、世代を受け継ぐ私たちの歩み

大橋正明・谷山博史・宇井志緒利・金敬黙・中村絵乃・野川未央❖編著
内田聖子・木口由香・小泉雅弘・田村雅文・満田夏花・渡部朋子❖著

新評論

はじめに

「非戦」を伝えるために

日本は戦争ができる国に変わろうとしている。日本国憲法で放棄したはずの戦争をするためには、「戦後レジームからの脱却」が必要であり、平和主義、国民主権、基本的人権の尊重という日本国憲法の基本原理を変えなければならない。今政府が進めている政策と、政策の策定ならびに運用のプロセスでは、憲法改正を先取りする形でこれら憲法の基本原則が蔑ろにされている。

集団的自衛権行使を可能とする安保法制（安全保障関連諸法、二〇一五年九月一九日成立）が国会で審議されている二〇一五年七月二日、同法およびこれに関連した動きに反対するため、日本のＮＧＯ有志によって「**ＮＧＯ非戦ネット**（第二次）*」が立ち上げられた。発足からこれまでに、国会前集会でのスピーチ、声明や国際共同声明の発表、講演会やシンポジウムの開催、政党関係者との対話、安保法制廃止のための二〇〇〇万人署名運動への参加など、様々な活動を展開してきた。

ＮＧＯとは、Non-governmental Organization（非政府組織）の略号であり、文字通り、非政府の視点・立場から平和で公正な社会の実現を目指す市民による組織である。紛争地や災害現場における緊急人道支援、平和づくり、環境保全、貧困削減など、国境を越えたグローバルな問題の解決のために、国内外の様々な地域で活動を行っている。一方「非戦」とは、「反戦」や「不戦」と区別された、戦争そのものを否定する概念である。「非戦憲法」を持つ国のNGOとして、私たちは武力によらない平和を信条として生き、活動してきた。NGO非戦ネット（第二次）を私たちが立ち上げたのは、その信念からの行動であった。

しかし、NGOからの声は、NGOが培ってきた現場の知見、思考の深さを伴って本当に伝わってきたであろうか。日本の将来を左右する重大な問題が世論を二分しようとしている中で、共生と対話それ自体を価値とするNGOの活動意義、そこに携わる者たちの生の声、率直な考え方を遺憾なく伝え残すことができたであろうか。NGO非戦ネット（第二次）に関わりながらも、こうした問いを自らに課した者たちが集まって本書は生まれた。本書は、ときに「非現実的」と揶揄される非戦の取り組みを、自らの人生とNGOの使命において非戦を生きる一人の人間の声として伝え、残していくことを目的としている。

NGO非戦ネット（第二次）が活動を始めた頃から日本と世界の平和を取り巻く状況は一層厳しさを増している。本書を企画した一年前と比べても、「共謀罪」法（テロ等準備罪を含む改正組織的犯罪処罰法、二〇一七年六月一五日成立）の立法化に見られるように、戦争ができる国に向けた「国の造り変え」の動きは早い。二〇一七年四月以降、朝鮮民主主義人民共和国（北朝鮮）の核・弾道ミサイル実験や米韓軍事合同演習および日米韓合同の弾道ミサイル実験計画をめぐり、アメリカと北朝鮮は威嚇や挑発の応酬を繰り返している。また、日本では北朝鮮の核・ミサイル実験に対する政府の対応とメディアの過熱報道により、私たちは戦争前夜にいるかの錯覚に陥り、防衛費の破格の増額と九条改憲を受け入れざるを得ないかの状況に包まれようとしている。事態は急激かつ目まぐるしく、直近の動きを予測することすら容易ではない。だからこそ非戦を語る私たちの本は、個々の事態や政府の政策を追うだけのものにはしたくない。非戦の取り組みが個々の事態や政策に乗り超えられても、決して乗り超えらない思考の深さと射程の広さを持つものにしたい。そのためには、今日本と世界で起きている事態の意味を問い、少し歴史を遡ってその意味を位置づける必要がある。

「共謀罪」法の衝撃

この本の編集作業が終盤に差し掛かっている二〇一七年六月一五日、「共謀罪」法が国会で成立した。参議院法務委員会での採決を省略し、本会議で数の力に物言わせての強行採決であった。全国各地で日増しに高まる反対の声をねじ伏せる安倍晋三政権（第二～四次安倍内閣、二〇一二年一二月～）の政治手法は、デジャヴュ（既視感）を抱かせるように繰り返された。特定秘密保護法（特定秘密の保護に関する法律、二〇一三年一二月一三日成立）、安保法制、環太平洋戦略的経済連携協定（ＴＰＰ）、そして「共謀罪」法と、私たちの人権と生活の基盤を根底から覆しかねない重要法案が、ろくな審議もなされぬまま私たちを縛る法律と化す。このこと自体が今の日本の異常さを物語っている。これは、沖縄の辺野古、高江の米軍新基地建設に反対する住民の運動を、機動隊や海上保安庁が暴力で排除するのとその政治手法において共通している。異論には耳を貸さない、市民運動や住民運動は権力にとって邪魔なものでしかない、そういった当局者の認識が政府行為において如実に現れたものだ。

「共謀罪」法の空恐ろしさもここにある。政府が立法事実と主張する「テロ」集団の犯罪の脅威に対して、これを未然に防ぐことを目的に、二七七もの犯罪を共謀・準備の段階から監視と捜査と処罰の網に掛ける。この法律は、私たちの多様な市民活動を確実に縛り上げる。対象となる犯罪にはおよそ「テロ」行為とは考えがたいものが多くみられる。沖縄の米軍基地建設に反対することがテロ行為の準備にあたるのか。農民が自らの土地と環境に根ざした農のあり方を守ろうとして、あるいは、日本の医療者や患者が日本のすぐれた医療保険制度を守ろうとしてＴＰＰに反対することがテロ行為の準備にあたるのか。海外で起きている土地収奪に異議を唱え、関わりのある政府や企業の活動を止めようとすることがテロ行為の準備にあたるのか。政府の政策や行為に異議を唱える活動はほとんどすべてこの法律に引っかかる。または引っ掛けるために会話や交信記録を傍受・収集して捜査の対象とすることができる。市民活動を萎縮させる効果は致命的なほどに大きい。すでに、「共謀罪」法への反対署名に加わっただけで行政や議員から圧力をかけられる事態が各地より報告されている。

世界の現状に照らして

今世界では「テロ」、「対テロ戦争」、憎悪、復讐、ヘイトクライム（差別を伴う犯罪）等、あらゆる暴力が至るところで猖獗を極めている。バングラデシュで起きた残忍な殺害事件では邦人七名が巻き込まれた（二〇一六年七月二日）。中東以外の地域、そして「先進国」の市民生活の内部にも憎しみが浸透し、異なる価値観を持つ者同士の間で亀裂が深まっている。日本も対岸の火事ではなくなっている。

一方で、中東やアフリカでは「テロリスト」を殲滅するための「対テロ戦争」が、「テロとの戦い」という正義を掲げながら「テロ」と同じように無数の無実の人間を殺し続けている。これがまた憎しみと「テロ」の再生産につながっている。

「対テロ戦争」を含め、世界各地で起きている紛争には多分に経済戦争の側面がある。気候変動の深刻化に伴う世界規模での資源争奪戦が背景にある。水・森林・石油などの自然資源が世界的に枯渇する中、各国は経済成長のために「奪い合い」を加速させている。資源市場のフロンティアはもはやない。資源をめぐる紛争が今後ますます頻繁に起こることは間違いない。地域紛争が他国を巻き込んだ戦争に発展する可能性も高い。また、土地収奪に絡む事件が二〇一一年に二〇〇〇年に比べて一〇倍に増え（国際ＮＧＯオックスファム報告）、二〇一五年には土地収奪に抵抗して殺害された活動家が史上最多になった（国際ＮＧＯグローバル・ウィットネス報告）ことでわかるように、土地収奪や資源収奪は今後も加速するであろう。経済成長一辺倒の開発が途上国の人々を、紛争・戦争や資源収奪の犠牲者として再生産し続けることになるのである。

冷戦終結から対テロ戦争の時代へ

この状況を二〇世紀末の時代まで遡って捉えると、世界大の経済戦争は冷戦終結（一九九一年、ソ連邦解体）が契機となっていることがわかる。米ソ冷戦の時代、世界は核戦争によるメガ・デス（一〇〇万人単位の核殺戮）の脅威にさらされていた。冷戦の終結によって世界は一旦メガ・デスの驚異から解放されたが、アメリカの一極集中のもと、今度は市場経済が世界を席巻するようになった。市場は新たなフロンティアを求めてグローバルに拡大し、世界の隅々に、コミュニティの底辺にまで浸透していった。

一方、一九九〇年代の一〇年間は民主主義や人権の理念が世界中に広がった時期でもあった。冷戦の終結によって東欧の民主化が加速化した。南アフリカ共和国の人種隔離政策《アパルトヘイト》が廃止された。オスロ合意によってパレスチナ和平が動き出した。四半世紀続いたカンボジアの内戦やモザンビークの内戦が終結した。国際開発の領域でも新たな政策が取り入れられた。途上国の開発援助を国家のガバナンス改革によって推進する「グッド・ガバナンス」（良い統治）の潮流が生まれ、国連開発計画（ＵＮＤＰ）の人間開発報告書や世界銀行の貧困撲滅戦略（ＰＲＳＰ）、ブラジル・リオデジャネイロでの「環境と開発サミット」（国連環境開発会議）などによって、国際開発に「人間開発」や「環境」の視点が取り入れられるようになったのである。この流れの中で、ＮＧＯと国連・政府との政策面での連携も急速に進み、日本の政府開発援助（ＯＤＡ）の中身も変化した。日本のＯＤＡは八〇年代のバブル期を通じて企業の海外進出の尖兵役を担い、大規模経済インフラ支援や資源開発に伴う住民移転、環境破壊、人権侵害が批判されていたが、九〇年代には、「社会開発」や「平和構築」といった新たな分野での活動が重視されるようになった。

しかし、地球と人類の危機に対処しようとした様々なチャレンジも、市場経済の猛威を制御することはできなかった。もっと豊かに、もっと早く、もっと効率的に富を獲得しようと、生き馬の目を抜く激烈な経済競争はその後も続いた。結果、世界中で格差は拡大し、今や世界人口の上位一パーセントの資産額は残り六六％のそれと同額であり、世界で最も裕福な六二人の総資産額が下位三六億人のそれと同額であると言われるまでになった（オックスファム「格差に関する二〇一七年版報告書」）。

こうしてこのグローバルな不公正が、二〇〇一年九月一一日のアメリカ同時多発襲撃事件（9・11事件）で「テロ」という名の挑戦にさらされることになるのである。しかしアメリカとそれに付き従う日本をはじめ、世界の指導者たちはこの不公正に目を向けることなく、「テロ」に対する「対テロ戦争」という武力による現状維持、すなわち先進国の権益防衛に走った。以って「テロ」はなくなるどころか拡大・多様化し、「対テロ戦争」はますます熾烈の度合いを強めている。

日本の軍事化の動き

今日本の政治において進行している事態はこうした世界の情勢の中で捉える必要がある。安倍政権はこれまでの国家安全保障のあり方が消極的であったとして、「国防」と「国際の平和への貢献」をセットにしたより積極的な一連の政策を打ち出し、次々に法制化・施策化してその運用を進めてきた。これらの政策の旗印として掲げるのが「積極的平和主義」である。

「積極的平和主義」の旗印の下、政権が何をしようとしているかは、二〇一三年一二月に閣議決定された国家安全保障戦略に如実に示されている。すなわち、「わが国の防衛」「国際の平和への一層の貢献」のために安保法制を整備して、憲法解釈の変更によって自衛隊の活動を世界中で展開できるようにする。国家安全保障会議を設置して、「司令塔機能の下、政治の強力なリーダーシップにより、国家安全保障政策を一層戦略的かつ体系的なもの」にする。特定秘密保護法を制定して、「政府横断的な情報保全体制の整備、カウンター・インテリジェンス機能を強化」する。武器輸出三原則を撤廃して、「防衛装備品〔武器〕の共同開発と移転〔輸出〕を可能にする（「防衛装備品移転三原則」閣議決定、二〇一四年四月一日）、ODA大綱を改定して、「これまでのスキームでは十分対応できない機関への支援」つまり他国軍に対してODAの供与ができるようにする（「開発協力大綱」閣議決定、二〇一五年二月一〇日）。TPP交渉を成功させ、「日米同盟の強化」と「アジア太平洋地域の経済的繁栄の実現」を目指す（二〇一六年一〇月、TPP交渉の大筋合意）。こういった事柄が次々と打ち出された。

「積極的平和主義」の中核に安保法制があることは明らかだが、安保法制を機能させるためにはこうした様々な施策の組み合わせが補完的役割を担う。安保法制とこれらの諸施策が一体となって、中央集権的な強権と強制力を社会の中に拡大・浸透させようとしているのである。こう考えると、「積極的平和主義」は、日本の軍事化へ向けたスローガンと見ることができる。これらの諸施策に「共謀罪」法が加わった今、国の形は一層軍事化に向けて整備されつつあることがわかる。

本来の平和主義に立ち戻って

そもそも「積極的平和」とは平和学の用語で、単に戦争や紛争が無い状態を指す「消極的平和」に対置した概念であり、貧困・抑圧・差別などの構造的な暴力が取り除かれた状態を指す（ヨハン・ガルトゥング）。したがって、この言葉は安倍政権の言う軍事優先の発想から生まれたものではない。本来の意味では、構造的な暴力を取り除くことを一番に進めることが「積極的平和主義」なのであって、それはまさに日本国憲法の前文と九条で示された軍事に拠らない平和主義、世界の人々の平和的生存権を実現するための平和主義に他ならない。

この考え方を実践する試みの一つが、ＮＧＯなど市民組織による非軍事的な国際協力活動である。自国社会のみならず、「世界のすべての人々」が健康で文化的な生活を享受できるよう社会サービスを充実させ、「世界のすべての人々」の人権が守られるよう社会や行政の仕組みを改善する手助けをすること。紛争や戦争を避けるために、あるいは紛争や戦争後の和平のために、対立する勢力間・紛争当事者間で対話や信頼醸成への道が開けるよう仲介すること。これらは、日本国憲法が描く本来の「積極的平和」に向けた取り組みでもある。たとえば、ＮＧＯが行う中立原則に即した人道支援活動や、開発教育・平和教育活動、あるいは政府や企業の活動を監視・批判し代替策を提示するアドボカシー（政策提言）活動もおしなべて、世界の人々の平和的生存権を謳った憲法前文に則す「積極的平和」のための活動である。私たちが「非戦」の語を使う時、そこには本来の意味での「積極的平和主義」、すなわち、「武力に拠らずに平和な状態を積極的に作っていく」という思いが込められている。

世代を超えて受け継いでいく

なぜ戦争は無くならないのかと問われたある人類学者は、人間は死ぬからである、と答えたという。凄惨な戦争体験もその記憶も、体験した本人とともに消滅する、だから人間は同じ過ちを繰り返すというわけである。特定秘密保護法や安保法制の反対デモには、戦争体験者である七〇代、八〇代の方々が数多く参加されていた。かれらは戦後民主化の風を正面から浴び、憲法とともに歩み、憲法の「積極的平和主義」を子どもや孫の世代に引き継ごうと生きてきたはずである。だが、今かれらの耳には戦前・戦中の軍靴の音がゾンビの足音のように聞こえているに違いない。生きている間に、こんな時代が再来するとは夢にも思っていなかったのではないか。死んでも死にきれないのではないか。

本書の執筆に参加した者たちは皆、一九五〇年代から八〇年代の生まれであるから、日本の戦争を直接体験した世代ではない。しかし、七〇、八〇代の先輩方と同様、今の日本政治の動きに軍靴の音を聞く者たちである。いや、日本の状況に対してだけではない。世界で頻発している紛争、対テロ戦争に対してもそうである。また、土地収奪など人々の生命・財産・文化の基盤を根本から奪い取る、いわば砲弾の音のしない「戦争」に対してもそうである。本書の執筆者たちは、そうした紛争や戦争の現場に身を置いたり、被害に遭う人々の境遇に寄り添いながら、それを、同時代を生きる自己の体験として感じ取る者たちである。そして、戦争を避けられないものとしては決して考えず、戦争を作り出す諸要因の根っこを一つひとつと抜き取り、平和の種を植えようとする者たちである。

私たちは、戦争は無くせるという信念を行動で示してきた。その信念も行動も特別なものではない。ふとしたきっかけや出会いによってもたらされたものだ。この本を読まれればおわかりいただけるが、本書に参加した者たちは皆、「ただの人」から始まって、今もやはり「ただの人」である。悩み、試行錯誤を繰り返しながら、人との出会い、新たな自分との出会いを生きてきたにすぎない。しかし、この出会いの軌跡の中で、足元の自分と不条理に満ちた世界との関係性が明瞭に見えてきた瞬間、おのずとある促しが心中に生まれ、行動がその促しを育んだ。本書はそうした経験をした者たちが、その信念と行動を「非戦」という言葉で語るために集って成ったものである。

戦争を無くすために集い、語り、行動することが「犯罪」に仕立て上げられても不思議ではない時代…、それが今である。だからこそ、それを食い止めるために語らなければならない。世代を超え、国や立場を超えて、「非戦」の思いと行動の輪を広げていきたい。

共編者　谷山博史

＊　二〇一五年七月二日に発足したＮＧＯ非戦ネットは、イラク戦争の前年二〇〇二年七月四日に発足し、その後休眠状態にあった同名の組織を引き継いで新たに発足した。ここでは便宜上二〇〇二年発足のＮＧＯ非戦ネットを第一次ＮＧＯ非戦ネット、二〇一五年発足のＮＧＯ非戦ネットを第二次ＮＧＯ非戦ネットと呼んでいる。

非戦・対話・NGO／目次

非戦・対話・NGO

国境を越え、世代を受け継ぐ私たちの歩み

本書に参加する人々は、権力による圧力、市民を脇に押しやるいかなる抑圧にも「屈服しない人々」であり、対立する問題には常に非暴力で挑み、ねばり強い対話を最大の価値として活動を続けてきた人たちである。

各人の倫理的基盤は、個々それぞれの人生経験、出会いによって培われた。それゆえ本書は、各執筆者それぞれが「自分史」を物語るところから始められる。そして、一市民として、日々何を感じ、何を見つめようとしているのか、これから先何を為そうとしているかが率直に語られる。

今、私たちに必要なのは、「スローガンの連呼」ではなく、私たち自身の思考の深度を確かめる作業である。「安保法制」を廃止に持ち込むたたかい、それは、私たち自身の生き方、関係性のあり方すべてにつながる「不退転」ではないのか。本書は、こうした考え方から出発する「非戦の意思」を、読者と共有するために編まれた。（編集部）

非戦の理念・アフガニスタン・NGO非戦ネット

第1話 個人史の中の非戦

「奪う豊かさ」から「分かち合う豊かさ」へ

谷山博史
（日本国際ボランティアセンター［JVC］代表理事／一九五八年生まれ）

振り返れば気も沈むが、高度成長期の少年時代、私は戦前・戦中の領土拡張や戦後の海外への経済進出を日本の「輝かしき栄光」と賛美し、憧憬さえした。内なる地殻変動は学生時代。我が日常と、世界に頻発する紛争、難民・飢餓・貧困との著しいギャップ、「足元の豊かさ」と「世界の悲惨」という二つの現実が自分の中で分裂する。NGOで海外の現場に飛び込んだ。目の当たりにした現実は、どれもこれもが日本に、私自身に、無関係ではなかった。「世界を変える」とは自分をも変えることではないのか。この志向の中に自己の人格が統合される時、希望は生まれる。対テロ戦争、その集中砲火を浴びる最前線のアフガニスタンで、我が友のアフガン人が、銃を捨てて平和教育を始めた。憎悪と暴力、その基にある無知・蒙昧を超えるには「対話」しかないと確信する。テロと対テロ戦争、その共犯性を捨象する安保法制、改憲の時代に「非戦」を掲げるのはこの故である。

写真：アフガニスタンの米軍。常に重武装で警戒している（提供：白川徹）

一　人生の歩みと思考のプロセス

●隠しておきたい幼年時代

幼少期、日本は高度経済成長期の繁栄の真っただ中で、巷では東京オリンピックや大阪万博開催に、景気の良い話が飛び交っていた。私の父も、好景気に乗じ早くから世界に進出していた某オーディオメーカーで働く当時どこにでもいるような〝モーレツ・サラリーマン〟で、今で言う育メンとはほど遠い存在だった。そんな父ではあったが、義理の伯父が創業した会社で忙しく働く父を誇らしくも思っていた。創業者の親戚であることを鼻にかけて、小学校の卒業記念文集に「世界のステレオ○○○」と会社の標語を書いたこともある。「日本は戦争に負けたが、失ったものを経済力で回復している」という周りの大人たちの自負は、子どもの私にも影響を与えていたのだろう。今の日本も凄いが、かつての日本も強大で凄かったのだと思い込み、中国、朝鮮半島からインドシナ地域（ベトナム、タイ、カンボジア、ラオス、ミャンマー［ビルマ］、マレーシア西部）、南洋の広範囲を占領していた時代の日本領土の地図を見ては感動していたのである。それだけではない。「同期の桜」などの戦争映画に見る日本軍人の悲壮物語にも、純粋に憧れる自分がそこにいた。

一方で、華やかな社交の場に出る機会が多い大企業の一族に嫁いだ母だったが、あまり派手なことは好まず素朴さを持ち続けていた。そんな母への共感が、年齢を重ねるごとに強まっていった。母の両親は奄美大島・喜界島の出身で、母自身は沖縄の糸満で生まれた。昭和三年生まれなので、ひめゆり学徒隊の世代にあたる。しかし、母は奄美出身の家系であることや沖縄で生まれた経緯を人に語ろうとはしなかった。当時は沖縄・奄美に対する差別が強く、東京ではひた隠しに隠すしかなかったのであろう。父方の企業創業者一族の家を訪ねる時はいつも身を小さくして、居心地悪そうにしていたのはそのせいかもしれない。母を通して見える「世界」の中で、私の中に、強者、権力を持つ者の側に立ちたくないという思いが深層意識として募っていった。

戦争の不条理に気づく

転機のきっかけは、高校生の時テレビで観た沖縄戦ドキュメンタリー番組の中にあった。何よりも驚いたことは、軍隊が、国を守るという名目で住民を犠牲にした事実であった。この衝撃で、それまで抱いていた日本軍人を美化する悲壮物語への憧れや、幼稚な「日本経済仇討史観」は打ち砕かれた。大学生になってもその頃の衝撃は消えず、その思いが自分に「ああ平和」という詩を書かせた。

「[前略] 私は思い出す　かつて人々の嘗めた悲惨な経験／沖縄戦も終盤の　辛酸極まる撤退を／重病人は一人残らず毒殺し　家を焼き村を棄て／追いつめられ追いつめられて　洞窟にこもる最後の抵抗／[中略]／ああ平和　ああ平和　お母さんたち　子どもたち／そして善良な人たちの／ただひとつ　この世で手にする幸福の共通の形／[後略]」。

戦争を経験したことのない自分が、取りつかれたようにアジア・太平洋戦争に関する本を読み漁るようになったのもこの頃だ。ある本の中で、「軍国主義と戦争がいかに人間性を失わせるか」「軍と財閥がいかに癒着していたか」を如実に描いた映画があることを知った。五味川純平の「人間の条件」と「戦争と人間」である。「戦争は、単なる軍国主義の狂気ではなく、日本の経済支配層が仕掛けた」ものである、という視点を、それらの作品を観て初めて知った。どうしても原作者、五味川さんに会ってみたくなり、講演会に行った。講演会のあと勇気を出して五味川さんに声をかけると、「〝小さな勇気〟と〝小さな行動〟を、忘れないでください」と励ましてくださった。今振り返ってみると、「戦争は起こるのではなく、起こされるもの」という私の〝権力認識〟や〝戦争認識〟はあの時に芽生えたように思う。まさに、意識変革の洗礼を受けた出来事であった。

世界の矛盾の真っ只中に立って

反面、高校から大学にかけての私は、勉強や人生の目標を持ち得ず、すべてに光が見出せない「暗黒」のような時代を送った。特に高校時代は、授業を抜け出しては酒を飲みに行き、気に食わない生徒には喧嘩をふっかけるといった手に負えない不良だった。大学時代も、漂流するように、ただただ無為に日々を送っていた。時は日本のバブル最盛期。町にもキャンパスにも金と物があふれ、享楽的な風潮が蔓延していた。いや、私がそう感じ取って、自分の身の置き所を見つけられないでいたのである。学生運動は遠い過去のことのように思えた。

日々、目の前に繰り広げられるバブルの狂騒と世界で起こっている戦争・飢餓・貧困の現実とのギャップがあまりに大きく、足元のバーチャル感に苛まれていた。この身の置き所のなさは、生きていることへの不安と言ってもいいであろうし、自分は「何者か」であるはずなのに「何者でもない」といったアイデンティティの喪失感と言ってもいいかもしれない。この虚無感の業苦に押し出されるようにしてたどり着いた先は、鎌倉の円覚寺だった。居士林という在家の修禅道場で学生幹事を務めながら禅僧の修行道場である僧堂に通い、坐禅に打ち込んだ。そうやって、自分の身の置き所を内面にむけ探ろうとしたのである。内面を探りながら、他方では、今世界で起きている問題に直接触れたいという思いが頭をもたげていた。ちょうどその頃、フィリピンのマルコス大統領が日本の援助を着服し私財を築いているといった問題が取り沙汰されていた。これに関心を持った私は、大学院の友からフィリピンの友人を紹介してもらい、迷わずフィリピンに行くことに決めた。

何カ所か回った中で特に忘れられないのは、ミンダナオ島のダバオを訪れた時のことである。海岸縁の桟橋に人が集まっていた。見ると何人もの人が桟橋の上からコインを海に投げている。桟橋の下では浅黒い肌の人たちが船から海に飛び込み、投げられたコインを奪い合っていた。シージプシーと呼ばれる海上生活者たちであった。コインを投げた人たちはこの様子を見て手を叩いてはしゃいでいた。見れば日本の若いカップルたちである。日本の若者はシージプシーたちと川を隔てた対岸にいて、関係性を持たぬ者のように振る舞っている。衝撃の光景に、私は世界の矛盾の真っ只中に立たされた思いに駆られた。もう逃げられない。逃げられないのであれば、向こう岸に渡って自分にできることをしよう、そう思った。日本に帰るとすぐに、海外の支援活動現場に行くチャンスを求め、NGOを尋ね歩いた。たどり着いたのが日本国際ボランティアセンター（JVC）だった。

二　時代認識・現実認識

紛争下のタイ・カンボジア国境での経験

世界の矛盾の只中に飛び込もうとJVCのボランティアに参加し、後にスタッフとなった私にとって、タイ・カンボジア国境での難民キャンプと避難民村の現実はあまりに過酷であった。

20代の筆者（1987年、JVC東京事務所にて）

後で詳しく述べるが、一九八〇代カンボジアは内戦状態にあり、反政府ゲリラ勢力はカンボジアとの国境に近いタイ領内に避難民村をつくりカンボジアからの難民を収容し、管理していた。ゲリラ勢力を支援するタイ政府もこれを認め、一種の自治を許していた。一方、ゲリラの支配を逃れた難民たちは、国連の難民高等弁務官事務所（UNHCR）とタイ政府が管轄する難民キャンプに収容された。難民キャンプにいる人々には基本的に難民のステータスが認められ、避難民村にいる人たちはゲリラが統治する「政府」の住民ということになっていた。カンボジア内戦を逃れてタイ領内にたどり着いた人たちは難民キャンプで暮らそうが避難民村で暮らそうが、いずれにしてもかれらを護るべき国からの保護を失っていた。ある時難民キャンプの知り合いの家でゲリラの支配する避難民村から逃げてきた若いカップルに会った。二人は難民キャンプで暮らす許可を、キャンプを管轄するタイ国軍から得ていなかった。捕まればゲリラ勢力が支配する避難民村に返され、避難民村に返されれば逃亡と見なされて殺される可能性がある。母国カンボジアの政府も、ゲリラ勢力も、タイ政府も、かれらの命を守ってはくれない。助けてくれと直接言われたわけではないが、かれらの目がそれを求めていた。しかし、その時の私にはどうすることもできなかった。

同じ頃、ＪＶＣの宿舎から難民キャンプに向かう途中、いつもは問題なく通過できる検問所でタイ国軍に捕まった。同僚のタイ人スタッフが難民に頼まれた医薬品をキャンプに持ち込もうとしたためである。当時タイ軍はカンボジア・ベトナム連合軍と臨戦体制にあり、厳しい国境管理を敷いていた。キャンプに持ち込む物資はすべてタイ軍の許可を得なければならなかった。タイ人スタッフはそれをせずに医薬品を「不法所持」し、車のバックシートに隠していた。私にも内緒にしていた。すぐに私たちは近くの町の警察に連行され、収監された。私はそこで一週間「臭い飯」を食うはめになる。数日前にはタイからマレーシアにヘロインを不法に持ち込んだ罪で二人のオーストラリア人が処刑されていた。私たちは死刑か島送りになるかもしれないと恐れた。

結局、タイ人スタッフは罰金刑、私は不起訴になり難を逃れたが、この出来事が難民キャンプに逃れてきたカンボジア人カップルの置かれた状況と重なり、戦争下の現実の過酷さと個人の無力さを思い知る最初の体験となった。もしこの時、目の前の現実を長い歴史時間や世界の構造的な問題に引き寄せようとせず、やり過ごしていたなら、立ち直る糸口を見出せずに現場から逃げ出していたかもしれない。

同じ時期、私はタイ政府が閉鎖を発表したカオイダン難民キャンプの技術学校（車両整備のための学校）を生徒や職員の将来のために避難民村に移し、ＪＶＣがその運営を継続できないかとを提案した。しかし東京（ＪＶＣ東

カンボジア避難民村（タイ）でのJVCの食糧配給の様子（1983年）

京本部）の反応は、ノーであった。せっかく技術を学んでも、生徒たちはゲリラ勢力の工兵として徴用されてしまい、結果的に生徒を危険に晒し戦争に加担させてしまうというのである。そうなればJVCも戦争に加担することになる、と。返す言葉を失った。中立性を大前提とする人道支援が戦争に加担する結果につながるなど考えたこともなかったからだ。人道支援のあり方を見極める複数の視点が、自分の中で芽生えた瞬間だった。

●人道支援という積極的非戦

カンボジアは当時、タイ・カンボジア国境周辺を実効支配する三つの異なる反政府ゲリラ勢力と、ベトナムおよびその傀儡政権とされる人民党政府とが対立していた。ゲリラ勢力はタイや東南アジア諸国連合（ASEAN）諸国、日本やアメリカの西側諸国（資本主義諸国）が支援し、一方のカンボジア政府とベトナムはソ連、東欧諸国、中国の東側諸国（社会主義諸国）が支援していた。東西冷戦下にあって、西側から見れば自分たちの支援する勢力を「善玉」、東側勢力を「悪玉」と見立てた代理戦争の構図の中で、人道支援はカンボジアからタイに逃れてきた難民に偏り、カンボジア国内に残る人たちにはわずかな支援しか届いていなかった。戦争（紛争）にまつわる人道支援の政治的バイアスは、戦争に利用され、戦争を長引かせることにもなる。ＪＶＣで学んだこと、それは、この政治的バイアスを乗り超えるために、「敵側」の住民地域にも積極的に支援に入ることの重要性であった。

まさにその頃、ＪＶＣは、国境での支援活動だけでなく日本政府と国交のないカンボジア国内での本格的な支援活動を始めていた。「非戦」の意思を貫くことで戦争に加担しないだけでなく、人道支援の「理念」を貫き「行動」することで戦争そのものを否定する、より積極的な非戦の道を示そうとしたのである。戦争は国と国、人と人を分断し、対立させる。つまり人道支援という行為は敵味方の壁を超え、分断と対立の構造を乗り超えようとする非戦の行為でもあることを、私はＪＶＣの活動を通して身につけた。

その後、同じくタイに避難していたラオスの難民に対して、ラオス政府が帰還事業を始めたことを知り、私は社会主義国ラオスで活動することを決めた。カンボジアの難民はまだ国に帰れないが、ラオスの難民は帰りはじめていた。帰還したラオスの人たちを手助けしたい、そして難民を出さなくてもいい地域づくりに参加したいという強い思いに駆られ、農村開発事業を立ち上げて三年半にわたりこれに打ち込んだ。この経験も私がタイ・カンボジア国境で味わった無力感を乗り超える後押しとなった。

●冷戦後の戦争に対する認識

この頃、世界は冷戦時代の終焉を迎えていた。一九八九年にベルリンの壁が崩され、九一年にはソ連が崩壊した。ソ連崩壊のニュースを私はタイの首都、バンコクのキリスト教女子青年会（ＹＷＣＡ。一九世紀イギリス発祥の国際ＮＧＯ）ゲストハウスのロビーのテレビで知った。これでカンボジア紛争も終わり、難民の人たちが帰れると思った。世界から戦争がなくなるかもしれないという素朴な希望すら抱いた。実際、一九九一年のパリ和平協定によってカンボジア紛争は終結し、難民帰還が始まった。しかし、世界から戦争がなくなることはなかった。

一九九一年の湾岸戦争、九二年に始まるボスニア紛争、九九年のコソヴォ紛争、そして二〇〇一年に始まる「対テロ戦争」……。冷戦終結後も新たな紛争・戦争が続くのである。これらはいずれも、戦争の性格をよりはっきり示すものとなった。時代の局面ごとに政治的様相には違いが見られるが、その誘引には戦争を貫く歴史の縦糸が見てとれる。「市場経済のグローバル化」という誘引である。冷戦終結後の一〇年間が、社会主義圏という市場経済のフロンティアを拡大する戦争であったとすれば、二〇〇一年に始まる「対テロ戦争」は、顕在化した市場経済の矛盾への異議申し立てを、力によって抑え込む戦争と言える。

●戦争を貫く歴史の縦糸と、戦争メカニズムの横糸

この歴史の縦糸は、学生時代に五味川純平さんに触発されて身につけた私の戦争観にも結びつく。また、同じく学生時代に抱いた日本の経済的な繁栄とアジアの人々の厳しい現実との矛盾、あの「世界の矛盾の真っ只中に立たされた」自身の体験にも通底している。

そして、戦争メカニズムという横糸がある。カンボジア紛争で経験したこと、それは戦争のメカニズム、すなわち戦争を遂行するために「悪玉」が必要であり、「悪玉」を再生産するためにメディアのキャンペーンや人道支援が利用されるという戦争のリアリティであった。これについては私の編著書『積極的平和主義」は、紛争地になにをもたらすか?!—NGOからの警鐘』(合同出版、二〇一五)に詳しく書いているので、ここでは割愛する。

三　非戦と非戦の先のオルタナティブ

●開発という「静かな戦争」が始まっている

一九九四年、タイ、ラオス、カンボジアでの八年間の駐在を終えた私は、JVCの東京本部で事務局長の任に就

くことになった。以降、二〇〇二年にアフガニスタンに赴任するまでの八年間は、JVCの職務を担いつつ、一団体のみでは効力を発揮しにくい開発をめぐる問題の解決に向けた政策提言（アドボカシー）活動を行うため、複数の組織が連携するネットワークづくりを進めた。背後には、冷戦終結により加速した経済のグローバル化現象があった。これまで市場経済の外にあった国や地域にも投資や貿易が広がったため、特にカンボジア、ラオス、ベトナムなどでは市場化に伴う開発の負の影響が深刻化していた。私たちはカンボジア市民フォーラムやメコン・ウォッチ・ネットワークといったネットワーク組織を通して、政府や日本社会に現場の声を伝え、開発のあり方を問う政策提言活動を続けた。

私を動かしたのは、自然資源を何世代にもわたって保全・利用してきたコミュニティの仕組みが、戦争のみならず急激な開発によっても破壊されていくことへの強い危機感であった。やっと戦争が終わり再建の時代がきた。地元の人々とともにその喜びを希望へとつなぎ前に進みたい。しかし一方で私には、「新たな暴力」、砲弾の音は聞こえない「静かな戦争」が始まっているように感じられて仕方なかった。

●対テロ戦争とNGO非戦ネット

「静かな戦争」と並行して、「対テロ戦争」の時代がやってくる。無論、その幕開けは二〇〇一年九月一一日のアメリカ同時多発襲撃事件（9・11事件）である。ハイジャックされた民間機がニューヨークの世界貿易センタービル等に突っ込んだこの事件は世界中を震撼させた。しかし私には、この事件に乗じてアメリカが、アフガニスタンでの「対テロ戦争」に世界中を巻き込もうとしていることの方がもっと衝撃的であった（Column 1参照）。日本もアメリカの強い要求を受け、アフガニスタンへの攻撃を軍事支援するために、インド洋に自衛隊の艦船を送った。アメリカの「対テロ戦争」はエスカレートし、イラクにも矛先を向けるようになっていった。

私は、NGOの仲間や若者の平和運動を牽引していた「CHANCE」というグループのメンバーとともに二〇〇二年七月四日、「ＮＧＯ非戦ネット」（第一次）を立ち上げた。イラク戦争（二〇〇三年）を防ぎたい、「対テロ戦争」に対抗する論陣を張りたいという一心であった。ＮＧＯ非戦ネットの趣意書では、「戦争が起こるカラクリや、人間としての当たり前の権利を奪われた人々の絶望と反発が『テロ』の温床になっている」現実と、「世界各地での［ＮＧＯの］活動経験から、貧困や飢えから解放され当たり前の権利を享受できてこそ、平和で安全な社会が導かれる」ことの自明性を説き、「対テロ戦争」とは別の道を追求する私たちの意思を表明した。

NGO 非戦ネット（第二次）設立集会が2015年７月２日に東京・築地本願寺で行われた。設立時、同ネットの呼びかけ人は17名だった

最初に立ち上げたこの第一次ＮＧＯ非戦ネットの発足から一三年、この間日本は海外での戦争に参加しようとする道をひた走りに走っていた。二〇一五年七月二日、折しも国会で安全保障関連諸法（安保法制）が審議されている時、私たちはこれに反対するために再びＮＧＯ非戦ネット（第二次）を立ち上げた（Column２参照）。当時ＪＶＣは、政府が安保法制の地ならしとして集団的自衛権の行使容認を柱とする閣議決定を行った際、独自の声明を発表し、各地で安保法制に反対する講演を行っていた。しかし、他のＮＧＯが同じように声を上げることは稀であった。老若男女を問わず、すでに多くの市民が全国各地で立ち上がっていた。「憲法九条が脅かされるほどの歴史的転換点に、ＮＧＯが黙していていいのか」「日本のＮＧＯに対する歴史的審判は、次世代の人々によって必ずや下されるであろう」。一種の焦燥感、これが第二次ＮＧＯ非戦ネットを立ち上げた中心メンバー全員の抱く、共通した胸の内であったと言える。少なからぬＮＧＯが、組織の理事・会員あるいは政府からの批判を恐れ、組織として声を上げることを躊躇していた。ならば、

組織を超え、個人としての参加を募れば輪は広がるはずだ。そうした期待と、手応えを感じながら第二次ＮＧＯ非戦ネットは発足された。

奪う豊かさから、自足し分かち合う豊かさへ

安保法制が抱える問題は、政府与党の強硬採決という観点からは立憲主義や民主主義の問題と言える。また、イラクやアフガニスタンなど現代の戦争の現場を見てきた私にとっては、この法律は米軍主導の侵略戦争への加担にさえ映る。そうあって欲しくはないが、この法律は日本の自衛隊が紛争当事者になって現地の住民を殺すことにもなりかねない極めて重大な問題を含む。それだけではない。安保法制は私たちが紛争地やその周辺から資源や食糧を確実に輸入するための強引な手段、日本経済再興のために武器輸出を公然化する手立てにもなろうとしている。経済成長を復活させ「豊かな生活」を守るためには、アメリカに付き従って「国際秩序」を維持することが必要、ということらしい。このことは安保法制をめぐる国会審議の政府答弁からも窺い知れる。その答弁において政府は、集団的自衛権行使の要件として自らが判断する「存立危機事態」について、経済的な要因を挙げた。存立危機事態とは「日本の経済の生命線が脅かされる事態」であると政府は答弁し、はじめは石油（資源）輸入のことを、次にプルトニウム（エネルギー）や食糧輸入のことを取り上げて、これらを「生命線」と表現した。

安保法制を批判し、戦争に反対するだけでは戦争は止められない。戦争への加担も避けことはできない。

地球上の化石燃料や鉱物資源、水、森林、土地などの自然資源は、ここ数十年の間に急激なスピードで枯渇に向かい、地球温暖化を加速させ、貧困地域をどんどん拡大させている。その責任はむろん経済成長一辺倒の私たち先進国にあるのだが、近年では新興国が同じ舞台に登場し、資源争奪戦に加わるようになった。希少化する資源の争奪は、今後さらに加速するであろうとも言われている。だとすればどうなるか。各国が武力を用いて奪い合うか、経済戦争によって奪い合うか、どちらにせよ自然資源を生活の糧とし慎ましく暮らしてきた途上国の人々から奪う

点では同じである。

私たちが言う「非戦」の先には、この問題が厳然と立ちはだかっている。非戦を貫くには、今や私たちは地球上の資源と環境を食いつぶす必要のない、「脱成長」の経済へと舵を切るしかないのである。それは「武力や収奪に依存しない経済をつくる」ということであり、奪う豊かさではなく、「自足する豊かさ」「分かち合う豊かさ」の実現ということである。人ごとではない。後にも述べるが、私自身、そのささやかな実践として、市民農園に通ったり、ベランダのプランターで野菜を作ったり、地元の町内会に参加したりと、自分なりの模索を始めている。意識は常に世界で起こっていること、自分の生活との関わりに向けながら、足元でできることをする。私にとってはこれが、ＮＧＯ活動を通して確信した自分にとっての基本的な実践法と思っている。

四　非戦を確信させたアフガニスタンでの経験

アフガニスタンに赴く

二〇〇二年に第一次ＮＧＯ非戦ネットを立ち上げた時の私の原動力は、「怒り」と「危機感」であった。９・11事件直後に開始されたアメリカによる対アフガニスタン報復戦争への怒り。アメリカ人の死は悼んでも、アフガン人の死には目もくれず無関心を装う人々への怒り。イラクにもその影響が広がっていくことへの危機感。「テロとの戦い」という「大義」によって戦争が作られるメカニズムを拡大再生産していくことへの危機感…。二〇〇二年七月、事務局長の任期を終えた私は、ＪＶＣのアフガニスタン現地代表として地方都市ジャララバードに赴任した。そこで、これまでにない得がたい経験をすることになる。戦争の不条理に向き合ったこの出来事は、私に「非戦」を確信させたと言っていい。

母親が米軍に撃たれた！

赴任から三年経った二〇〇五年四月末のこと。ＪＶＣ事務所で働くアフガン人職員の中に、医療活動の責任者ハヤトラがいた。そのハヤトラの母親が米軍による誤射を受け、ヘリコプターで連れ去られるという事件が起きた。この突然の事態にどう対処すればいいのか、困惑する私を補佐し支えてくれたのが、当時、同事務所で治安管理担当として働いていたサビルラ（現、ＪＶＣアフガニスタン事務所副代表）である。この青年こそが、私に「非戦」を確信させた当人だった。

事件の一報は、早朝、いつになく興奮したハヤトラからの電話であった。母親の住むホギャニ郡の村では蜂の巣をつついたような騒ぎになっているという。かれらパシュトゥーン民族の伝統では、村の女性が連れ去られることは屈辱であり、屈辱の相手は復讐の対象になるのが普通である。私は、八方手を尽くし母親が米軍基地内の病院に収容されていることを国連アフガニスタン支援ミッション（ＵＮＡＭＡ）から聞きつけ、ハヤトラに伝えた。しかし、彼の弟がすぐに面会に向かうも、なかなか会わせてもらえない。

ちょうど同じ頃、ＪＶＣの支援する診療所が米軍の民生部隊に占拠されるという事件も起きていた。私たちはすぐにハヤトラの母親の事件と並行して米軍や北大西洋条約機構（ＮＡＴＯ）軍直轄の国際治安支援部隊（ＩＳＡＦ）の幹部らと事態収拾についての交渉に臨むことにした。アフガニスタン内務省の一室で私はＩＳＡＦの大佐ほか三名の米軍幹部に母親の事件の一部始終を説明し、この事件が米軍による誤爆・誤射の氷山の一角であることを示したうえで、調査と謝罪と補償を、そして予防措置を速やかに講じるよう求めた。大佐は「日常茶飯で起こっていることなので調査まで手が回らない。よって、謝罪や補償は約束できない」と回答した。

「私には私の平和の役割がある」

ハヤトラの家族に対しては、交渉の場に同行したサビルラからその結果が伝えられた。サビルラによれば、報告

アフガニスタンにて、米軍と交渉するJVCスタッフのサビルラ（写真中央、2009年）

を受けたハヤトラの弟は、「ふざけるな、テロでもなんでもやってやる」と声を荒げたそうだ。アフガニスタンには同様の被害が無数にあり、調査も謝罪も補償もなされないのが常であった。そのため、ハヤトラの弟のように怒りに震え、反政府武装勢力タリバーンに加わる若者も数多い。ハヤトラの母親が巻き込まれた事件では、米軍はまがりなりにも交渉の場を設けた。もしこの時米軍が調査に着手し、謝罪と補償を行っていれば、弟があのような暴言を吐くことはなかったであろう。「テロ」に走った多くの若者も、米軍が少しでも誠実な対応を取っていたなら、過激な行動は取らなかったかもしれない。しかし、対話の道が閉ざされたままの若者たちにとっては、武器を取る以外にどんな方法があるというのか。

　ところがサビルラは違った。米軍の対テロ掃討作戦では彼の村も度重なる攻撃を受け、親族の多くが死傷した。この点で、彼も同じ怒りを抱く若者としてタリバーンへの参加を一度は考えた一人だが、ＪＶＣの活動に参加し、考えを変えた。対話の場をつくり出すことの可能性に賭けたのである。「ＪＶＣに出合わなければ、村に戻って武器を取っていたと思う」、私がアフガニスタンを去る日、彼は私にそう告白した。そして「私には私の平和の役割がある」と、私をまっすぐ見て言った。「非戦」、彼のその願いに私の心は大きく動いた。

　その後彼は、ＪＶＣの仕事の傍ら、個人で平和教育の活動を始めた。互いに理解し、協力し合うことがなぜ大切なのか、それを語り合う「場づくり」としての活動である。自身の家族に向けて語りはじめたこの取り組みは、やがて親族や地域へとその輪が広がっていった。また、最近では、全国の友人たちとともに「ノー・トーイ・ガン」キャンペーン（銃の玩具を禁止する運動）を実施し、銃玩具禁止に関する大統領令を発布させることにも成功した。サビルラの着実な一歩一歩の積み重ねが、私の「非戦」への思いを支えている。

五　いのちと生活を守り合う思考

●世界は関係性の中にある

「世界は関係性の中にある」。平和運動の活動家として知られるベトナムの禅僧、ティク・ナット・ハン（一九二六年～）の言葉である。すべての事象は原因があって生起し、原因があって結果を生み、生起したものとその結果が別の事象の原因となる。「世界は関係性の中にある」とは、関係性の多重な連関の環を表した言葉と言える。ハン師はこの関係性に気づくことが平和への道であると説いた。私は二〇代でNGO職員として海外の現場に飛び込み、紛争や戦争、人権侵害や環境破壊、土地収奪など様々な問題を目の当たりにしてきた。そして、そのどれ一つとして自分や日本に無関係なものはないことを知り、ハン師の言葉の意味を実感した。この関係性の洞察は、私の「非戦」の思想を支えている。私にとっての「非戦」とは、まさに自分と他者（人や自然）との関係性を深く理解し、よりよいものにしようとするところから始まるものだ。それは、糾《あざな》える負の連環をつなぎ直し、対話をつくり出そうとする思考であり、その実践に他ならない。

●分断を生む関わり方と、結合を生む関わり方

人と人との関わり方には、「分断」を生む関わり方と、「結合」を生む関わり方がある。前者は対立を加速し、後者は対話を醸成させる。世界の問題への関わり方も同様である。「テロ」が分断を生む関わり方である。「対テロ戦争」も分断を生む関わり方である。「テロ」も「対テロ戦争」も無数の無実の人間を殺戮し、憎しみと破壊を再生産するからである。

一方、「分断」でなく、「結合」を生むための連環がある。これを生み出す重要な要素が「対話」である。対話を成立させるには、まず互いに影響する事柄について「知ろうとする」ことが前提となる。そして、「知ろうとする」ためには、互いに関わるものごとについて情報開示がなされている必要がある。この前提条件が崩れると、対話は困難となり、互いの関わり方は「結合」から「分断」へと反転していく。二〇一四年から二〇一六年にかけて日本の世論を分断した安保法制や環太平洋戦略的経済連携協定（ＴＰＰ）をめぐる議論の最大の問題がこれである。政府は、市民が知るべき情報開示をせず、国民的議論を封じ込めながら、強行かつ拙速にものごとを決めようとした。安保法制もＴＰＰも、世界との関係において日本の将来を決定づける最重要テーマでありながら、どちらも世論を無視したまま、「国益」中心の議論に終始した。無論、海外の人々に及ぼす影響についての議論などほとんどなされることもなかった。日本の政策によって海外の、特に途上国の住民に著しい負の影響がもたらされるとすれば、その影響は必ず反作用として私たちの下に返ってくるはずだ。

例を挙げて考えてみよう。たとえば、安保法制で制定された法律に国際平和支援法がある。これは、米軍などの外国軍が海外で行う軍事活動を、日本の自衛隊が兵站面で後方支援することをほぼ無条件で可能にするものである。たとえイラク戦争のような「侵略戦争」であっても、この法が適用されれば、日本の自衛隊は他国の軍事活動と一体化し、日本は紛争の現場で紛争の当事者になる。つまりこの場合、日本は、日本が支援する外国軍の「敵」から見れば敵になるのである。「敵」が国際的なネットワークを持つ「テロリスト」であったならば、日本と日本人がテロの対象になるということである。また、ＴＰＰやＴＰＰをモデルにした自由貿易協定への参加も同様の構図を描く。これによって、日本の農業は衰退し、食糧自給率はさらに大幅に下がることが予想されているが、それでも海外から安い農産物を輸入するのが得であると考える人がいる。しかしそれは、世界の他の食糧輸入国がそうであるように、日本もまた海外に食糧の供給拠点を築くことで、海外の農民から土地を奪って自国の食糧を確保しなければならなくなることを意味する。つまり、日本の私たちが「収奪者」として非難の対象になってしまうということである。「世界は関係性の中にある」。日本の、そして私たちのこうした負の行為は、回り回って必ず自分たちに跳ね返ってくるであろう。

このことと並行して今、市民活動のスペースが日に日に狭められていると感じる。市民活動に対する政府の規制や監視の強化だけではない。大手メディアによる報道制限をはじめ、様々な形の自己規制も顕在化している。NGO関係者を監視するために個人情報が流用されたり不正に取得されたりする事例、あるいは平和運動が政治的だとの理由で市民団体が公共施設の利用を拒否される事件も跡を断たない。政府の政策について情報を得ようとしただけで、「秘密」を不当に取得しようとする行為として罰せられるかもしれない。犯罪を未然に防ぐという名目で、私たちの日常一般が監視されたり盗聴されたりするかもしれない。そんな時代を今私たちは生きている。政府や行政によるこうした一連の動きが、市民活動の「自粛」を加速している。これは平和の危機であると同時に、市民活動の危機である。

●対話のスペースを作り出そう

しかし、怖がって自粛する必要などどこにもない。黙っていたら、発言し行動するスペースはますます狭まるだけである。私たちが怖いと感じる時、相手も恐怖を感じている。もっとも、ただ拳を上げて相手を非難するだけではいけない。対立は深まるばかりである。相手との関係性というのは、互いの発言、態度、行動、すなわち対話のあり方一つで、いかようにも変容していく。だから「対話」をこちらから先に始めるというのは大事である。すべてが一気に変わるわけではないが、一つひとつの関係性が「結合」を生み出すものになれば、その束はものごとを動かす力になる。

「対立は武力で解決できない、対話でしか解決できない」――アフガニスタンの友、サビルラが信じたように、私たちも対話の力を信じたい。相手はなぜ自分と考えを異にしているのか、自分の発言や行動は相手にどんな影響を与えているのか。人間性の内面に分け入ることなしに、対話は成り立たない。鍵になるのは常に私たちの内側にある。安保法制に反対する人々の運動の内側にも考え方の違いや微妙な対立があった。沖縄の新基地建設に反対する運動にも立場の違いや分断があった。しかし、これらの運動に参加した人々は、立場の違いを乗り超えて大同団結することができた。運動の外側にも無数の市民がいる。行政や政府の中にも無数の市民がいる。互いに一人の市民として、また一個の人間として、それぞれが置かれている背景と互いの関係性を人間的レベルで理解し合おうと努めれば、対話のスペースはどんな場所にも作れるはずだ。一市民として語り、一市民として行動すること。これを規制しようとする動きには一致して反対する。私たちが抵抗すべき相手はあくまでも権力であって、人ではない。

地域で生きて不服従の抵抗を

もう一つ、「結合」を生む関わり方への実践が身近にもある。それを私は東京の暮らしの中で見出すことができた。日常生活の中で、どんなに少量でも自分が食べる農作物の一部を自分で作ること、そして地元の町内会活動への参加である。アフガニスタンから帰国して四年間、アジア太平洋資料センター（ＰＡＲＣ）主催の講座「東京で農業」に参加し、毎週末、畑に通った。現在は自宅の小さな庭やベランダで野菜を育てている。自給にはほど遠いが、日々作物に接し、天候や土との関わりを観察しながら自然の息づきを感じている。これはいわば、自然という他者との「結合」である。町内会活動はまだまだ新参者だが、新年会やお花見、祭りの準備などに顔を出すうちに、近所を歩けば挨拶を交わす相手も増え、そうした地元（コミュニティ）とのつながり（「結合」）がやはり自分を支えてくれるもう一つのベースになりつつある。

加えて、私にはどうしても関わり続けたいこと、それによって自分と世界との関係性を確認し、変えていきたいことがある。それは沖縄における米軍の基地問題である。私の母が沖縄で生まれたこともあって、アフガニスタンから帰国して以来、毎年沖縄を訪ね、辺野古と高江での米軍新基地建設反対運動の座り込みに参加している。アフガニスタンでも二〇〇一年の戦争のあと米軍基地が建設され、アメリカとアフガニスタン政府との間で地位協定が締結された。アフガニスタンで起こっていることと自分の国である沖縄で起こっていることとが私の中でつながった。私にとって沖縄は、世界で起こっている問題を自分の足元から捉える実践の場そのものとなった。自分の住むコミュニティと世界との「結合」、そして日本と世界との「結合」、それをつなぎ直すことが大事だと思っている。

コミュニティで思い起こすのは、海外の土地土地に生きる人たちのことである。彼の地で出会った村人の多くは、互いに結束し、協調し、自分たちの地域の未来を自分たちの意思で決めることを当たり前の日常として過ごしていた。それを阻害するものには不服従の抵抗をもって対峙し、立ち向かう勇気を持っていた。都会育ちで、地域とのつながりもない私が、海外の現場で、農業の大切さや住民主体の取り組みを偉そうに説き続けることにはずっと後ろめたさを感じてきた。私も同じ生活者の一人として、自分たちの住む地域の未来は自分たちで決めたい。自分たちが食べるものや使うものは、たとえほんのわずかであっても自分たちの手で作りたい。地元の人間関係の複雑さや暗黙のルールを生身の人間として身体ごと受け止め、対話と協調のスペースを地元の人たちと一緒に作っていきたい。地元の祭りや行事に積極的に参加し、地域の誇りをわが事として味わいたい。そして、海外の土地土地に生きる人たちとともに、かれらと私たちが置かれている「世界の関係性」を改めて紡ぎ直したい。

安保法制に反対することも、日常において何かをやることも、私の中では同じことである。すべてのものごとを関係性の中で捉えることができれば、人道支援という積極的非戦も、戦争に反対する反戦運動も、あるいは自然資源の収奪に反対する活動も、地元に足場をつくる活動も、私にとってはすべて、対立を対話に変える「非戦の哲学」の実践に他ならない。「非戦の哲学」を立ち上げる機会は誰にとっても目の前にある。今はそう信じ、希望をつないでいる。

【私にとっての三冊】

ティク・ナット・ハン／池田久代訳『小説ブッダ―いにしえの道、白い雲』（春秋社、二〇〇八）

ベトナムの禅僧で社会活動家であるハン師がブッダの生涯に託してブッダの教えと修行法、足元からの平和の実践を描く。とりわけ、すべての物事が関係性の中で生起し、消滅するという認識論の基本が、グローバル時代の貧困、人権、環境、紛争などの構造的な問題への向き合い方を示してくれる。

広井良典『グローバル定常型社会―地球社会の理論のために』（岩波書店、二〇〇九）

人類の歴史を狩猟社会から産業革命、情報革命まで検見すると、人類社会は短い成長期と長い定常期を交互に繰り返してきたことがわかる。こうした人類史の流れに照らしつつ、著者は、環境破壊と自然資源の枯渇が深刻化する現代をすでに定常化社会に入っている状態と捉え、この社会では福祉と農業を軸に人間関係や人間‐自然との関係を転換する中でこそ豊かさを生み出すことができると説く。

ラムゼー・クラーク／中平信也訳『ラムーゼ・クラークの湾岸戦争―いま戦争はこうして作られる』（知湧社、一九九四）

湾岸戦争（一九九一年）の歴史的背景、計画段階から実施に至るプロセス、そしてイラクでの被害の実体を詳細に報告し、アメリカが仕掛けたこの戦争を告発している。イラクのサダム・フセインがアメリカに謀略されてクウェート侵攻（一九九〇年）に至った事実を暴露した本書は、戦争が作られるカラクリを学ぶ絶好の書である。

Column1

アフガニスタンの今

二〇〇一年九月一一日のアメリカ同時多発襲撃事件（9・11事件）への報復として、同年一〇月に米軍主導によって始められたアフガニスタン戦争は、二〇一七年一一月現在も続いている。

二〇〇一年の一一月に主要な戦闘は終わり、反政府武装勢力タリバーンを除く主要な紛争当事者の間ではボン協定に基づいて戦後の民主化プロセスと復興支援が進められてきた。一方、二〇〇一年の戦闘で政権の座を追われたタリバーンは二〇〇三年には勢力を盛り返し、二〇〇六年時点では国連人道問題調整事務所（ＵＮＯＣＨＡ）事務局長が「内戦状態」と指摘するほど、アフガニスタンの新政権や外国軍と拮抗するまでになった。

二〇一四年には、アフガニスタンの治安を支援するために派遣されていた多国籍軍、国際治安支援部隊（ＩＳＡＦ）の主要部隊が、治安維持の権限をアフガニスタン軍に移譲して撤退。また二〇一六年末には、アフガニスタン政府と個別に安全保障協定を結んでいた米軍も撤退する予定であったが、タリバーンの攻勢を押しとどめることができず、駐留を継続することになった。

一方、タリバーンは「ゲリラ戦術」から大規模な戦闘行為へと移行しており、支配領域を拡大させている。ある分析によれば、国土の七割、全人口の三割を支配下に収めているとされる。さらに、二〇一四年頃からはアフガニスタンにもイスラム国（ＩＳ。二〇一四年六月に「建国宣言」をしたイラク、シリアを中心に活動する過激派武装集団）が浸透しはじめ、アフガニスタン軍や米軍と対峙すると同時に、反政府・反外国軍を標榜するタリバーンとも対戦するようになっている。二〇一七年三月、アメリカのトランプ新政権はナンガルハル県アチン郡（アフガニスタン東部）のＩＳの拠点を核兵器に次ぐ強力な破壊力を持つとされる爆風爆弾を使って攻撃した。

タリバーンとアフガニスタン政府の間では戦闘状態の合間にもこれまでたびたび和平対話の試みがなされてきた。二〇〇七年にはアフガニスタン上院において、すべての紛争当事者に戦闘停止と対話を求める決議がなされた。この前後の時期はカルザイ大統領や国連による水面下での対タリバーン交渉が活発であった。最近では二〇一五年七月、アフガニスタン政府とタリバーンの和平に向けた初の公式直接協議が行われたが、タリバーン指導者のオマル師の死亡（病死）が判明して中断。穏健派とされるマンスール師が新指導者に就いたものの、米軍の無人機攻撃によって殺害されたため、交渉の先行きが不透明となった。報道では二〇一六年九月と一〇月にも、カタールにて政府‐タリバーン間の協議が行われたとされる。

国際社会による復興支援は、二〇〇二年一月、東京でアフガニスタン復興閣僚会議が開催されたのを皮切りに現在に至っている。この一四年間、国際支援下のアフガニスタンでは、医療・教育など基礎サービス分野での進展や多少の経済成長は見られる。しかし、寿命・教育・所得を指標とする「人間開発指数」は世界一八八国中一七一位と依然低い（国連開発計画［ＵＮＤＰ］二〇一五年報告書）。経済成長率も二・二％と低く（二〇一六年）、中期的にも同様の見込みである（世界銀行）。国際支援の低下が需要減やデフレを招いており、すでに四〇％台にある失業率をさらに悪化させる可能性も高い（ＵＮＤＰ）。一方で、世界最悪レベルとされる汚職（世界一七八国中一六九位（Transparancy International, 2016））や、統治（ガバナンス）、人権侵害などをめぐる問題もある。二〇一六年一〇月、欧州連合（ＥＵ）・アフガニスタン政府の共催により「アフガニスタンに関するブリュッセル会合」が開催された。これまでの国際会合と同様、「相互責任」（すなわち、国際社会側は一定の資金供与を続けること、アフガニスタン政府側は民主主義、ガバナンス、健全財政、政府収入、開かれた持続的成長に取り組むこと）が確認されたが、同時に、国際支援が将来的に減少していくことも明示された。

このように、国際支援が先細りする一方で、タリバーンの領域支配は今後も拡大傾向にあり、ＩＳの動向も余談を許さない状況にある。アフガニスタンの今後は「真っ暗闇で展望が見えない」（アフガン人の言葉）状態と言える。唯一の可能性を模索するとすれば、それは、アフガニスタン政府が武装組織のイスラム党（「ヒズビ・イスラミ」）と結んだように（二〇一六年九月）、タリバーンとも和平協定を結び、ＩＳ対策や復興に向けた共同歩調を取ることではないか。いずれにせよ、「テロリストをやっつける」と言って始められたアフガニスタン戦争は失敗だったと言わざるを得ない。

Column2

「ＮＧＯ非戦ネット」とは（巻末付録1参照）

二〇一五年七月、国会では安全保障関連諸法（安保法制）の審議が佳境を迎えていた。各地では連日、安保法制に反対する集会やデモが繰り広げられ、学生、母親、研究者、芸術家、演劇人、弁護士など各会・各層の人たちのグループが次々に反対運動に加わり声を上げていた。

ＮＧＯの中にも個別に組織で反対運動を展開する団体はいくつかあったが、ＮＧＯ同士が団結し、その声を集約して行動するグループは存在しなかった。もちろん安保法制に危機感を募らせるＮＧＯ関係者は数多くいたが、組織として反対の声を挙げることには様々なリスクが伴った。安保法制のように高度に政治的な政策について旗幟を明らかにすることは、組織内部においても、あるいは会員・支援者間においても、政治的温度差による分断を引き起こす恐れがあったからである。

しかし躊躇しているような余裕はなかった。一七人のNGO関係者有志が呼びかけ人（最初の呼びかけ人）となって、七月二日には「NGO非戦ネット」（第一次）を発足させた（第一次NGO非戦ネットは、9・11事件後の二〇〇二年七月四日発足）。組織の枠を超えて参加を呼びかけると、発足後二カ月余りで七〇団体、六〇〇人を超えるNGO有志が集まった（二〇一七年九月二九日現在、呼びかけ人四三人、賛同団体七七団体、賛同人五九二人）。

発足以降これまでに、国会前集会でのスピーチ、声明の発表、講演会やシンポジウムの開催、政党関係者との対話、安保法制廃止のための二〇〇〇万人署名運動への参加など様々な活動を展開してきた。声明としては、「安保法制に反対するNGO国際共同声明」（二〇一五年九月一〇日）、「安全保障関連法制採決に抗議する」（二〇一五年九月一八日）、「南スーダン派遣自衛隊の撤退を受けての声明」（二〇一七年四月二一日）、「共滅の危機を平和と共生の未来に変えるために」（同年八月一五日）などがある（各声明の全文は巻末付録1参照）。

NGO非戦ネットの特徴は、世界各地の紛争や開発の現場を知り、また国際的な市民ネットワークのもとで活動してきた者の立場から、軍事偏重の国際安全保障の限界と日本国憲法の掲げる平和主義の持つオルタナティブとしての可能性を提起する点にある。このことは、「安全法制に反対するNGO国際共同声明」の次の記述に表れている。

「私たちは、紛争やいわゆるテロの温床となっている貧困、格差、差別、人権抑圧といった構造的な暴力を解決せずしては世界から紛争はなくならないと考えています。この根本的な問題に目を向けず、軍事力に頼って世界の公正な秩序を作ることはできません。今軍事化・暴力化する世界の中でこそ『国際紛争を武力によって解決しない』という日本の平和主義は不完全とはいえ国際平和に向けた一つのオルタナティブなのです。この平和主義を国際社会全体で補い合い、広げていく努力をしていかなければなりません」。

この共同声明に賛同したアフガニスタンのNGOネットワークAfghan NGO's Coordination Bureau（ANCB）の代表は、次のようなメッセージを寄せている。「ANCBはメンバー二〇四団体を代表してNGO非戦ネットに賛同し、連帯します。私たちは日本のNGOの積極的な行動を強く支持します。世界中の市民は、平和的な解決方法をとる立場に立つべきです。四〇年前からの紛争に苦しんでいるアフガニスタンのような状況を招く、武力紛争による方法とは異なる方法をとるべきであると考えます［後略］」。また世界的に有名な*Where there is no doctor*（『医師のいないところで』）の著書で知られる国際保健分野の第一人者デイヴィッド・ワーナー率いるアメリカの国際保健NGO、ヘルツ・ライツ（Health Wrights）は、ワーナーの署名で次のような言葉を寄せている。「私たち『ヘルツ・ライツ』は、NGO非戦ネットに賛同し、日本のNGOの積極的な連帯行動を強く支持します。世界中の一般市民が武力紛争に拠らない平和的な解決方法を求めるべきとする立場に強く賛同します［後略］」。

非戦の理念・開発・東ティモール・沖縄

第2話
「非戦」という生き方

暮らし・政治、日々の選択が世界とつながっている

野川未央
（APLA事務局スタッフ／一九八二年生まれ）

誰にでも現在につながるきっかけがある。自分にとっては、高校時代に留学したスウェーデンでの１年間が最初のきっかけだった。多様な背景を持つ同級生との日々の中で、初めて世界で起こっていることの理不尽さに気づけた。大学卒業後、NGO に飛び込んだ。「援助」が引き起こす暮らしの破壊を目の当たりにし、現場で学びと経験を積み重ねながら、誰のための何のための「開発」なのかを問い続けている。東ティモールに通いはじめたのは約８年前。その東ティモールに対して日本がしてきたことを知り、平和憲法をもつ「平和な国・日本」の加害性と改めて向き合うことになった。自分の「暮らし」・「政治の選択」一つひとつが、世界中の現在進行形の問題とつながっている。加害者にも被害者にもなってはいけない。きっかけさえあれば、誰もがそのことに気づいて行動できるはずだ。きっかけという名の種を蒔き、仲間を増やしていきたい。

写真：東ティモールのコーヒー産地にて。子どもたちの笑い声や泣き声が響くなか話し合いが進む

一　つくられた「常識」を疑うことで見えてきたもの

●「普通」って何だろう

日本の外に出てみたい、中学三年生の時にはそう思うようになっていた。今考えてみれば、小・中学校といわゆる優等生で通っていた自分自身に、どこか息苦しさを感じていたからかもしれない。希望が叶い、高校二年生の夏から一年間、日本の高校は休学して北欧スウェーデンへ留学することになった。ボランティアで自分を受け入れてくれるホストファミリーから最初に届いた手紙を開いた時のことは、今でも鮮明に覚えている。そこには「夫が家を出て行ったので、私と三人の娘の四人家族です」と綴られていた。単身家庭、特に女性が一人で子どもを育てていくのは、日本では容易なことではない。けれども、自分のホストマザーになる人は、三人の小さな子どもを抱えながら、さらに外国からの留学生を受け入れてくれるなんて…。一七歳の私は、率直な驚きと感動、そして少しの不安を感じながら日本を離れた。

結果的に、この家族と一年をともに過ごすことで、スウェーデンの充実した社会制度を暮らしの中で実感できた。また、ホストマザーに紹介された恋人が次女の同級生の父親（彼も離婚していた）だという事実は、当時の私にとっては衝撃的であったものの、それまで自分の中に当たり前のように植え込まれていた「普通」や「常識」を疑ってみる貴重なレッスンになったと思う。

多様なのは、家族の形だけではなかった。スウェーデンは、第二次大戦時から難民・移民を多数受け入れてきた歴史がある。なかでも、スウェーデン第三の都市・マルメは、大陸部に近いこともあってその割合が高く、私が通ったマルメ市内の公立高校も多様な出自を持つ生徒が多かった。クラスメイトには、コソヴォやレバノンからの難民、トルコからの移民、国際養子として韓国からスウェーデンの家族に迎えられて育った子――外見は私と同じ「東洋人」だった――がいたし、親友になった子は、ポルトガル人の父親とスウェーデン人の母親が離婚して、母子家庭で育ったと教えてくれた。わずか一年であってもこうした環境に身を置くことで、とかく「普通」という物差しで自他を測る傾向の強い日本の特異性に気づくことができた。

また、ある選択授業で知り合ったパレスチナ人の友だちが「スウェーデンは、社会制度も整っていて様々な支援も受けられる。とても良い国だと思うけれど、やっぱりパレスチナに帰りたい。親戚や友だちと一緒に暮らしたい」と話してくれたことがあった。自分と同じ年の友人が語るパレスチナの様子に衝撃を受け、世界で起こっていることの理不尽さに生まれて初めて気づいた瞬間だった。それと同時に、自由を制限され危険と隣り合わせだったとしても故郷に帰りたいと語る彼女の想いに、「平和な日本」でぬくぬくと育ってきた私の心は大きく揺さぶられた。

これらの出会いや経験が私の人生の分岐点となったと言える。帰国後、難民や困難な状況にある子どもを助ける仕事がしたい、という思いから「国際協力」について調べはじめ、進路を検討していった。

他人への援助よりも自分が変わることから

そういう意味で、大学で、同級生と一緒に児童労働問題に取り組むサークルを立ち上げたのは、自然な流れだったと言える。ＮＧＯの方々に話を聴きに行ったり、インドへのスタディツアーを企画したりしながら、教育支援のための資金集めの活動をした。スパイスと揚げ油の匂いにまみれて徹夜で何百という数のサモサを作り、大学の学園祭で販売したことは忘れられない思い出だ。

同年代の仲間たちとゼロから何かをつくり上げるプロセス、互いに萎縮することなく議論した時間、それらは今につながる大きな宝だと思う。けれども「インドの貧しい子どもたちのために学校を建設しよう！」という正義感にいつしか疑問を感じるようになり、この活動を卒業することに決めた。対処療法的な支援活動に取り組むよりも問題の根本に向き合いたい、と考えるようになっていた。

そのきっかけをくれたのが、大学二年の時に出会った村井吉敬先生だった。最初に受けた授業は、いろいろな意味で衝撃的だった。授業の冒頭、先生が紙袋からおもむろに取り出したのは、フカヒレ、ナマコ、ツバメの巣といったいわゆる高級食材。それぞれの調理にどれほどの手間がかかるか、どんな地域でどんな風に採取・加工されているかを楽しそうに語る先生が伝えてくれたのは、国境線は近代になってヨーロッパ諸国が勝手に引いたもので、アジア・太平洋地域の人びとはそれよりも遥か昔から、海を道として移動し、出会い、交易をしていた、という事実だった。

インドネシア・パプア州への初めての旅。恩師・村井先生と（2006年）

こうして、それまでの公教育の中で埋め込まれてきた国家や国境の捉え方が、がらがらと音を立てて崩れ落ちていった。また、政府開発援助（ODA）について長く調査や提言をしてこられた村井先生のもとで、国際協力と呼ばれる援助全般について批判的な視点を得ることになった。そして何よりも、その代表的な著書『エビと日本人』（岩波新書、一九八八）で村井先生が提起されたように、私たちの食生活や消費行動が海を越えた国の人びとの暮らしや環境に深く関わっているという現実に気づけたことが、今の私につながっている。

●「平和な国」の加害性と向き合う

在学中からのアルバイト勤務を経て、正社員として一年ほど働いた有機農産物や自然化粧品などを販売する会社を辞めると決めた後、もう一度学び直すつもりでNGOに飛び込んだ。関わることになったインドネシア民主化支援ネットワーク（ＮＩＮＤＪＡ）は、日本の援助や投資が、現地の人権侵害や環境破壊につながらないように、調査や情報発信、政府機関などへの働きかけをするために設立された市民団体だ。インドネシア語をゼロから必死で学び、巨大ダム、火力発電所、石油・天然ガス開発などの現場を訪問し、日本政府や民間企業が関わっている大規模事業によって暮らしを脅かされる市井の人びとの声を聴くにつれ、「開発」とは誰のためのものなのかを改めて問うことになった。

その後、二〇〇八年からは、特定非営利活動法人ＡＰＬＡ（Alternative People's Linkage in Asia）。前身は一九八六年設立の日本ネグロス・キャンペーン委員会［ＪＣＮＣ］）の事務局スタッフとして活動している。ＡＰＬＡは、一九八〇年代にフィリピン・ネグロス島を襲った飢餓に対する救援活動と、その後のサトウキビ農園労働者や零細農民の自立支援の経験を引き継ぎ、東南アジア各地での持続可能な地域づくりのサポートや、志を同じくする人たちが国境を越えて出会い、学び合うための場づくりを進めているが、私は、主に東ティモール事業と日本国内の広報・啓発事業を担当している。大学時代に、書籍を通じて東ティモールのことを知り、大きな衝撃を受けた経験があるが、まさか自分自身が直接関わるようになるとは、当時は夢にも思っていなかった。事業を担当することになり、その歴史を改めて学び直して痛切に感じたのは、日本という国の加害性だった（Column3参照）。

軍事侵略というインドネシアの犯罪行為を経済的に支え、二〇万ものいのちが奪われることに加担してきた日本。この事実を前にして、「憲法九条があったから、日本は戦争をしてこなくて済んだ」というのは欺瞞ではないか。東ティモールだけではない。朝鮮戦争、ベトナム戦争、アフガニスタン戦争、イラク戦争…。日本にある米軍基地――その多くは日本政府が沖縄に押し付けている基地――から出撃した兵士たちが、どれだけの罪のない市民を殺害してきたのか。暮らしの上に爆弾が落とされ、いのちを奪われた人たちが何十万人、何百万人にものぼっているというのに、その米軍を支える「思いやり予算」(1)にこれまでにどれだけの税金が使われてきたのか。それらの事実に蓋をして、知らぬふりを決め込む日本の私たちは、憲法九条を高々と掲げるだけでいいのだろうか。そんな思いを大きくしながら、独立後の「平和な」東ティモールに通うようになってもうすぐ八年が経つ。

二 「積極的平和」からほど遠い世界にあって

バナナから見える世界——安さの代償は誰が支払っているのか

今やお手軽な果物の代名詞とも言えるバナナ。日本の食卓に上がるバナナの八割以上がフィリピンから届いている。最近でこそ「プレミアム」「高地栽培」(2)といった少し高めのバナナを見かけることも増えてきたが、海を越えて運ばれてくる果物を一房たった一〇〇円程度で買うことができるのはなぜだろう。

安さの裏側には必ず理由がある。単価の安いバナナからもしっかりと利益を出すために、いかにコストを削り、効率良く栽培するかを考えるのが企業だ。広大な面積のプランテーションを造る。病気や虫からバナナを守るために、農薬を飛行機で空中散布する。それによって近隣住民や農園労働者に健康被害が出たとしても責任を取らない。そして、何といっても人件費を抑える必要がある。安い賃金と過酷な労働条件、不安定な非正規雇用で労働者が使い捨てられていく。

「バナナの逆襲」(原題 *Bananas!**)というスウェーデン発のドキュメンタリー映画をご存じだろうか。中米・ニカラグアのバナナプランテーション労働者たちが使用禁止農薬ＤＢＣＰによる健康被害を訴え、アメリカの巨大食品企業ドール社に対して訴訟を起こした。その法廷闘争を通して食糧生産システムの闇を描き出した映画だ。来日したフレドリック・ゲルテン監督は、「この映画ではニカラグアの労働者の闘いを取り上げたが、日本の皆さんも自分たちには関係ないと思わないでほしい。フィリピンでもまったく同じことが起こってきたのだから」と語っていた。

バナナはあくまで一例にすぎない。安い牛丼やハンバーガーに使われる牛肉がアマゾンの熱帯雨林を伐採して育てられた大豆やトウモロコシで育っているかもしれない。一〇〇円で買えるチョコレートがアフリカの子どもたちの奴隷労働によって栽培されたカカオから作られているかもしれない。季節ごとに買い足す洋服の原料は遺伝子組み換えの綿花で、それを栽培するインドの農民を借金苦による自殺に追い込んでいるかもしれない。経済のグローバリゼーションによって、私たちの日常は豊かになったかのように見えるけれど、その代償は誰が支払っているのかに思いを巡らせてみてほしい。「平和な日本」に生きていても、知らないうちに誰かを苦しめているかもしれないのだ（Column4参照）。

●経済成長至上主義にノーを

本来の「積極的平和」というのは、そうした目には見えづらい暴力の構造から抜け出し、搾取や差別がなくなるように行動していくことのはずだ。完璧とはほど遠くとも、そんな思いで仕事をし、生活を営んできた。実際に、APLAでは、姉妹会社が輸入しているフィリピンの固有種であるバランゴンというバナナを日本の消費者に届けている。この不揃いで見かけも悪い――傷だらけだったり軸が腐ったりしていることも多々ある――バナナを売ることと同様に、もしくはそれ以上に重要なのは、スーパーや八百屋に並ぶ「キレイな」バナナの裏側に何があるのかを伝えることであり、バランゴンバナナが一人ひとりの生産者によってどんな風に栽培され、日本まで届いているのかというストーリーを伝えることだ。

一方で、二一世紀に入ってもなお、直接的暴力の最たる形である戦争に反対しなくてはいけないという事実が目の前にある。安倍政権下で「武器輸出三原則」が放棄され、「防衛装備移転三原則」が閣議決定された（二〇一四年四月）。日本経団連は、武器や防衛装備品の輸出を国家戦略として推進すべきだと提言しているし、二〇一五年一〇月に発足した防衛装備庁の音頭によって日本企業が武器見本市などに出展するようになってしまった。また、同庁を所管とする防衛省「安全保障技術研究推進制度」の創設により、軍学共同の動きも見られる（二〇一五年度

［初年度］予算三億円、一六年度六億円、一七年度は一一〇億円に急増）。今この瞬間にも武器によって殺され、傷つけられ、生活を破壊されている人たちが存在するのに、経済成長のためには武器輸出の推進が必要だと平気で語る人たちに塗る特効薬はないものか。残念ながら存在しないとするならば、「死の商人」たちのビジネスが立ちゆかなくなるように、抗議の声やボイコット運動を強く大きくしていくしかない(3)。

二〇一五年八月、平和学者ヨハン・ガルトゥング博士（「積極的平和主義」概念の構築者）が来日し、沖縄で講演した際に居合わせることができた。講演の中で「安倍首相は『積極的平和』という言葉を盗用し、私が意図した本来の意味とは正反対のことをしようとしている」と語った彼の言葉は、首相だけでなく、日本の私たち一人ひとりに向けられたものであるように感じるのは私だけだろうか。

●税金を「人殺し」のために使わせないために

街を歩いていると、特売やポイント還元の謳い文句が次々と目に飛び込んでくる。安月給のＮＧＯ職員にとっても、日常生活の中での節約は欠かせないが、もっと真剣に考え、取り組まなくてはいけない「節約」がある気がする。自分たちが支払っている税金が必要な所に使われているかどうかに、もっと気を配る必要がありそうだ。

たとえば、子どもや高齢者に対するケアが切り捨てられる一方で、二〇一六年度の防衛費は大台の五兆円を突破し、二〇一七年度も五・一兆円、二〇一八年度の概算要求は五・二兆円を超えている。その中には、構造的欠陥が指摘され重大な事故を繰り返している垂直離着陸輸送機オスプレイの自衛隊への導入費用も含まれている。二〇一八年までに合計一七機をアメリカ政府から購入することになっており（二〇一六年度までに九機を発注済）、関連装備を含めると総額三六〇〇億円（三〇億米ドル）にのぼると言われている。この額が二〇一五年度の社会保障予算削減分と同等額だと知っている人はどれだけいるだろうか。

保育施設の増設や保育士の処遇改善のための財源確保は難しくとも、欠陥機オスプレイの購入資金は確保できる。

基地の騒音対策のための学校へのエアコン費補助が削減される一方で、米軍のための「思いやり予算」は増額する。私たち納税者一人ひとりが特売やポイント還元の情報と同じくらい、税金の使われ方に敏感に反応することができれば、こうした現状を少しでも変えられないだろうか。何はともかく、まずは知ろうとすることから始めたい。というのも、自分たちの税金が「援助」という形でインドネシアの独裁政権を肥やし、数多くの東ティモールの人びとのいのちを奪っていた事実、それを知る前の自分を消すことはできないからだ。無関心でいることや、知らずに（知ろうとせずに）いることが、どれだけ恐ろしいか。もう同じ過ちは繰り返したくない。

三 「戦わないために闘う」――非暴力・不服従・直接行動

●平和に生きる権利を求めて

二〇一一年三月、東京電力福島第一原発事故が起こり、それまで「何だか怖くて近づきたくないもの」と思われがちだったデモに、家族連れや若者、勤め帰りのスーツ姿の人など、数多くの市民が参加するようになった。特定秘密保護法や安保法制に反対し、全国各地で声が上がった。そんな時にある友人に、「私は公務員だから、そういう場所に行きづらくて…」と言われ、驚いたことがある。公務員であろうと、一市民として集会の自由も表現の自由も憲法で保障されている。そういう基本的な権利すら認識していない人が多いのかもしれない、と気づいた。どんな職業に就いていようが、どんな思想や信条を持っていようが、一人ひとりが個人として尊重され、その人権が保障され、国家権力の暴走に歯止めを掛けるために憲法が存在していることを今一度確認し合いたい。

それと同時に、世界では自分の意見を「当たり前に」表明することすら許されていない人たちが今も沢山いるのだということも忘れないでいたい。パレスチナで農民支援活動をしながら、農民が生産したオリーブオイルを日本に送り出している現地NGOにアブドゥル・ファラージさんというスタッフがいる。彼は行政拘禁と呼ばれる制度によって、起訴もされないまま通算一六年にも及ぶ時間をイスラエル当局に拘禁され、刑務所で過ごしている。ファラージさんだけではない。この制度を濫用するイスラエルによって、過去数年間で何千人ものパレスチナ人が拘禁されているという。自分たちが自由に、平和に生きる権利を求めるだけで「害をもたらす」と判断され、拘束される。そんな暴挙は許しがたく、オリーブオイルの消費者とともにイスラエル大使館に対して抗議をしたり、国際的な連帯のメッセージを送ったりしてきた。

しかし、こうしたパレスチナの状況と比較して、日本は恵まれている、と言い切れる状況ではなくなりつつある。二〇一七年一月からの通常国会では、「共謀罪」の成立要件を絞り込んだ「テロ等準備罪」を新設する組織的犯罪処罰法の改正案が提出され、同年六月一五日に可決・成立した。ある思想や信念を理由に——それが、いのちや暮らしや人権を守るためのものであっても、時の政府にとって都合が悪いと判断されれば——処罰されるという治安維持法の時代に逆戻りしてしまうかもしれない。

今こそ非戦の旗を

自分の人生の舵が大きく切られた大学時代後半、二年間のゼミで学んだのは、つくられた「常識」を疑ってみることの重要性と、二次情報に頼りすぎることなく、自分の足で歩き、人と会って話を聴き、そこから物事を見つめて考えるという手法の大切さだった。今振り返れば、あまりに稚拙な「調査の真似事」だったと恥ずかしくなるが、大学に隣接する教会のミサに集まるフィリピン人女性たちに露天での物売りについての聴き取りをしたり、大阪・西成の在日一世のハルモニ（おばあちゃん）を訪れてお聴きした話を動画にまとめたりと、自らの目と足で知る体験から多くを学んだ。

ゼミには、沖縄の米軍基地の問題について調査するグループもあった。世界一危険だと言われる普天間基地のこと、その移設先とされた辺野古《へのこ》のことを知ったのは、その仲間たちのおかげだ。逆に言えば、二〇歳を過ぎるまでの私は、在日米軍基地の存在を考えなくても済む環境で生きていたということだ。宜野湾市にある沖縄国際大学の敷地内に米軍ヘリが墜落・炎上した事故（二〇〇四年八月）についても、村井ゼミにいなければ、知ることすらなかったかもしれない。当時、現場はどういう状況にあったのか。事故現場は米軍により封鎖され、大学関係者や行政はおろか、日本の警察や消防が立ち入ることも、マスメディアが取材に入ることも許されなかった。一歩間違えば多数の犠牲者が出てもおかしくはなく、国の施政権に関わるほどの重大事件であったにもかかわらず、事故の翌日、全国紙の一面を飾っていたのはアテネ五輪開幕とプロ野球巨人の渡辺恒雄オーナー辞任の話題だった。

その沖縄の基地問題が「他人事」から「自分事」に変わったのは、つい数年前のこと。インドネシアや東ティモールに通うことで、日本という国の加害性に自分なりに向き合った結果、沖縄で起こっていることは「沖縄の問題」ではなく、「日本の自分たちが押しつけている問題」なんだ、と認識できるようになったからだ。

東ティモール・エルメラ県のコーヒー産地に、年に３～４回通っている

話が前後するが、東ティモールに通いはじめた当初は「インドネシア語しかできなくてごめんなさい」と謝ってから話しはじめていた。私がそう思ったのも、東ティモールの人たちにとってはそれが「元侵略者の言語」であり、この言葉を使うことに対する居心地の悪さからだった。そんな私に対し、「何を謝る必要があるの？　これまで出会った外国人はみんな英語やポルトガル語しか話せなかったから、通訳なしには会話ができなかった。あなた

とは直接話ができてうれしいよ！」と誰もが口を揃え、大らかに笑ってくれた。だからこそ、何が何でもテトゥン語を使えるようになりたいと努力し、コーヒー産地の人びとと少しずつ関係性を築きながら、その地域での作物の多様化や環境保全活動などに取り組み続けてきている。

自分なりの精一杯の言葉と態度で、共に考えるプロセスを大切にしてきたつもりではあるものの、「コーヒーだけに頼らない地域経済を」とか「自然環境を守って持続可能な農業を」なんて、他人の暮らす場所に――しかも過去の謝罪すらしていない国から――出かけて行って、余計なお世話もいいところだと思う。それを痛いほど自覚しているからこそ、自分の生きる国でやるべきこともはっきりと見えてきたのかもしれない。

過去は変えられない。だとするなら、今そして未来をどうやって望ましい形に変えていくのか。集団的自衛権の行使容認や安保法制の成立・施行が、そして新たな米軍基地や自衛隊基地の建設が押し進められるような今だからこそ、「平和な国」日本の加害性にもう一度真摯に向き合い、平和憲法を護るだけでなく、「戦争につながる一切を拒否する」という非戦の旗を掲げ直す必要があるのだと、強く意識するようになった。

怒りをアートやユーモアに変えて

三上智恵監督によるドキュメンタリー「標的の村」に背中を押され、二〇一三年夏、沖縄・東村《ひがしそん》高江のヘリパッド建設に反対する座り込みにようやく参加することができた。工事用資材が運び込まれないよう二四時間体制で監視する行動の合間、山原《やんばる》の亜熱帯森を流れる川で泳ぎながら見上げた青空。今ではその空を米海兵隊のオスプレイが超低空飛行で飛び回り、高江の住民の方々は墜落の危険に対する不安や、騒音・低周波の被害に悩まされ続けている。二〇一四年八月には、名護市辺野古での新基地建設のための工事が強行的に開始された。私もカヌーでの海上行動に参加することを決め、まとまった休みが取れるごとに沖縄に通うようになった。

日本政府は沖縄の「新基地建設反対」という民意を徹底的に踏みにじり、「負担軽減」というまやかしのスローガンを高々と掲げて、工事を強行している。だから、残された手段として、身体を張って座り込み、海に出て、森に分け入って、阻止行動をするしかないのだ。

阻止行動の現場にはいつも歌と踊りと笑顔があふれ、圧倒的な力の差を前にしても、けが人や不当逮捕者が出ても、決して諦めない人びとの姿がある。資材搬入阻止のために座り込んでも、他府県から（私たちの税金で）派遣された屈強な警察機動隊員に排除されてしまうが、それでも諦めずにまた座り込む。海上では作業を少しでも遅らせるために、抗議船やカヌーで作業現場に近づいていく。海上保安官に何度確保されても、また海に出る。「あなたたちは何を守りたくて警察官になったの？」「この海を守るのがあなたたち海保の本来の仕事でしょう？」と、それぞれの言葉で語りかける。県外から派遣された警察官に沖縄の歴史をとうとうと語る人、辺野古の海や高江の森がどれだけの生命を育んできた場所なのか、その貴重さを心を込めて話して聞かせる人がいる。命じられた仕事をこなさなくてはいけない機動隊員や海上保安官にも、市民一人ひとりの声は届いていると信じたい。

この話を伝えた時、大きな共感を持って、心からのエールを送ってくれた東ティモールの友人がいる。機会があるたびに、この彼の言葉を共に闘う仲間に伝えている——「怒りは大きな原動力だから消そうとする必要はない。でも、権力者の暴力に火をつけないように、その怒りをアートやユーモアに変えて闘うんだ。実際にぼくらはそうやって闘ったんだよ」。

そう、東ティモールの人びとは、どんな困難な状況にも決して諦めることなく、強大なインドネシア軍を相手に二四年間も闘い抜いたのだ。アジア各地の紛争地を取材してきた報道写真家の南風島《はえじま》渉さんは、「東ティモールのゲリラは世界で最弱のゲリラだったと思う。彼らは、インドネシア兵士を捕まえると、武器を押収して、なぜ自分たちが闘っているのかを話して聞かせ、無傷で解放していた」と語る。彼らが闘っていた理由。それは、相手を殺すためでは決してなく、自らの民族自決の権利、そして平和に生きる権利を得るためだったからだ。東ティモール民族解放軍（ＦＡＬＩＮＴＩＬ）は、過酷なゲリラ戦を闘いながらも、話し合いによる政治的解決を訴え続けていた。「武力では平和は決してつくれない」——大国に翻弄され続けた小さな島国の人たちはそのことを誰よりも知っていたのではないだろうか。そして、今そのことを誰よりも学び、「戦わないために闘う」べきは、私たちではないだろうか。被害者にも、加害者にもならないために——。

四　他者の痛みを想像する力

まずは友だちになることから

座り込みの現場では、機動隊員や海上保安官から「危険ですよ（その場から移動しなさい）」という言葉を繰り返し聞かされる。その言葉を聞くたびに、人殺しの訓練を受けた米兵が街を自由に歩き回ることによって沖縄の女性がどれほど危険な目に遭ってきたか、いつ落ちるかわからないオスプレイが頭上を飛び回ることがどれだけ危険か、と言い返さずにはいられない。彼らは何も答え（ることができ）ないけれど、一九七二年の「本土復帰」から現在までの米軍構成員による犯罪数は、検挙されたものだけでも六〇〇〇件近くに及ぶ。同じく沖縄県内で発生した米軍機関連の事故は七一〇件にものぼっており、二〇一六年一二月には名護市安部の海岸にオスプレイが墜落して大破し、去る二〇一七年一〇月には東村高江の民間の牧草地で米軍の大型ヘリが炎上しているのだ。彼らだけでない。安全保障のためには米軍基地は必要だ、と簡単に言い放ち、危険性を沖縄に押し付けることに疑問を持たないすべての人に聞きたい。「これが自分の暮らす地域であったとしても、自分の大切な人が危険にさらされ続けているとしても、仕方ないと言えますか？」と。

東京に戻っても、仲間たちが現場から発信してくれる情報や、ネットで読むことができる沖縄の新聞の記事などを中心に、辺野古や高江の情報を欠かさずチェックする日々が続く。それを基に自分なりに発信を続けていると、沖縄出身なのかと聞かれることがある。これほど懸命に「沖縄の問題」に取り組んでいるからには、との考えだろ

辺野古・大浦湾でのカヌーでの海上行動（2015年、写真提供：南風島渉）

う。他意はないことがわかるからこそ、余計に苦々しい気持ちになる。「沖縄の問題」ではなく、安全保障という名のもとで沖縄に米軍基地を押し付けてきた「日本の私たちの問題」であることを伝え切れていないのだ、と。

そんな時にめげそうになる自分を支えている言葉がある。「人を理不尽な死に追いやる側にだけは身を置かないこと。理不尽な死には声を上げ、行動することを厭わないこと」「現地の人たちと友だちになりなさい。友だちの立場で考えれば、何が必要か、おのずと見えてくるはずだから」。恩師・村井吉敬先生の言葉だ。

とはいえ、人は簡単には真の友だちにはなれない。現地の人たちと友だちになるために、自分がどうあるべきか。他人の足を踏みつけたままで、その人に握手を求めたとしても、良い関係を築けるはずがない。だから、平和のために連帯して闘いたいと現場に通う以上に、自分の場所でこそすべきことがあると自身に言い聞かせている。

いのちや自然の守り人として

ある晩、渋谷駅前で辺野古の新基地建設に反対するアピール行動をしていた時のこと。立ち止まって話を聞いてくれた外国人留学生から、「日本人はみんな働きすぎ、忙しすぎるよ。だから自分に直接影響がないことを考える余裕なんてないんだと思うよ」と言われたことがある。たしかに、超満員の電車に揺られて通勤し、夜遅くまで働き通しだとしたら、仕事が終わった後や休みの日は、楽しいことだけを考えていたい、政治とか「難しいこと」は敬遠したい。そんな風に考えるのも仕方ないかもしれない。その一方で、どんなに生活が苦しくても働きずくめだろうとも、現状を変えるために声を上げている人たちが大勢いることもまた事実だ。この間に横たわる溝は何だろう。

「政治的」であることが極端に敬遠されるこの社会だが、構造的な暴力や差別の対象になっている当事者たちは否応なしに「政治的」にならざるを得ない。声を上げ、不条理と闘うことを強いられる。自分は安全な場所にいる（地位や性別や出自などで守られている）と思い込んで、他者の痛みを想像することや「政治的であること」を放棄している人も、もしかしたら、明日、仕事を失うかもしれない。病気で倒れるかもしれない。震災に遭って家を追われるかもしれない。誰もがいつ社会的な「弱者」になってもおかしくないのに、自分たちを抑圧しているシステムや権力に対して正当な怒りをぶつけるのではなく、自分とは異質なものを攻撃・排除することで安心しようとする空気が蔓延している。匿名で他者を攻撃し、ヘイトスピーチ（憎悪表現）という犯罪行為を繰り返している人が跡を絶たない現実がある。悲しいことだが、こうした排外主義的な傾向は、日本に限ったものではない。世界各地で極右政党が躍進し、偏狭なナショナリズムが声高に叫ばれている。だからこそ、想いを同じくする人同士が国境を越えて、手を取り合っていく必要がある。そして、それはきっと不可能なことではない。

　アメリカ・ノースダコタ州での石油パイプラインの敷設によって自分たちの聖地が破壊され、生命を支える水が脅かされることに対して立ち上がった先住民族スタンディングロック・スーの闘いがそのことを証明してくれている。全米中、世界中の人びとが現地での阻止行動に参加し、インターネットを通じての署名や連帯行動が広がった。そして、工事差し止めをオバマ大統領（当時）に決断させたのだ。(4)

　そのスタンディングロック・スーのある若者が「私たちはProtester（抵抗者）ではない、Protector（守り人）なんだ」と語っている動画を観て大きな力をもらった。その言葉は、いのちや自然や文化を守るために闘う人たちに「反対派」や「過激派」というレッテルを貼りがちな社会に対して、揺らぎのない真実を示してくれている。

五　種を蒔くことから始めよう

●友産友消——奪い合いから分かち合いへのシフトを

　辺野古・高江に通うことで出会えた人生の師（と勝手に仰いでいる方）がいる。不耕起自然栽培で野菜を作り、鶏や山羊などの動物を育てながら、反基地運動の現場に通う生活を二〇年以上続けている儀保《ぎぼ》昇さんだ。「自給しなければ、よその国から奪うことになる。生活と生産と平和運動と、すべてが揃って一つだ」というお話を聴いた時に、私の目指す生き方を実践されている方だと直感した。以来、時間があれば、儀保さんの所に援農に伺っている。ご自身の言葉の通り、生活と生産活動がまさに一つになって循環している農園は、創意工夫に満ちていて、力強い生命であふれている。

　では、どうやったら、奪い合いから分かち合いにシフトしていけるだろうか。「自分たちの暮らし」と「世界」のつながりを少しでも良い形に変えていく方法、そして生命・暮らしを無視する資本主義・自由市場経済から抜け出す方法を模索しよう。安い物を大量に消費するライフスタイルから抜け出そう。どこの誰がどんな風に作ったかがわかるものを選んでいこう。自分の衣食住に「友産友消《ともさんともしょう》」のものが増えていけば、おのずと人とのつながりも豊かになるはず。自給率を高めるのが難しければ、まずは「友給率」を高める挑戦をしてみよう。

パプアのカカオが様々な気づきを与えてくれる。生協パルシステムの組合員対象ワークショップにて（写真提供：深澤慎平）

　そんな提案の一つのツールとして、ＡＰＬＡは、インドネシア・パプアの生産者が森の中で栽培したカカオからチョコレートを手作りしてみるワークショップを全国各地で展開している。子どもも大人も大好きなチョコレートだが、その原料がどこから届いているのか、そもそもチョコレートがどうやってできるのか、知っている人は少ない。私の役割は、パプアのカカオ生産者と日本でチョコレートを食べる人をつなぐこと。必要な食べ物を必要な時だけ森や海に取りに行くという暮らし方、自分たちの時間を切り売りしない・時間に追われない生き方、私自身がそこに大きな魅力を感じているからこそ、もっとそのことを伝えたいし、日本人が追い求め続けてきた「豊かさ」や「便利さ」が、パプアの友人たちのいのちと暮らしを支える森をこれ以上破壊しないように、ともに行動する仲間を増やしていきたい。

誰にでもある「初めて」

三五歳の私が考えているのはこんなところだ。多くの出会いがあり、自分なりの経験を重ねて、今ここにいる。そのことを忘れないでいたいと思う。繰り返しになるが、沖縄の米軍基地のことを例に出したい。十余年前に辺野古の海上で座り込みが続いていた当時大学生だった私は、足繁く現場に通っている友だちの話を聴きながらも「沖縄の基地問題、大変だなぁ」という所で思考停止していた。そんな自分も、仕事で東南アジア地域に通いながら過去を学び直し、自分の視点が広がり、映画に背中を押してもらって初めて、入口に立てたのだ。どんなきっかけが人を変えるかはわからない。

ある問題に一度気づいたら、自分がキャッチできる情報や思いを同じくする仲間への共感は、雪だるま式に大きくなっていく。しかしそれは、周りの人にとっては「当たり前」ではないかもしれない。だからこそ、自分にとっての「初めて」を思い出して、周りの誰かのためのきっかけを一つでも多くつくれるように、知恵をしぼって動いていきたい。そのためには、一方的な演説ではなく対話の場をつくること、一人ひとりが自分の感性を大切にして自分の言葉で表現すること、アートやユーモアを忘れないこと。待ったなしの状況ではあるけれど、種を蒔かないことには芽は出ないし、花も咲かないのだから。

「間違ったこと口にしてしまったらどうしよう」「自分の意見が否定されたら嫌だな」などと考えなくても大丈夫。間違いに気づいた時には、素直にそれを認めて正せばいい。異なる意見の人がいるのが当たり前（みんな同じ意見だなんて逆に恐しい）。一人ひとりが自分の想いを、自分の言葉で伝えることで、誰かの胸にその言葉が響いて、何かが動き出すかもしれない。誰もがそんな力を持っているはずだ。

とはいえ、最初の一歩を踏み出すのは、ちょっとした勇気が必要だったり、ガイドがあったら心強かったりするかもしれない。自分自身も数多くのガイドに導かれてここまで進んできた。両親が授けてくれた名前の由来は「澪標《みおつくし》」。河川や海で船が航行する水路との境界に並べて設置された標識のことだ。名前のように、そういうガイドの一人になれるように生きていきたい。

（1）「思いやり予算」とは、防衛省予算に計上されている「在日米軍駐留経費負担」（HNS＝Host Nation Support）の通称で、在日米軍基地で働く従業員の労務費、基地内の光熱費・水道費、提供施設建設・整備費、訓練移転費などが含まれる。一九七八年の開始当初から二〇一五年までの総額は、六兆五〇〇〇億円以上にのぼっている。二〇一六年度からの五年間の経費は総額九四六五億円が見込まれている。

（2）寒暖差のある標高の高い地域で栽培され、甘みが強く美味しいとアピールされている高地栽培バナナは、スーパーなどでも高めの値段で販売されているが、生産地の環境等に配慮がされているとは言い難い。高地栽培バナナの背後にある問題については、字数の関係で詳しく書くことができなかったため、「現地報告・ミンダナオ島　フィリピンバナナの現実」（「ハリーナ」vol.02-no.25、APLA、二〇一四）をお読みいただきたい。

（3）市民・NGO・学者・アーティストなどの個人と団体によって立ち上げられた「武器輸出反対ネットワーク」（NAJAT）が、消費者として、武器製造・武器輸出に関与している日本企業に対し声を上げることを呼びかけ、様々なアクションを行っている。

（4）トランプ大統領は、二〇一七年一月の就任後すぐに、同石油パイプラインの建設を推進する大統領令に署名。二月には、建設に抗議する人びとの拠点であったオセチ・サコウィン・キャンプからの撤退命令を出した。その際に多くの逮捕者が出ている。

【私にとっての三冊】

鶴見良行『バナナと日本人―フィリピン農園と食卓のあいだ』（岩波新書、一九八二）
著者がバナナを通して浮かび上がらせた日本とフィリピンの歪んだ関係。自分が生まれた年に発刊された本書を手に取るたびに、現在はどうなっている？と問われ、叱咤激励を受けている気持ちになる。

フランク・パヴロフ／藤本一勇訳『茶色の朝』（大月書店、二〇〇三）

大学生の時に初めて手に取ってから、常に本棚の目立つ場所に入っている本。「茶色の朝」を迎えないためには、仕方ない、とやり過ごさないこと。自分の中の違和感を大切に、思考を止めず、行動すること。

ガバン・マコーマック＋乗松聡子『沖縄の〈怒（いかり）〉―日米への抵抗』（法律文化社、二〇一三）

日本の近現代史を学び直す教科書として、誰もに読んでもらいたい一冊。その一言に尽きる。

Column3

日本と東ティモールの関わり

二〇〇二年三月、陸上自衛隊の第一陣が東ティモールの首都ディリに到着した。その後、約二年間の国連の平和維持活動（ＰＫＯ）への参加で施設部隊を中心に約二三〇〇人の自衛隊員が派遣された。それに先立ち、現地の市民団体からは、小泉首相（当時）宛に「日本自衛隊派遣に反対する東ティモールＮＧＯ声明」が出されている。声明は、第二次大戦中の日本軍の残虐行為、およびインドネシアによる軍事侵略についての国連非難決議への日本政府による反対を批判するもので、戦争犠牲者に対する公式な謝罪と補償も日本政府に対して求められていた。

第二次大戦中、日本軍は（宗主国ポルトガルが中立国であったにもかかわらず）東ティモールに侵攻し、その三年半に及ぶ占領によって四万から五万人の住民が犠牲になったと言われている。しかし、日本政府はこれまで何の補償もしておらず、日本軍「慰安婦」の被害者となった女性に対する謝罪や救済もなされていない。また、声明にあるように、インドネシアの最大の援助国である日本は、一九七五年から八二年までの当該国連決議すべてに反対票を投じた。日本からの政府開発援助（ＯＤＡ）や投資は、スハルト独裁政権を経済的に支え、同政権の東ティモール軍事占領によって二〇万人ものいのちが奪われたことに加担していたと言える。

そうした背景ゆえの切実な訴え、「どうして数多くの東ティモール人が殺害されていた時に知らぬふりを決め込み、今さら自衛隊を送るのか」という現地の人びとの声を、日本のマスメディアが伝えることはなかった。

主権回復（独立）から一五年が経過し、東ティモール国内でも「未来志向」という官製スローガンが幅を利かせ、社会正義を求める声は隅に追いやられつつあるのが現状だ。二〇一二年、日本は東ティモールに対する初の有償資金協力（円借款）を「国道一号線整備事業」として成立させ、五二億七八〇〇万円の契約が両国間で調印された。今後も増えていくだろう日本の「援助」が、東ティモールの人びとの暮らしを破壊することなく、本当の意味での豊かさにつながるために使われるよう、日本の主権者として、納税者として、きちんとウォッチしていきたい。

Column4

フェアトレード――お買物で世界は変わる⁉

グローバリゼーションによって、モノ、お金、情報の動きが自由になり、それらの往来を（良くも悪くも）妨げていた国境という壁が加速度的に低くなってきた。私たちの暮らしを観察してみれば、日々口にする食べ物、季節ごとに買い足す衣服、今や必需品となった携帯電話・スマートフォン、そして直接手にするもの・目に見えるもの以外にも、様々な商品の原材料（たとえば木材）やエネルギー資源（たとえば石油・天然ガス）などが、世界中から届いている。どこに暮らそうとも、否応なしに世界とつながっている。

このように極端にグローバル化した経済システムは富や便利さを生み出してきた一方で、世界の貧富の格差を拡大させ、資源収奪による環境破壊を推し進めてきた。そうした流れに対抗する試みの例として、フェアトレードが挙げられる。直訳すると「公正な貿易」、経済的・社会的に弱い立場に落とし込められた発展途上国と呼ばれる国々の生産者から、農産物や手工芸品などを国際市場価格よりも高い「公正な」価格で継続的に買い取ることで、貧困問題の解消や経済的自立につなげるという取り組みだ。一九六〇年代にヨーロッパ――植民地支配によっていわゆる「南」の国々を搾取し尽くしてきた国々――から始まったこの運動は、最近では「エシカル（倫理的な）消費」という形で環境への配慮なども含めた形で裾野を広げ、一つのビジネスモデルになりつつある。

　もっとも、フェアトレード商品の流通量が右肩上がりに伸びてきているとはいえ、商品は嗜好品（コーヒー、紅茶、チョコレート…）や衣料品、手工芸品など、ごくごく限定的なものにとどまっており、その数も限られている。フェアトレード商品を購入して「良いことをした」気分になって思考停止してしまっては、「世界を変える」ことは到底できない。

　日本は、カロリーベースでの食糧自給率が四〇％を切っているにもかかわらず（二〇一四年）、年間に推計二八〇〇万トンもの食糧を廃棄している。そのうち六四二万トンがまだ食べられる「食品ロス」と言われるもので（「平成二八年度消費者白書」）、世界全体の食糧援助量三二〇万トン（二〇一四年（国連世界食糧計画［ＷＦＰ］））の約二倍に相当する。私たちは、どんないのちをいただいているのか、どこで誰がどのように作った食べ物を口にしているのか（もしくは捨てているのか）、まずは、生きるための根幹である食のあり方を見直してみるところから始める必要があるのではないか。

第3話

福島・沖縄・市民運動

原発事故被害と米軍基地問題

守りたいもの、伝えたいもの、直視せねばならぬもの

満田夏花
（FoE Japan理事／一九六七年生まれ）

東南アジアの大規模開発の現場で遭遇した日本の援助が生む貧困という矛盾。開発問題に向き合うためにNGOに転職。が、3・11後の福島第一原発事故、日本社会の矛盾が凝縮した原発事故被害の実態に直面。被害者支援および脱原発運動にあけくれる。そうした中、脱原発の仲間が、沖縄に移住。辺野古の反対運動に身を投じ、彼女の悲鳴のようなメッセージをスルーできず、辺野古・高江の運動にも首をつっこむことに。しかし、運動の現場で出会ったのは、それはそれは素晴らしい人たちでした。

写真：福島県伊達市における住民のインタビュー（筆者右）

一　向き合うことの重要さ

政府系金融機関への出向

私の人生の大きな転機となり、NGOという道に入る遠因となったのは、おかしなことに、ある政府系金融機関への出向であった。

学生時代から山歩きや自然観察などが好きで、それにのめり込んだ。各地で無目的な開発ゆえの自然破壊を目撃した。それがきっかけで、いつしか環境問題に興味を抱くようになっていた。その流れで環境系の財団に就職することになった。そして一〇年ほどそこで働くうちに、出向の話が持ち上がった。この出向には事情があった。

山歩きや自然観察に明け暮れていた学生時代

当時、この政府系金融機関は、政府開発援助（ODA）の有償資金協力（円借款）や公的資金による融資を通じて、海外における開発協力や、企業の海外進出・資源の権益の獲得を支援してきた。

こうした資金が使われるプロジェクトにおいて、ときに、人権侵害や環境破壊が問題になり、NGOが問題提起を行っていた。この問題を未然に防ぐために、二〇〇二年に自主的なルールである環境社会配慮ガイドラインが策定されることになった。このガイドラインは、事業実施者に対して環境影響評価の実施や、早期の段階でのステークホルダーとの協議、情報公開を求め、融資する側には融資の意思決定前に「環境レビュー」を実施し、それを意思決定に反映させるというものであった。

このガイドラインは、有識者やNGO、国会議員からなる検討会を設け、そこでの提言をもとに策定された。さらに、様々な業種からの出向者も入れた「環境社会配慮審査室」を新設し、体制を整えた。その時に私が働いていた財団にも声がかかり、私が出向したというわけだ。

新しい分野での仕事である。期待と不安を胸に出向した私を待ち受けていたのは、想像以上に厳しい現実であった。環境社会配慮審査室の上司や共に働く仲間たちは、とても優秀で意識が高くかつ気さくでよい職場だった。しかし、この職場で求められている能力に比して、私の能力や意識は追い付いていなかったと正直思う。

最初に担当したのは、途上国のとある開発事業。対象はスラムとなっている地域で、大規模な住民移転を伴う案件であった。正直、どうしていいのか手も足も出なかった。私のせいで、この移転させられる人たちの人生が不幸になったらどうしようと思い悩む日々だった。

ぶつかり合うことによって学んだこと

そんな状況であったが、よき同僚にも恵まれて、途上国のいろいろな問題を学んだり、対処方法を議論したりして、少しずつ新たな仕事にも慣れていった。

最も議論になったのは、大規模な住民移転を伴う事業にどう対処するのか、という点であった。ガイドラインに書いてあるような「生計の維持・回復」をどう確認するかは、非常に難しく、ほとんど不可能のように感じられた。たとえば大型ダムのような山間部での開発の場合、土地や森に依存し生計を維持してきた人たちに移転を強いることになり、その人たちの暮らしや文化や社会の根本を変えてしまうことであるから、その影響の把握ですら難しかった。

開発にはこうした問題がつきまとう。必ずしも貨幣的な意味で豊かではなくても、十分豊かで安定した生活を送っている人たちの暮らしを変えてしまうことが少なくない。「開発」を考える上で忘れてはならない重要なことの一つである。

最も印象に残っているのは、洪水防止を主目的としたある多目的ダムの案件づくりのための調査に関わった経験である。開発担当部は、「洪水を防止するための重要な事業だ。住民やＮＧＯにも関わってもらい、よい案件にしよう。もしだめだったら引こう」と積極的だった。チームが結成され、ダム開発に批判的なＮＧＯや大学研究者にも関わってもらい、現地に何度も足を運んだ。水没地域の住民たちの移転のみならず、予測困難な下流域への影響をどのように評価するかで大激論が交わされた。

この出向で学んだ重要なことは、「開発」というものにつきまとう負の影響とともに、妥協してよいこと、悪いこと、後者だった場合の対処の仕方だったかもしれない。

おそらく職場の中で、ときに問題意識を感じるとロバのように引っ張っても動かなくなる私のような人間は異質であり、事業のスマートでスムースな進行という意味では大変困った存在だったかもしれない。そんな私とまじめに向き合って、真剣に議論につき合ってくれた同僚や上司、あるいは他部の人たちには今でも感謝している。同僚の中にも、単に円滑に仕事をこなすだけでなく、「ゆずれない原則」を明確に持ち、それをきちんと理論的に言語化し、上司に進言し、組織内のプロセスで具体化していく人もいて、とても尊敬できたし、多くを学ぶことができた。

二　「ＮＧＯ」への転職

●ＮＧＯって…？

三年間の出向期間が終わり、もとの職場に戻ったあとは、主として「途上国における開発事業の環境社会配慮」

や「企業の社会的責任」などの分野で調査研究・政策提言（アドボカシー）に取り組む機会に恵まれた。また、国際協力銀行（ＪＢＩＣ）や国際協力機構（ＪＩＣＡ）の環境社会配慮ガイドラインの改定プロセスにも外から関わった。

その中で、ＮＧＯの人たちとの付き合いも増えていった。とりわけ、公的資金やＯＤＡをウォッチし続けてきて、前述の公的融資の環境社会配慮ガイドラインの策定にも大きな役割を果たしたＦｏＥ Ｊａｐａｎやメコン・ウォッチ、「環境・持続社会」研究センター（ＪＡＣＳＥＳ）といった日本のＮＧＯ団体のメンバーとは、多くの時間を共にした。かれらの多くは私よりも年下の、優秀な若者たちだった。大激論を交わしたあげく負けてしまい、悔しい思いをしたものである。

ＮＧＯは、「非政府組織」と訳され、もともとは国際連合が国際会議に出席する政府以外の民間団体を指す用語として使いはじめられた。「環境」「人権」「平和」「貧困削減」「教育」「福祉」など、社会的な価値を実現するための非営利の組織を指す。

ＦｏＥ Ｊａｐａｎおよびメコン・ウォッチからお誘いがあった時、相変わらず自分の能力への疑問はあったものの、それはとても魅力的に聞こえた。経済面で不安定になるというためらいはあったものの、それを受けることにした。

転職後、主として日本の資金が関係する途上国における大型プロジェクトの影響や、国際的な森林破壊や土地収奪の問題などについて関わってきた。

短期間ではあったが、インドネシア、マレーシア、ベトナム、カンボジアなどにも調査に入り、そこから得た情報を企業や政府などに伝える活動に従事した。私は、研究者でもなければ、現地密着型のＮＧＯワーカーでもないので、情報の「深み」という意味では足りない部分は多かったと思う。それでも聴き取りベースではあるが、住民目線の情報収集に努め、開発を推進する日本側として認識しなければならないことを、いろいろな手段でわかりやすく伝えるという努力は大切にした。

ＮＧＯで働きはじめた頃は様々なカルチャーショックがあった。一番感じたのは、内部で活動のビジョンや戦略について議論する時間が長くなった点である。

私自身は、非常に短絡的・即物的な人間で、観念的な議論が嫌いだ。また、長期的な思考も苦手で、せいぜい一カ月先のことしか考えられない。逆に言えば、目標さえ定まれば、全精力を使って猪突猛進する、一点突破型、イノシシタイプの人間のように思う。

元来、人間の頭脳は、かなり複層的・多面的なことを総合的に考えられるようにできているのだから、それをいちいち言語化せずとも、概ね「妥当」な結論を導くことができるのではないか。複雑な背景や戦略、ビジョンを言語化することに時間とエネルギーを費やすよりも、おのずと妥当だと考えられるビジョンを実施することにそれを費やした方がいいのではないか…。そんな私の疑問、というか願望を、ＮＧＯに転職してからの上司に伝えてみたところ、見事に一蹴された。

「ＮＧＯってのは、寄付者に支えられているでしょ？　その寄付者への説明責任があるわけよ。ブラックボックスのようなあなたの思考回路を信頼してよって言われても、そりゃ無理よ」。

いや、ごもっとも。こうして私はいやいやながらも、議論と言語化に多くの時間を費やし、そこで改めて多様な考えを整理する訓練を積まされることになった。

３・11後、私たちが直面したこと

二〇一一年三月一一日。あの日のこと、そしてあの日から始まったことを私は一生忘れないだろう。東日本大震災に端を発した東京電力福島第一原発事故のこと。ふるさとを失い、平穏な暮らしを失い、それでも果敢に生きようとする多くの人たちのこと。理不尽なことに憤り、涙を流し、共にたたかった市民運動の仲間たちのことを。

その日、私は同僚たちとＦｏＥ Ｊａｐａｎのとても寒い事務所の中で、年度末の仕事に追われていた。大きな揺れを感じ、「危ない、壁から離れて！」と誰かが叫び、そのあと本棚が倒れてきて、いろいろなものが落下した。当時、ＦｏＥ Ｊａｐａｎは豊島区の元小学校を多くの非営利組織（ＮＰＯ）の事務所として貸し出していた建物に入居していたので、他のＮＰＯの職員たちと一時、校庭に避難していた。何度か余震がきているうちに、誰かが携帯を見て、「福島の原発がやばいらしい」とつぶやいた。

それから一週間。ＦｏＥ Ｊａｐａｎの閉鎖された事務所では、とても深刻な議論が交わされた。すなわち、私たちは環境団体として何をなすべきかと。

ＦｏＥ Ｊａｐａｎは、それまで気候変動や森林、日本資金が絡む途上国の開発問題には果敢に取り組んできたが、原発については取り組んでこなかった。しかし、日本が直面しているこの未曾有の危機に際して、原発・エネルギー問題に真正面から取り組むべきではなかろうかと。一方では、「原発」という巨大な利権構造を前に、ちっぽけで知見もない私たちにいったい何ができるのだろう、といった無力感もあるにはあったが、とりあえず、「福島への支援」「エネルギー政策への提言」を二つの柱として、できることをやろう！という結論に落ち着いた。

これに対して、組織内の反論がなかったわけではない。３・11後、しばらくして、事故の収束に当たっている作業員の被ばく限度を政府が大幅に引き上げるという出来事があり、ＦｏＥ Ｊａｐａｎとしても暗中模索しながらこれに反対する声明を出したりした。これについて、ＦｏＥ Ｊａｐａｎの関係者から「放射線という難しい領域に関して、シロウトのくせに、あれこれ言うのはいかがなものか」という批判が寄せられた。

しかし、私たちは結局、声明を撤回しなかった。たしかに放射線被ばくの影響は一筋縄ではいかないし、私たちはシロウトだ。しかし、私たちが、知識が足りないということを理由にして口をつぐんでよいものだろうか。「専門家」任せにしていたから福島原発事故が起こったのではないか。シロウトだから口をつぐめ、権威に任せろというのは、日本の、あるいは世界の多くの社会問題を、なすに任せろ、というのに等しいと考えたのである。

三　福島と脱原発

●福島へ！

「原発に真正面から取り組む！」そう決めた私たちがまず考えたのは、福島の被害者たちとつながること、そして昔から反原発に取り組んできた人たちとつながることであった。

原子力資料情報室の当時の国際担当の方に紹介していただき、福島原発の危険性に長年警鐘を鳴らし続けてきた「福島老朽原発を考える会」（フクロウの会）の阪上武さんとつながることができた。

ちなみに阪上さんの主宰する「フクロウの会」は、当時は飯田橋の古い建物に居を構えており、そこに文字通りフクロウのように阪上さんがひっそりと仕事をしていたことを覚えている。訪ねていった私たちを前に、阪上さんはいやがりもせずに、脱原発運動の歴史的な意義について語り、独り言のように、「普通のお母さんたちが立ち上がる、そのような運動がいいと思うんですよ」とつぶやいた。のちにこの言葉が、いかにツボをついたものであるか、何度か思い返した。

3・11の直後、阪上さんたちは、アメリカから送ってもらった放射線測定器を福島に運び、汚染の状況に危機感を持つ市民たちに手渡す取り組みをされていた。阪上さんに直談判をして、そこに同乗させてもらうことにした。

東北新幹線も止まっており、高速バスで途中まで行って、阪上さんたちに合流。福島市の小さな会合では、のちに、「子どもたちを放射能から守る福島ネットワーク」の代表となる中手聖一さんらと知り合うことができた。阪上さんたちが持ってきたガイガーカウンターを渡し、余震におびえながら、福島市の現状や、今後何をするかを話し合った。

その後、同じグループの親たちが福島市内の小学校の校庭を測定し、その多くが「放射線管理区域」に相当する空間線量率（〇・六マイクロシーベルト／時以上）であることが判明。放射線管理区域とは、原発施設や、原子力の研究施設、放射線を扱う医療機関など、原則、訓練された職業人しか立ち入ることを許されず、一〇時間以上の滞在は禁止、中での飲食も禁止という区域である。

中手さんら親たちは、教育委員会に対して、始業式を遅らせること、学校の測定を行うこと、子どもたちを疎開させることを盛り込んだ「進言書」を提出した。

この「進言書」が「フクロウの会」のブログに掲載されたところ、コメント欄に、同じ思いを持つ多数の親たちが書き込みをし、これを契機に、「子どもたちを放射能から守る福島ネットワーク」が結成された。

同じ時期に、山下俊一教授（長崎大学教授・当時）らが、福島のあちこちで講演をし、現在の線量は心配するに当たらないこと、心配する方が健康に悪いことなどを説いて回った。

そして四月には、文部科学省が、福島県の教育委員会に対して、学校施設の利用の目安として「年二〇ミリシーベルト、空間線量率にして毎時三・八マイクロシーベルト」と通知を出した。これは、国際放射線防護委員会（ICRP）が勧告した公衆の被ばく限度の二〇倍、また、国内法で規制をかけられている放射線管理区域（三カ月で一・三ミリシーベルト、年間約五ミリシーベルト）よりもはるかに高い基準であった。

二〇ミリシーベルト撤回運動

二〇一一年は、多くの人たちにとってそうであったように、私にとっても激動の日々であった。日々入ってくる情報になんとか対応し、原発事故に関連した理不尽な状況をなんとかしなければならないという、必死な思いで、休む間もなくあちらこちら動き回った。体重は激減。これはちょっとうれしかった。睡眠時間も極端に減った。しかし、不思議と疲労は覚えず、頭もよく回転し、常にアドレナリンが出ているようなそんな状況だった。

野生動物も危機に際しては脳内物質が出まくって、やたら元気になることがあるというのを聞いたことがある。

ある意味、私も、自分の生命の危機、あるいは自分の同胞である原発の近くの人たちの生命や健康の危機かもという認識のもと、そういった状態に入っていたのかもしれない。

前述の通り、二〇一一年四月、文部科学省が福島の教育委員会等に対して、学校施設の利用目安を「年二〇ミリシーベルト」と通知し、ほぼ時を同じくして、政府原子力災害対策本部が、「年二〇ミリシーベルト」を基準として飯舘村などを計画的避難区域に設定した。

「公衆の被ばく限度の二〇倍、放射線管理区域の四倍、そんな場所で子どもたちを生活させるのか」。こうして私たちの「二〇ミリシーベルト基準」撤回運動が始まった。

国会議員を回り、政府の担当者と会い、集会を開き、福島に通い、測定をし、福島の父母たちの思いを聴き、かれらとともに文部科学省や原子力安全委員会と交渉をした。

忘れもしない五月二三日。小雨が降りしきる中、バスを連ねてやって来た福島の父母たちと約六五〇人もの支援者たち、駆け付けた国会議員たちが文部科学省を包囲。二〇ミリシーベルト基準の撤回を求めて、文部科学省の担当者と野外で交渉を行った。「フクロウの会」、ＦｏＥ Ｊａｐａｎなどが主催した。親たちが求めたのはただ一つ、子どもたちを被ばくから守ることだ。福島の親たちは、高木文部科学大臣にそれを直接伝えるためにはるばるやって来たが、大臣や副大臣、政務官などがその場に姿を現すことはなかった。

翌二四日、高木文部科学大臣は、記者会見の場で、校庭の利用目安について、「一ミリシーベルトを目指す」という方針を明言し、四日後には通知を出し、学校二〇ミリシーベルト基準を事実上撤回した。福島の親たちと市民運動の力、世論の高まりの前に、行政も形を取り繕わざるを得なかったということだろう。

しかし、「年二〇ミリシーベルト問題」はその後も避難の基準として、被害者たちを苦しめた。年二〇ミリシーベルトを基準に避難区域が設定されたが、そもそもその基準が高かったうえに、政府指示の避難区域以外においても同等の汚染を観測した場所があった。区域外の人たちは、子どもを守りたいという一心で、賠償もなく、周囲の

20ミリシーベルト基準撤回を求める父母たちと支援者とともに文部科学省と交渉（2011年5月23日）

理解もないまま、自力での避難を決断せざるを得なかった（Column5参照）。

「避難の権利」

前述のように福島原発事故後、国は避難の基準としては、一律、年間積算線量として年二〇ミリシーベルトを採用。避難指示区域以外の避難者たちは、子どもたち、家族を守るために、賠償もなく、自力での避難を強いられた。経済的にも苦しいのみならず、「避難」の正当性が社会的に認知されず、肩身の狭い思いで逃げるように故郷を後にした人も多かった。世代間、夫婦間でも考え方が異なり、家族の分断が生じた。避難した人、避難したくてもできなかった人の間に、わだかまりが生じた。

問題は、「年間二〇ミリシーベルト」という基準が高すぎただけではない。政府が一方的に避難基準を決め住民が関与する余地がなかったこと、政府指示の避難区域以外にも実際には年二〇ミリシーベルトに相当するようなホットスポットが点在したこと、基本的には「避難指示区域かそれ以外か」というゾーニングしかせず、中間的なゾーン設定をしなかったことなどが挙げられる。

チェルノブイリ原発事故から五年後の一九九一年に周辺三国（ウクライナ、ベラルーシ、ロシア）で制定された「チェルノブイリ法」では、年間推定被ばく量一ミリシーベルト以上の地域を「移住権付居住地域」（「避難の権利ゾーン」とも呼ばれる）に、また同五ミリシーベルト以上の地域を「義務的移住地域」（「避難の義務」ゾーンとも呼ばれる）に指定し、さらに同〇・五ミリシーベルト以上の地域も「放射線の定期的監視地域」として支援した。チェルノブイリ法ではまた、居住を続けるか、避難するかの自己決定権についても記述されている。

私たちは二〇一一年六月から、福島の人たちや「福島の子どもたちを守る法律家ネットワーク」の弁護士たちとともに、「避難の権利」を求め、区域外の避難者にも賠償を求める運動に取り組んだ。チェルノブイリ法にも学び、また国際人権規約や憲法などでも保障されている「安全に生きる権利」の一つとして、住民が自らや家族の健康を守るために「避難」を選択する権利があること、また避難区域の一つとして、年二〇ミリシーベルトは下回っても、一定の基準以上（公衆の被ばく限度である一ミリシーベルト以上）の地域は、避難を選択した人たちが一定の賠償・支援を受けられるようにすべきであることを主張し、調査や集会、政府交渉を行い、キーパーソンと思われる人たちに、情報提供なども行った。その甲斐もあって、文部科学省のもとに置かれた原子力損害賠償紛争審査会において、区域外からの避難者のヒアリングが実現。様々な人たちの努力もあって、ようやく二〇一一年一二月六日の原子力損害賠償紛争審査会において、「自主的避難等賠償区域」が設定され、多くの問題はあったが当該区域の避難者・居住者に対してごく少額の賠償が認められた。

しかし、その日、私たちが感じたのは、「勝利」ではなく、むしろ敗北感、無力感や怒りだった。「（避難の）実費を認めよ」と傍聴席は騒然となり、抑えかねた不規則発言（ヤジ）に、次々と傍聴者は退席を命じられた（恥ずかしながら、私も早々につまみ出された一人である）。「自主的避難等賠償区域」はあまりに狭く、賠償の額はあまりに小さく、避難を継続するのに足りるような額ではなかったのである。

ただし、冷静に考えれば、審査会が出した文書（中間指針追補）は一方で、被ばくへの恐怖と不安、その危険を回避しようと考えて行った避難はやむを得ないものであるとし、その合理性を認めた点は確かである。公的な文書に、初めて政府指示によるものではない避難の正当性・合理性について記述された意義はそれなりに大きかったと考えている。

原子力損害賠償紛争審査会（2011年12月6日）

●脱原発の懲りない面々

3・11のあと、二〇ミリシーベルト撤回運動や原発の再稼働反対などを契機に、共に運動をするようになった脱原発団体の人たちはすばらしい人たちだった。世の中の風潮がどうあろうと長年、原発の危険性を訴え、技術的な問題についてもよく勉強し、専門家はだしの知識を持っている。具体的な個々の論点を明確にピンポイントでつっ込み、原発立地の人たちとつながり合い、粘り強く運動を進める、ストイックでガッツのある、心から尊敬できる人たちだったと思う。

国際的に日本のNGOは弱い、と言われる。私も、欧米のNGOにそれなりに接してきて感嘆したことは多い。欧米のNGOは一般市民からの信頼を勝ち得、NGOによる企業の評価は企業のブランドイメージを左右する。NGOに対する寄付も盛んだ。高い能力を持つ専従の有給スタッフを揃え、外部に多くの専門家を味方に付け、国際的にも発言力を持つ。

日本国内のNGO、あるいは市民団体にはそんな力はない。日本の市民団体は財政的な基盤が弱く、有給スタッフを抱えることはあまりなく、活動している人たちは基本、無償だ。活動の担い手たちに六〇歳以上の退職後の人たちが多い理由の一つはそれだ。しかし、その活動は献身的で粘り強く、何があってもへこたれない。

たとえば、二〇一二年の福井・大飯原発の再稼働前後に見られた関西の反原発団体の皆さんの粘りはすごかった。私たち東京ベースの団体とも連携し、専門家を動かし、市民に呼びかけ、連日のように国会に赴いて政府交渉や経済産業省等への働きかけ、国会議員への働きかけを行った。

と思えば、地元の団体と一緒になって、丁寧に原発周辺の家々を一軒一軒訪ねて歩き、わかりやすいリーフレットを配ったり、単に原発の危険性を説くだけではなく、シールアンケート（設問に対して該当する回答にシールを貼っていってもらう）の形で、原発再稼働に対する住民の複雑な思いを引き出すための活動も行っていた。

残念ながら再稼働はされてしまったが、それは決して日本の市民団体の力が弱いわけではなく、それだけ原発というものの強い利権が、政府や国会など各所に強い網を張りめぐらしていたからだと思う。

と、日本の市民運動の良い面ばかりを書いたが、なかには、問題の解決を目指すというよりも、勢力の拡大を目指す「運動拡大のための運動」、あるいは厳しく言えば、反対を叫ぶスタイルに酔っているのではないかと疑わざるを得ないような運動もある。が、幸いにして、私が共に運動を進めた人たちは、自らを厳しく律し、問題の解決を目指す本当の市民運動の担い手だった。

前述の五月二三日の文部科学省の大包囲。表舞台での主役は福島の父母たちだった。もちろん当事者性という意味でそうあるべきであっただろう。今まで市民運動にほとんど参加したことのなかった父母たちが「子どもたちを守りたい」という一念で、こうした行動に参加したことは感動的ですらあった。しかし、当日の準備や裏方として舞台を下支えしていた、いくつかの市民団体についてはまったく報道されなかった。マスコミも、普通の父母たちが立ち上がった「絵」が欲しかったのだろう。これについては、運動を継続的にやり続ける市民団体が社会的に評価も認知もされないという意味で、日本の市民運動の弱さの理由を感じる側面でもあった。

四　沖縄と民主主義

●沖縄からの叫び

福島第一原発事故の被害の状況、とりわけ被害者の声を聴かず、力の弱い被害者を切り捨て、被ばくの影響を無視する国の政策はひどく、これに立ち向かうために常に全力疾走を続けるような状況が何年も続いていた。その間にも、日本では安倍政権が、多くの国民が反対する中、特定秘密保護法、安保法制、「共謀罪」法を次々と成立させ、さらに沖縄では辺野古での新基地建設、高江でのヘリパッド建設を強行した。

沖縄の基地問題に関しては、関心もあり、憤りもしていたが、一般に報道されている以上の深い知識があったわけではない。果敢にたたかう沖縄の人、それを応援して身を挺する人たちを応援し、情報を広めはしたが、それ以上のことは「正直、無理」という状況だった。

ところが、ずっと脱原発運動を共にやっていた仲間が、沖縄に移住した。彼女は3・11の後、社会の矛盾とたたかわねばならないという意識に目覚め、その中で高江の座り込みに参加し、沖縄の人たちと出会い、共感し、かれらとともにたたかう道を選んだのである。

彼女は、「辺野古ブルー」と呼ばれるカヌーチームに参加し、辺野古新基地建設を阻止するために最前線でたたかった。

私たちは、毎朝のようにSNSを通じてリアルタイムで入ってくる情報を食い入るように見て、彼女の身を案じ、最後には彼女を通して、沖縄のたたかいを自分たちのたたかいとして認識するようになった。

それは無視できない叫びだったように思う。

3・11の時と同じだった。自分が無力であること、自分が何もしていないことに罪悪感を感じ、ふと、何かできるのではないか、と考えるようになる。

そう、考えてみれば、FoE Japanは環境NGOではないか。日本の環境NGOは「環境」を「政治」「社会」から切り離し、政治的社会的な問題にはコミットしない風潮があるが、FoE Japanはそうではない。「環境」は「社会」と切り離せないという立場に立つ。民主主義と人権とを守ることが、「環境」を守ることになる。人々がふるさとの自然を守り、自分たちの生活あるいは自分たちの未来を支える貴重な財産として環境を守っていくことは当たり前の権利だ。いま辺野古で、高江で、これが踏みにじられようとしている。それに抗い、必死で抵抗している沖縄の人たちを応援するのは、環境NGOとして、至極当然のことではないだろうか。

こうして、FoE Japanも辺野古・高江を守るたたかいに合流していった(Column6参照)。

現場はここだ!

辺野古の新基地反対運動は、「オール沖縄」による力強い抵抗運動となっていた。日本政府による強引な基地の押し付けに対する反発もあり、選挙のたびに基地反対を掲げる候補者が当選していた。沖縄県・翁長雄志知事の誕生もこの大きな民意のうねりの最たるものだった。

しかし、辺野古ではどんどん強引な工事が進められていった。「ボーリング調査」の名のもとに、巨大ブロックが海中に投下され、サンゴを破損していた。地上では座り込む人々がごぼう抜きされ、海上では、海上保安庁などが、抵抗する市民のカヌーや船を危険極まりない手段を用いて排除していった。そうは言っても、政治が動こうとしないこの局面で、最も有効な反対運動の手段は、座り込みなどによる直接非暴力の抵抗運動だと思う。

しかし、やはり東京に拠点を置くNGOとして、私たちにとっての重要な現場は、ここ、東京だった。いかに政治が動かないと言っても、それでも国会議員や政府に問題をぶつけることが必要とされていた。また、辺野古・高江で何が起きているか、連日、琉球新報・沖縄タイムスの二紙は熱心に報じているが、全国紙やテレビではなかなか報じられておらず、沖縄と本土の情報格差は広がる一方であった。

「沖縄の声を東京で可視化する」――沖縄でここまで理不尽な人権の侵害と民主主義の蹂躙、そしてかけがえのない生態系が破壊されていることを、日本に、そして世界に発信する。そのために多分野にわたるＮＧＯの賛同も得て共同声明を発表し、国際署名運動に取り組む。さらに、ここの工事の手続きの問題点を、政府に問いただす。今まで原発の問題について培ってきた行政交渉の手法を、辺野古の問題についても活用する。

高江ヘリパッド建設反対の署名を提出（筆者右から２人目、2016年９月15日）

記者会見や政府交渉、街頭宣伝などを繰り返し、だんだん私たちの活動が形をなしてきた。今まで、共に原発問題について活動をしてくれた仲間たちが合流した。

同時に取り組もうとしたのは、辺野古・高江の問題に取り組む平和・環境・人権などのＮＧＯのネットワークをつくることだった。沖縄の基地問題に、長く熱心に取り組んできたのは平和運動の人たちが多かった。一方、最近になって政府による辺野古の工事の強行が問題化するにつけ、ＦｏＥ Ｊａｐａｎ同様、新たにこの問題に関心を持ち、取り組もうとしている団体も出てきている。両者の運動の連携が図れればというのが狙いだった。

若者にもネットワークを持ち、長年沖縄の基地問題をはじめ戦争・平和問題に取り組んでき市民運動団体ピースボートや、同じく、環境と平和の両側面から沖縄の問題に取り組み、スマートで魅力的な発信力を持つ世界最大の環境NGOグリーンピースも加わってくれた。

こうして、二〇一五年八月、「辺野古・高江を守ろう！NGOネットワーク」が誕生した。

発足の集会では、環境科学が専門で第三者委員会の委員も務めた沖縄大学名誉教授の桜井国俊氏が、辺野古アセス、埋立申請、第三者委員会などについて講演。参議院議員会館の講堂が満席になる盛況ぶりであった。

●福島と沖縄の接点

辺野古や高江の運動を始めて感じたのは、ずっと共に脱原発や福島原発事故被害について果敢にたたかってきてくれた仲間たちが、なんの違和感もなく、辺野古・高江の運動にも合流したことだった。そして集会や座り込みの現場で会う人たちも、脱原発の集会に来てくれた人たちだったりした。

「基地」「原発」――巨大な力が沖縄の人たちを、そして福島の被害者たちを踏みつけにし、かれらの声を聴かず、勝手に権力が「国益」と定義したもの、その実、国益でもなんでもないものを優先する構造は同じだった。基地や原発が沖縄や福島に押しつけられ、それによって（偽りの）安全保障だったり電力だったりで受益している「本土」とか「東京」とかの存在、すなわち被害と受益の明らかな乖離も共通だった。

それに憤り、何かしたいという人の思いも共通したものがあった。

一方で、気になるのはやはり市民運動の担い手たちの多くが中高年層であるということだ。そして圧倒的多数の「無関心層」の存在だ。政府が強硬になり、状況がひどくなればなるほど、そして運動がそれに抗えば抗うほど、「無関心層」はますます無関心に、耳をふさぎ、冷たい圧倒的な存在になると思えた。ときにより、運動側のあまりに熱烈な、あるいは攻撃的な表現が、一層そうした反応に拍車をかけているように思えることもあった。

五　市民運動の底力

●守りたいものは何か？

福島第一原発事故後、宮城県南部の丸森町で、住民の話を聴く機会があった。

ある若い母親は、次のように語ってくれた。

「子どもの頃遊んだ田んぼのあぜ道、山菜やきのこをとり、近所の人たちと分け合う喜び。都会に魅力を感じたこともありますが、やはりここに住み続けることにしました。その喜びを自分の子どもにも残したかったからです。それなのに、原発事故が、そのすべてを奪ってしまった…」。

また福島県南相馬市のある住民は、失われたものについて、こう語ってくれた。

「真野川は清流で、春はアカハラ（ハヤ）という魚を捕って友だちに分けていたりしました。夏はアユ、一〇月ぐらいになるとモクズガニが捕れました。モクズガニはすりつぶしてエキスを鍋に入れて煮立て、新そばをつけそばにして食べていました。この『かにまき』の味は忘れることができません。冬はイノシシを捕ります。原発事故で、こうした自然の恵みも、お裾分けを通じたコミュニケーションもすべてなくなってしまいました」。

私が守りたい価値は何か。

平和、人権、環境、平等、自然との共生、循環型社会、そして民主主義――。言葉にしてしまえば、平板になってしまうが、人々が地域地域で自然を利用しながら、そこそこ豊かに平和に平等にのびのびと暮らし、老いも若きも男も女も個人として尊重され、多様性が守られ、自分たちの地域の未来を民主的な手続きで、自分たちで決定する権利、政治に参加する権利、間違っていると思ったら声を上げることが保障されている、そんな社会だ。

現実は、巨大な力が、むしろそういった社会を壊し、反対する声を封じ込めつつ、「国家」とか「原発」とか「安全保障」とか、何かよくわからない利権を守るために機能しているように思える。

見極める力、伝える力、そして「自分ごと力」

守りたい価値を守り、望ましい社会を実現するのに必要なことは何か。実はそれほど特別なことが求められているわけでもないのかもしれない。

まずは見極める力ではないだろうか。今生じていることがなぜ生じており、それがなぜ問題なのか。生み出している根本原因が何か、「ここを押せば動く」というようなツボはないか。主要なプレイヤーが誰で、足りないものは何か、自分たちの得意な領域を活かしつつ、市民運動全体として機能させることはできないか。

そしてもう一つは伝える力だろう。

既存のメディアや独立系メディアを活用する、あるいはそれらを叱咤激励、批判しながらその活用能力を伸ばす。また、自分たち自身で伝えていく力。自分たちと価値観を共にする人だけではなく、関心のあまりない人、価値観が異なる人にどうやって伝えていくのか。議論を共にする土俵をつくることはできないか。

最も重要なのは「自分ごと力」だと思う。今生じている理不尽を「他人ごと」として見過ごしにせず、他者の痛みを「自分のこと」として考える力だ。権力に屈せず、声を上げて表現し、政治に加わり、政治を変える。そういった人々を信じて、共に進んでいきたい。

【福島原発事故を知るための資料】

『原発避難白書』(人文書院、二〇一五)

福島第一原発事故による避難の問題を、避難者へのヒアリングやテーマ別の論考により総合的にまとめた一冊。賠償や避難区域の設定など、国の政策により分断された被害者の全貌がうかがえる。

『原発ゼロ社会への道─市民がつくる脱原子力大綱』（原子力市民委員会、二〇一四）
幅広い分野の専門家や市民団体からの参加を得て、また、各地での議論を経て、福島原発事故の被害の全貌、廃炉の実態、放射性廃棄物の処分、原発ゼロ社会への工程を包括的にまとめた一冊。
『「原発事故子ども・被災者支援法」と「避難の権利」』（合同出版、二〇一四）
福島原発事故後、国による年二〇ミリシーベルト基準の導入や避難区域の設定の経緯や問題点、様々な矛盾と被害者の置かれた状況、子ども・被災者支援法の内容や問題点などを簡易にまとめた一冊。

Column5

原発事故から六年半──福島の今

東京電力福島第一原発から六年半が経つ。福島県からだけでいまだに約八万人以上もの人たちが避難を強いられている。季節折々の山菜や野草、きのこ、川魚などをとり、それを家族で、または近所の人たちと分かち合うといったふるさとの生活は失われてしまった。

二〇一七年三月三一日、四月一日には、福島県浪江町、飯舘村、川俣町の山木屋地区、富岡町に出されていた帰還困難区域以外の避難指示が解除された。つまり、これにより帰還困難区域以外の避難指示がすべて解除されたことになる。これは普通に考えれば、復興の第一歩として喜ばしいことであるが、「帰還する」としている住民はほんの一部にとどまり、関係者の思いは複雑だ。すでに避難指示が解除されている地域においても、高齢世代の一部の住民しか帰還していない。「福島第一原発の状況が不安」「まだまだ帰れる状況ではない」「子どもたちを育てられるような放射線量ではない」と、避難指示解除に反対の住民も多い。

一方で、「狭い仮設住宅の中の生活は限界。ふるさとに帰って暮らしたい」という住民もいる。とはいえ、避難指示が解除されてからも、必要とされている医療サービスや商業活動が復旧していないなどで、ふるさとに帰れず、避難先に取り残されている高齢者も多くいる。

政府指示の避難区域の外からも、多くの人たちが避難した。その多くが、子どもたちを放射能被害から守るための避難であった。しかし、二〇一七年三月三一日で住宅提供が打ち切られ、困窮している人たちも多い。

人々が置かれている状況は国や福島県が描く、「復興」の姿からは程遠いのが現実である。

Column6

押しつぶされる民主主義――沖縄における辺野古・高江の状況

沖縄県名護市辺野古・大浦湾における米軍新基地建設および東村高江・国頭村安波の米軍ヘリパッド建設をめぐり県民らによる大規模な反対運動が起こっている。

沖縄県では、選挙のたびに新基地建設反対を公約に掲げる候補者が選ばれてきた。二〇一四年一一月には、翁長知事が現職仲井真知事に一〇万票もの大差をつけて当選。続く一二月の衆院解散総選挙では辺野古反対を掲げる「オール沖縄」の候補が勝利した。

県民の多くが辺野古新基地建設や高江ヘリパッド建設に反対している理由はいくつもある。まず、沖縄の過大な米軍施設の負担が挙げられる。ただでさえ日本の大半の米軍基地が沖縄にあるうえ、辺野古の基地建設は、「普天間飛行場の移転」と説明されているが、実態は古くなった普天間飛行場を閉鎖し、辺野古に格段に増強された基地機能を設けるというもので、高江のヘリパッド建設と相まって基地の固定化が懸念されている。垂直離着陸輸送機オスプレイの騒音や墜落、軍関係車両の往来、米軍関係者の犯罪など生活への直接的な脅威もある。

二〇一六年四月にうるま市で起きた米軍関係者による若い女性の強姦致死・死体遺棄事件は、沖縄の人たちに、やりきれない怒りとともに「またか」「基地がある限り、このようなことは繰り返される」という気持ちを抱かせた。

さらに、辺野古・大浦湾やヘリパッド建設で抜採された「やんばるの森」は世界でも有数の生物多様性の宝庫だ。

高江でも辺野古でも、圧倒的な数の機動隊が、座り込む住民や県民を強制的に排除した。反対運動に対しては、「日当をもらっている」「左翼活動家」などのデマさえ流布された。

「私たちは、平穏な暮らしを守りたい。世界に誇る貴重な自然を守りたい。そして戦争につながる基地や軍施設はいらない――ただそれだけの思いで反対を続けています」。二〇一七年三月、東京を訪れた高江の住民および普天間基地のある宜野湾市の住民は訴えた。「政府に逆うだけで、こんなにひどい目に遭う謂れはない」。高江や辺野古の新基地建設は、沖縄の人たちの声だけでなく、民主主義をも押しつぶすことなのである。

第4話　非戦への道

平和づくり・広島・福島・パキスタン・アフガニスタン

悲惨を希望へ変える／ヒロシマの意味するもの

渡部朋子
（ANT－Hiroshima理事長／一九五三年生まれ）

広島に生まれた私は、原爆の影があまりにも当たり前にある暮らしの中で、それを強く意識することなく育った。20歳の時、大好きだった祖父の死をきっかけに「死の意味」を深く考えるようになった。と同時に、広島に生まれた私の「生の意味」についても考えるようになった。そして、自分の両親も体験した被爆体験とは何なのか、どのような意味を持つものなのか、20歳の時から今日までその答えを求め、考え続けている。私がNGOのワーカーとして、「ヒロシマ」を介して出会った国内外の人々とのご縁を大切に、諦めることなく平和をつくり出すために共に働いた道程は、振り返ってみると一本の白い道のように感じられる。ヒロシマからの一本の道、非戦への道である。これからも、この道を仲間とともに微笑みながら歩んでいきたい。

写真：ブルキナファソ、サヘル地帯の村にて

一　広島に生まれて

ヒロシマと出会う（1）

私は、一九五三年一一月二八日、終戦から八年後の広島に生まれた。両親に愛されながら、異母姉妹、叔父、叔母、いとこが同居する大家族の中で育った。玩具など十分にはなかったが、近所の幼なじみとともに、空想の世界に浸りながら、一日中遊んだものだ。川でも泳いだ。川向こうは原爆スラムだった。姉さんかぶりをした失対（失業対策事業）で働くおばさんたちが、もっこで石を運んで道をつくり、廃品回収のおじさんたちが、山ほどの荷を積んで大八車を引いていた。原爆によるケロイドで顔や手足をひきつらせながらも懸命に働く人々は、その精いっぱいの暮らしの中で、「原爆」を自らの内側に封印して生きていた。私の両親も被爆者だが、やはりその体験について語ることはなかった。戦争の影が色濃く残っていながら、学校では原爆について語られることもない私の子ども時代は、今日より明日は良くなると誰もが信じ、日本中が高度経済成長へまっしぐらに突き進んでいた時代と重なっている。

ヒロシマと出会う（2）

日本中が学生運動の嵐に包まれていた頃、私は大学生になり、二〇歳を迎えた。

五月のある日、私は祖父の家を訪ねた。ちょうど田植えの時期で、祖父は田んぼの中から手を振ってくれた。それから三〇分もしない間に祖父は倒れ、二時間もしないうちに私の目の前で帰らぬ人となった。脳出血だった。

私は、愛する人との別れを人生で初めて体験した。涙も出ない強い悲しみに襲われ、死とは何かを考え続けた。生きていた人が亡くなることで何が失われるのか、その人の何を自分は受け継ぐのか…。死を考えることは、生を考えることである。そして私はたどり着いた。自分が広島に生まれ、広島で生きているということに。それまで一度も、被爆者の子として被爆地・広島に生まれたことを意識したことはなかったが、祖父の死を通して、私は初めてその事実に直面した。父や母は、一体何を体験し、その後どのように生きてきたのか、知りたいと思った。

大学時代のクラブの仲間とともに（左から２人目、中腰の女性が筆者）

当時、大半の被爆者は、自身の体験を語ることはなく、原水爆禁止運動とも距離を置き、被爆者として社会と関わるのは、原爆で亡くなった人々を追悼する場合のみ、という状況だった。被爆体験を持つ者と持たない者は、「内と外」として分断され、「体験した者でなければわからん」という言葉で、その内側に入り込むことは許されなかった。父に尋ねても、「ただ広島駅で被爆し、火傷の人たちに油を配っただけ」と言って口をつぐむ。母は、日赤広島病院の看護学校二年生、一五歳の時に被爆している。その後ずっと被爆者の救援活動に携わり、日赤の看護師として、父と結婚するまで働いた。その母も、自分自身の体験を、娘である私に語ることはなかった。

「ヒロシマ」とは何なのか、何を意味するのか…答えを探そうと、私は自分の足で歩きはじめた。広島の町の中を、小さなつてを頼って訪ね歩きながら、多くの人々に出会った。NGOという言葉を初めて聞いたのも、その出会いの中だ。私は大学で商学部経営学科に所属していたが、ゼミの先生の許可を得て、「ヒロシマ」をテーマにした卒業論文を書いた。「私の『ヒロシマ』、その顔と意味―広島の『ヒロシマの認識構造』をめぐる研究」と題した卒業論文は、今思うと論文ではなく作文であったと思う。が、その論文を書く過程で感じ、考えたことが、今もなお、私の基盤となっている。

卒業論文を書いた一九七六年三月、私はようやく「ヒロシマ」の一端を知った。「ヒロシマ」に圧倒され、私は何も知らないのだと痛感した。「ヒロシマ」を理解するためには、私自身が人生の経験を積み、その過程で少しずつ近づいていくしかない。そう思った。今もその思いは変わらない。

●白血病が治る――市民活動の始まり

大学卒業後、しばらくして私は結婚し、三児の母となった。子どもたちが幼稚園に通っていた頃、あるお母さんから請願署名を依頼された。日本に骨髄バンクを作ってほしいという内容だった。私は心底驚いた。骨髄移植をすれば白血病が治るんだ！と。それまで「不治の病」だった白血病が、「治る病」になったという事実は、ヒロシマに生きる私にとって心揺さぶられることだった。もう一つ驚いたのは、市民活動によって、必要な制度を作ったり、そのための整備を国に要求することができる、ということだ。私は自らが署名するだけでなく、何枚かの用紙を預かって、署名を呼びかけることにした。そんな経験は初めてのことだった。

署名集めは思いのほか、難航した。その時わかったのは、私自身が活動の中身をよく理解し、自分の言葉で語れなければ、人は署名してくれないということだった。せめて預かった数枚だけでも！と奔走しているうちに、活動に共感してくれる人たちと出会うことができた。そしてなんと市民グループを立ち上げることになったのだ。「ひろしま骨髄バンク支援連絡会」という名称で会を設立し、当事者である白血病の患者家族の会の方々とも連携して、活動を開始。そんな中、全国的にも機運が高まり、ついに一九九一年一二月、財団法人「骨髄移植推進財団」（二〇一三年「（公財）日本骨髄バンク」に改組）が設立された。「命のボランティア＝ドナー」を募る業務に、私はボランティアとして十数年携わってきた。もちろん私自身もドナー登録した。任意団体「ひろしま骨髄バンク支援連絡会」は、途中、NPO法人化され、二〇〇四年には（公財）広島ドナーバンクに吸収合併される形となった。

自分の考えをしっかりと持ち、それを表明することで、共感してくださる方と出会い、つながりが生まれること。理想を掲げて仲間と共に行動することで、社会に新しい一石を投じることができること。目標達成のためには、苦労も犠牲も付きものだが、それでも投げ出さず、地道に続けることで、未来が開けるのだということ。一枚の署名用紙を手にしたことから始まった歩みは、私にとって大きな経験となった。

アジアの人々との出会い

我が家の子どもたちが広島市内の公立小学校に通っていた頃のことだ。同じ学区内に広島朝鮮第一初級学校があり、通学途中の橋の上で、二つの小学校の子どもどうしがケンカを始め問題となった。当時、私は小学校のＰＴＡの役員をしており、この問題をどうやって解決すればいいか、頭を悩ませていた。

そんな時、タイムリーな情報が舞い込んできた。広島市の国際交流協会が、韓国理解講座を開くというのだ。「まず相手を知らなければ始まらない」。私は即座に受講を申し込んだ。他国の文化について学ぶのは、その時が初めてだった。講座終了時に、私は、広島大学の留学生である韓国人講師に、子どもたちのケンカの話をし、どうすればいいと思うか尋ねてみた。すると講師から、こんなアドバイスが返ってきたのだ。「これは千載一遇のチャンスです。是非、交流会を開いて、互いに知り合う機会を作ってください」。

私は早速、この話を学校に持って帰り、校長先生をはじめ諸先生方と協議した。そして、まず、私たちの小学校の先生方が朝鮮学校を訪ねることになったのだ。これまで同じ学区内にありながら、訪問はもちろん、言葉を交わすことすらなかったが、知り合ってみると、他の公立小学校の先生方と何ら変わることはない。互いに打ち解けて、子どもたちのことについて話をすることができた。その後、先生どうしの交流会から、学校をあげての交流会へと発展し、子どもたちはついに友達になったのである。橋の上でのケンカは収まり、あいさつを交わすまでになった。

この出来事は、私に大きな教訓を与えてくれた。一つは「知る」ことの大切さである。机の上で学ぶ知識だけではなく、相手と直接会って言葉を交わすことで「知る」大切さ。また、「知る」ための行動を起こすには勇気も必要だ。一歩踏み出す勇気。「共に行動しよう！」と周囲に呼びかける勇気。もう一つ、私が気付かされたのは、私自身の「内なる偏見」である。私は、自らの朝鮮半島の人々に対する偏見が、自分の暮らしや言動に表れていることを知った。「知らない」ことが、不安を生み、それが偏見と差別につながるという構造を、私は身をもって知ったのだった。

このPTA活動は、その後の私の活動の原体験の一つとなっている。この出来事を機縁として、私は、韓国理解講座の講師だった留学生の安氏をはじめ、広島在住の様々なアジアの国の留学生・就学生と知り合いになった。親しくなるにつれて、その生活相談にも乗るようになり、場合によっては身元保証人にもなった。我が家は次第に、アジアの国々の留学生・就学生が頻繁に出入りし、一緒にご飯を食べ、笑い、時には泣きながら淋しさや辛さを語る場所となっていった。

二　核をめぐる状況

●グローバルヒバクシャ

広島に暮らす私は、長い間、「ヒバクシャ」と言えば、ヒロシマ・ナガサキの原爆による被爆者のみを指していると考えてきた。ヒロシマ・ナガサキの被爆者や、その周囲にいる人たちの多くも、同様だったのではないだろうか。しかし、一部の平和運動家や、研究者、ジャーナリストらは、いち早く世界のヒバクシャの存在に気付いていた。尊厳を奪われ、故郷を追われたかれらの悲惨な状況に警鐘を鳴らし、ヒロシマ・ナガサキとの連帯を呼び掛けていた。にもかかわらず、私の中で「グローバルヒバクシャ」の存在はどこか遠く、身近な問題として捉えることができなかった。そんな私の目が開かれるきっかけとなったのが、二〇一一年三月一一日の東日本大震災と福島第一原発事故である。戦争被爆ではない被曝者が、とうとうこの日本からも、多くの子どもたちを巻き込む形で生み出されてしまった。と同時に、内部被曝の問題が突き付けられたのである。

今や核による被害は、地球全体に広がり、深刻な事態を生み出している。ウラン採掘に始まり、精錬、核兵器・核燃料製造、核実験、核兵器使用、原発稼働、原発事故、使用済み核燃料の再処理、核廃棄物の保管・処分、劣化ウラン兵器使用など、あらゆる段階で、放射能による広範な環境汚染と人体への深刻な影響がもたらされている。

こうした世界情勢を受けて、二〇一五年一一月二一日〜二三日、「広島・長崎被爆七〇周年　核のない未来を！世界核被害者フォーラム」が広島市内において開催された。同時に、核戦争防止国際医師会議（ＩＰＰＮＷ）による「世界のヒバクシャ　ポスター展」も同会場内で開催された。私はこのフォーラムの実行委員として開催準備に携わり、他の委員とともに奮闘した。多難の道のりであったが、被爆七〇年目の広島に世界中の核被害者が集い、連携し、多角的に討論できた意義は非常に大きかったと思っている。私の中にも、世界各地のヒバクシャ、一人ひとりとの出会いがしっかりと刻まれ、それが今の私の活動の原動力になっている。核なき世界に向かっての行動は、孤立しては立ち行かない。互いを思いやりながら、つながり、動いていくしか道はないと思うのである。

核の非人道性をめぐって

ヒロシマ・ナガサキの被爆者は、長年、「こんな思いは他の誰にもさせてはならない」と、核廃絶を願って行動してきた。が、その声は、国際社会を大きく動かすまでには至らず、今なお、一万四九〇〇発もの核兵器が地球上に存在する。東西冷戦が終わって以降、核兵器の数を減らすための努力は続けられてはいるが、残念ながら、近年の国際情勢を見ると、それが使われる危険性はむしろ高まっていると言わざるを得ない。また、福島の事故後、私たちは新たな核の脅威に直面している。原発などから大量の放射性物質がまき散らされれば、国や地域の存続そのものが脅かされるのは自明の理だ。さらに、現在、世界は「核テロ」に対しても備えなければならず、「原子力科学者会報」の終末時計の針は、人類滅亡まであと二分三〇秒を示している。

しかし希望がないわけではない。赤十字国際委員会(ICRC)は、二〇一〇年四月、「核兵器の時代に終止符を」とする総裁声明を発表し、核兵器の禁止に向け、その非人道性を国際社会に訴える活動を強めている。声明では、核兵器の議論は「軍事的および政治的考慮」だけではなく、「人間の利益、人道法の基本原則と人類全体の将来への考慮」の下でなされるべきだと訴えている。そして二〇一一年一一月、国際赤十字・赤新月運動の代表者会議は「核兵器の使用禁止と完全廃棄」を求める決議を行った。停滞していた核をめぐる議論に、「人道」という古くて新しい視点を取り込み、「核兵器の非人道性」に関する新しい潮流を作ったのである。

核兵器の非人道性に関する各国の関心の高まりに合わせるように、ノルウェーのオスロでは「核兵器の人道的影響に関する国際会議」という新しい動きが始まった。二〇一三年三月に開催されたこのオスロ国際会議では、今日、もし核兵器が使用されたら何が起きるか、について議論され、大きな関心を呼んだ。核の冬やそれに伴う大規模な飢饉、あるいは適切な人道救援の限界性に関する指摘は、これまで核の問題に関心のなかった人々をも覚醒させた。この会議は、第一回のオスロから第二回のメキシコ・ナジャリット、そして第三回のウィーンへと続き、核兵器の非人道性の議論は、核兵器禁止条約への外交プロセスの開始に集約されていく。

二〇一六年一二月、ニューヨークの国連総会で、核兵器禁止条約の交渉開始を定めた決議が、国連加盟国、一一三カ国の賛成によって採択された。そしていよいよ、翌年二〇一七年の三月と、六~七月の二回にわたり、コスタリカのホワイト議長のもと、核兵器禁止条約のための交渉会議が開かれることが決まった。同年五月には、広島の地でもこの交渉会議に大きな期待が寄せられ、様々な団体が横断的につながって、秋の国連総会での採択を実現するため協働する「核兵器禁止条約のためのヒロシマ共同行動実行委員会」が結成された。六月一五日には、原爆ド

原爆ドームの前で「核兵器禁止条約採択をヒロシマは心から歓迎する！　2017.7.8」の横断幕を掲げる市民。7月7日の核兵器禁止条約採択に際し、翌8日、市民によるヒロシマ共同声明が発表された

ーム前に多くの市民が集まって、「BAN NUKES NOW！2017」（いまこそ核兵器禁止条約を！二〇一七）とキャンドルを灯し、核兵器禁止条約の採択を求めるヒロシマの声を世界に発信した。

そしてついに、二〇一七年七月七日、国連の核兵器禁止条約交渉会議で、国連加盟国一九三カ国のうち、賛成一二二、反対一（オランダ）、棄権一（シンガポール）の圧倒的多数で、核兵器禁止条約が採択された。これは世界市民の連帯による歴史的な快挙である。その翌日、広島では、被爆者や市民が、ホワイト議長への感謝をこめた白い折り鶴を手に原爆ドーム前に集まり、「核兵器禁止条約採択をヒロシマは心から歓迎する！」と書いた横断幕を掲げて喜びを表明した。しかし「唯一の戦争被爆国」である日本政府代表は、この歴史的な採択の場にいなかったのである。日本政府代表は、会議初日に参加したが、禁止条約への反対を表明して退席し、以後戻ることはなかった。ヒロシマ・ナガサキの核廃絶を求める人々の悲願に対し、最も足を引っ張る形で動いているのが、

他でもない日本国政府であることに、私たちは向き合わなければならない。その厳しい現実を踏まえたうえで、これまで以上に力をふりしぼって、核廃絶への道を歩み続けていこう。二〇一七年九月二〇日、すでに条約に署名した国の数は、条約発効要件である五〇カ国を超えて（九月二二日現在、五三カ国）、署名各国は批准に向けた国内手続きの段階に入っている。人類史上初の被爆から七二年の時を経て、ようやく私たちは初めて、条約という核兵器廃絶への確かな一歩を、志を同じくする世界市民とともに踏み出したのだ。

三　広島のＮＧＯとしての使命

核なき世界を目指して被爆の実相を伝える

私は、ヒロシマには五つの使命（ミッション）があると考えている。それは「国内外に被爆の実相を伝える」「核廃絶を目指す」「様々な地域で平和づくり活動を行う」「平和文化、平和教育を広げる」「各地・各分野で平和の担い手を育てる」である。これらの使命は、世界が相互に深く影響し合う今という時代、国境を越えた世界中の人々との共同作業でしか果たせない。

私は、一九八九年に草の根のＮＧＯ「アジアの友と手をつなぐ広島市民の会」を設立して（二〇〇四年「ＡＮＴ－Ｈｉｒｏｓｈｉｍａ」に改称、二〇〇七年ＮＰＯ法人格取得）以来、今日まで、ヒロシマの使命を自らの使命として活動してきた。一人ひとりの力はＡＮＴ（アリ）のように小さくとも、信頼の絆をベースに世界各地の人々やＮＧＯなどと協働することで、平和を実現できると信じ、こつこつ歩み続けている。

核なき世界を目指すための第一のミッション、それは、国内外に被爆の実相を伝えることだろう。重要なのは、広島・長崎に投下された原子爆弾の威力や破壊の状況だけでなく、きのこ雲の下で何が起きたのかを、「人間のものがたり」として伝えることだ。ヒロシマ・ナガサキの被爆者の話を直接聴くことができれば、あるいは広島・長崎の平和記念資料館を実際に訪ねることができれば、その人の中にきっとリアルな「人間のものがたり」が立ち上り、心に焼き付くはずだ。

そのためにANT－Hiroshimaでは、韓国、バングラデシュ、ネパール、パキスタン、インドなどアジアの国々の人々を広島へ招聘し、また、国内外の多くの人々の広島訪問をコーディネートして、被爆の実相を伝え、直接市民と触れ合う機会を作ってきた。

それと並行して、被爆の実相を広島から世界へ発信する努力も重ねてきた。海外での原爆展・講演・ワークショップの開催、映画の上映などである。そのための素材も自分たちで作ってきた。「沼田鈴子さんに聞く」（後出）をはじめとするドキュメンタリー映画「被爆者に聞く」シリーズ、同じく「はだしのゲン」の漫画家・中沢啓治さんのドキュメンタリー映画の制作協力もその一つである。映画監督・スティーブン・オカザキ氏のドキュメンタリー映画制作にも関わった。

二〇一七年八月には、南アフリカ共和国のヨハネスブルクとケープタウンを訪れ、両市のホロコーストセンターで開催された「原爆と人権展」において、「ヒロシマ・ナガサキ」についてのレクチャーを行った。現地では、アウシュビッツを生き延びた二人の女性とお会いすることができ、お二人との交流は、私の心に深く刻まれることとなった。私が帰国した後も、両ホロコーストセンターでは、ヒロシマ・ナガサキの資料やDVDを使って、高校生たちにプレゼンテーションを行っているそうだ。本当に嬉しいニュースである。

国境を越え、世代を超えた人々のつながりの中で、「ヒロシマ・ナガサキ」が伝えられていく。一方で、伝える側の私たちは、世界各地の人々と心を通わせる中で、その地の歴史や現実を学ばせてもらう。被爆の実相を伝える活動を通して、共に学び合い、連帯できることを、今、私は確信している。

●平和づくり活動に取り組む―パキスタンのシャムシャトーアフガニスタン難民キャンプ・プロジェクト

二〇〇二年、私は一通のメールを受け取った。それは友人であるオーストリアのNGO、HOPE，87の事務局長ロベルト・オティッチ氏からのものだった。メールには、アフガニスタンとの国境、パキスタン・ペシャワール南西約三五キロメートルのところに、見捨てられたシャムシャトーアフガニスタン（アフガン）難民キャンプがあり、想像を超える悲惨な状況の中で二万人近い人々が暮らしている、と書かれていた（当時、米軍による「テロとの戦い」の一環とされるアフガニスタン空爆が終了し、パキスタンに避難したアフガン難民約二〇〇万人が続々と本国に帰還しはじめていたが、実際には帰還者の多くが飢餓に直面し、再び難民としてUターンする現象が続いていた）。

私の心の中で何かが動いた。なぜか「ヒロシマ」と重なったのである。「ヒロシマ」は国内外の人々から見捨てられなかった。だから今日の広島がある。しかし今、世界の片隅で、見捨てられようとしている人々がいる…。私はHOPE，87パキスタン支部の協力を得て、単身で現地へ渡ることを決意した。二〇〇二年一二月一七日～二五日、初めてのパキスタンだった。

HOPE，87のタリク支部長とともにシャムシャトーアフガン難民キャンプを訪れた時、私は言葉を失った。目の前に広大な廃墟のような風景があった。水も電気もトイレもない。粗末な木戸を開けて家に入ると、満足に暖も取れない中で、老人や女性、子どもたちが身を潜めるように暮らしていた。私は無力感に打ちのめされ、夜、宿に戻っても涙が止まらなかった。そして帰国する道中、私は考え続けた。「今の私に何ができるのか」を。見捨てられ、忘れられることは、絶望につながる。なんとか「絶望」を「希望」に変えたい。早速、私はANT代表として広島県内でアフガン難民キャンプ報告会を開いた。そこでは共感してくださる方々との出会いがあり、寄付金も集めることができた。

次第に私は、平和づくりのための小さな一歩を、医療支援という形で始められないだろうか、と考えるようになった。私の脳裏に焼き付いて離れない、アフガニスタンの女性たち、子どもたちのために…。初めてアフガン難民キャンプを訪れてから一年四カ月後、現地に小規模の診療所を開設するためのプロジェクトを立ち上げた。特に母子保健を中心とした医療サービスの提供を優先課題として。診療所の開設は、「一人ひとりの、世界の平和づくり」というＡＮＴの目標にも重なる夢だった。そうして私は、現地実態調査のため、国際保健の専門家である平岡敬子氏とともに、再びパキスタンを訪れた。

その後も、私たちは、問題に直面するたびに現地を訪れ、地元の人々と語り合った。ある時、キャンプを訪ねた私を、一人の女の子が手招きして呼んだ。彼女は、自分の首からネックレスを外して私の首にかけ、こう言った。「ここを訪ねて来る人は多いけど、二度目に来る人はいない。でもトモコ、あなたは何度も来てくれた。私はあなたが大好きよ」。私は彼女の手を取って大喜びした。

二〇〇六年、国際協力機構（ＪＩＣＡ）の資金を得てヘルス（保健）キャンプを実施し、この結果をもっていよいよ診療所建設…と思った矢先、テロが勃発し、プロジェクトの実施を見送るという経験もした。幾度となく困難に直面し、資金が底を突いたこともあった。しかし、二〇一一年、国境を越えた多くの人々の深い思いと協力で、とうとう診療所が開設された。戦火の中でこの診療所を守ったのは、ほかでもない、この地で生きるアフガニスタン、パキスタンの人々であった。今では、この地域になくてはならない診療所として、地元の人たちの手で運営されている。

平和の担い手を育むために、平和文化と平和教育を広げる

ＡＮＴ－Ｈｉｒｏｓｈｉｍａの活動を通して、私は様々な分野で国内外の子どもたちと関わりを持った。多くの子どもたちの笑い声や仕草、まなざしが心に焼き付いている。

二〇〇三年、私は、アフガニスタンから来た一〇歳の少女、アフィファに広島で会った。アフガニスタンの首都、

アフィファとともに。広島の平和公園、「原爆の子の像」の前で

カブールからパキスタンに逃げる途中、地雷で片足を失い、妹も亡くしたアフィファ。彼女はアフガニスタンと日本を舞台にした映画「アイ・ラブ・ピース」の出演者であった。アフィファは日本で足の手術を受け、新しい義足を付けていたが、傷の痛みとホームシックとで、食欲もなく沈んだ顔をしていた。私は彼女を車椅子に乗せ、平和記念資料館や平和公園内を案内した。そして通訳の宮本慶子さんとともに、絵本『おりづるの旅―さだこの祈りをのせて』（うみのしほ作／狩野富貴子絵、ＰＨＰ研究所、二〇〇三）を使って、生きる希望を託して鶴を折り続けながら、被爆による白血病で亡くなった少女・佐々木禎子さん（一九四三～五五年）と、同級生の子どもたちの物語を紹介した。アフィファはこの絵本を通して、禎子さんのこと、「原爆の子の像」を建立した広島の子どもたちのこと、折り鶴に込められた平和への願いを知った。すると見る見る間にアフィファの表情が変わったのだ。そして広島を去る時には「千羽鶴の意味がわかったから、これからは私も鶴を折る」と語り、笑顔で帰って行った。

　アフィファは生まれてこのかた、平和を知らずに育ってきた。かたや、今の日本の子どもたちは戦争を知らない。私は、子どもたちに、自分の知らない世界を想像し、そこで暮らす人を思い、平和をつくり出すために自分にできることはないか、考える力を身に付けて欲しいと願っている。

　幸いなことに、私には、日本の学校で授業をする機会が数多くある。平和について考える授業をする時、私はよくアフィファのことを話す。私は、子どもたちと一緒にアフガニスタンを思い、アフィファを元気にしたヒロシマの力について考える。そして子どもたちは気付く。自分たちの当たり前の暮らしは、どこの国でも当たり前なのではないことに。自分たち子どもの力は小さいけれど、無力ではないことに。私はいつも最後に語りかける。「平和をつくる人は幸せなんよ」と。すると子どもたちは決まってにっこりと頷いてくれるのだ。私はこれからも平和教育を実践し、子どもたちが直接、主体的に社会と関わって行動できるような機会をつくり出していきたいと思っている。

四　仲間とともに大地を這う

●ヒロシマを生きた人々との出会いと約束

私がヒロシマと出合ったと感じた二〇歳の頃から、早四〇数年が経った。その間、本当にたくさんの人々に出会ってきたが、その中にはすでに亡くなられた方も多くいる。それぞれの出会いを胸に刻み、私はこれまで生きてきた。

その中でも、自身の生涯をヒロシマのために捧げられた方との出会いは、今の私の活動に深く影響を与えている。その方々の「言葉」と「生き様」は、あまりに大きな課題を前に、時に立ちすくみそうになる私に、行動する勇気を与えてくれる。

凄まじいまでの平和を希求する心情を、一羽の折り鶴に託して生き抜いた人。それが河本一郎さん（一九二九～二〇〇一年）である。河本さんは入市被爆者（原爆投下から二週間以内に爆心地からおおむね二キロメートルの区域内に立ち入った人）であった。彼は、「原爆の子の像」の建立（一九五八年五月五日）に尽力した子どもたちの、平和への純粋な思いを後世につなごうと、「広島折り鶴の会」を結成した。河本さんは、亡くなるまでの四三年間、この会の代表世話人を務め、「原爆の子の像」の清掃、佐々木禎子さんの命日（一〇月二五日）に合わせた慰霊祭への協力、海外からの訪問者に折り鶴のレイ（首かざり）を手渡す活動など、常に子どもたちの目線で働かれた。彼の行為を、売名行為と批難する人もあったが、彼の行動は変わらなかった。私が初めて河本さんと出会ったのは二〇歳の時だったが、それ以来、河本さんは時折ふらりと私を訪ねられ、自分の生い立ちや、折り鶴に込めた自身の思いなどを語ってくださった。両親を亡くしている彼は、原爆孤児の兄貴分として、廃墟の広島で孤児たちと暮らしていたこともあった。河本さんが不治の病の床にあった時、見舞いに伺った私に、「私に貴女のような元気な身体があれば、peace peaceと言って世界中を歩きたい」と言われたことは、今もって忘れられない。河本さんの没後、遺品の整理をお手伝いするために、アパートのドアを開けて驚いた。家中、天井まで折り鶴で埋め尽くされ、その中のわずかな隙間で河本さんは暮らしておられたのだ。それは世界中から「広島折り鶴の会」に寄せられた折り鶴であった…。今も、大きな荷台を付けた自転車に乗って、広島の町をめぐり、人知れず清掃したり、折り鶴を片付けている河本さんの姿が目に浮かぶ。

広島では、自身の被爆証言をする人を「語り部」と呼ぶ。「アオギリの語り部」と呼ばれたのが沼田鈴子さん（一九二三〜二〇一一年）である。ＡＮＴ－Ｈｉｒｏｓｈｉｍａで沼田鈴子さんのドキュメンタリー（前出「沼田鈴子さんに聞く」）を制作した折に、私は聞き手を務めた。沼田さんは原爆で片足を失い、戦争で婚約者も亡くした。すべてに絶望し、自殺することしか頭になかった彼女が、原爆で焼けただれてもなお、緑の葉をつけたアオギリの木に励まされ、残された片足と松葉杖で戦後を生き抜く。米軍が撮影した記録映像の中に自身の姿を見出してから後、その重い口を開いて、語り部としての活動を始めた。沼田さんの活動はそれだけにとどまらず、被差別部落や水俣を訪ね歩き、南京や韓国も訪ねて、被害者の方々の話を聴き、交流を重ねていった。沼田さんが赤裸々に自分自身を語り、優しく包み込むような笑顔を見せると、誰もが癒され、力づけられた。絶望の淵から這い上がり、自身の尊厳を取り戻しただけでなく、自らの悲惨な体験を他者への愛に変えた生涯、それが沼田鈴子さんの一生だと私は思う。沼田さんは生前「話をすることは、やがて一粒の平和の種を生む」と話していた。常に心から、ありのままの自分で語る人であった。「朋子さん、私はいつも貴女を応援しているのよ」――私には、今も沼田さんの優しい声が聞こえてくる。

孤独に生きていた原爆孤児たちを、自分の官舎に招き、妻とともに親代わりを務めた社会学者が、中野清一先生（一九〇五～九三年）であった。当時、広島大学の教官であった中野先生は、一人の原爆孤児との出会いから、研究者ではなく実践者としてヒロシマに分け入り、原爆孤児の会「あゆみグループ」に深く関わることになる。私が初めて中野先生に出会ったのは、一九七五年、先生が広大を退官し、立命館大学教授として京都府宇治に移り住まれた後であった。当時、私は、大学の卒業論文へのアドバイスをいただくために、京都の先生のお宅へ通っていた。月に一度訪れる、被爆二世である私を、先生は優しく迎え入れてくださった。先生は戦後三〇年近い日本の状況の中で「ヒロシマの風化」を懸念し、「ヒロシマを受け継ぐ」ことに大きな関心を持たれていた。ジンメルというドイツの社会学者の言葉や、人間と社会を見るご自身の視点を、かみ砕いて話してくださり、平和運動やマスメディアの在り方についても語ってくださった。先生の言葉を十分に理解できたかどうか、いまだにわからない。しかし、社会的活動を続けていく力が、理性と感性が一体となって初めて生まれるとするならば、私は、その理性的、論理的基盤を、先生との対話の中で育んできたと言える。私が先生から学んだことは、「あゆみグループ」のモットー「仲間とともに大地を這う」という言葉にすべて凝縮されている。

ヒロシマで出会った人々の「言葉」と「生き様」は、五感を通して私の中に記憶され、それは何年経っても色褪せることはない。この感覚、この記憶は、きっと約束の印なのだ。ヒロシマを生きた人々の精神を受け継ぐこと、その約束を交わした証なのだ。私は約束を守りたい。

●「どうやったって核兵器はなくなりゃあせんよ」――諦めと絶望に耐える力

「被爆者」と呼ばれる人生を受け入れて生きなければならなかった人々にとって、自分が生き残った意味を前向きに変換することは容易ではなかったはずだ。自身の「生」を、「原爆の恐ろしさ、むごさを伝えるために生かされているのだ」と捉え直し、「こんなことは他の誰にも味わわせてはならない」と他者への思いへ昇華させるまでには、長い苦しみと悲しみの時間が必要だったと思う。

その過程にあっても、ヒロシマの人々は、核実験が繰り返されるたびに、広島の平和公園の中にある慰霊碑の前で座り込みを続け、いかなる国の核実験へも抗議した。次第に座り込みの輪は広がり、この素朴な行動は、ヒロシマの人々の反核の意志として世界に認知されるようになった。私は、この非暴力行動が、三度目の核兵器使用を阻止してきたとも言えると思っている。また、被爆者たちは、老いや病を抱えた身体にムチ打ちながら、世界の国々へ出かけて行き、被爆の実相を語ることで核兵器の廃絶を訴え続けてきた。

それとひきかえ、私たちはどうか。頭の中では核の脅威を知っていても、その脅威が自分にふりかかるとの実感はなく、どこか遠い他人事なのではないだろうか。人は恐ろしいことは考えたくないのだ。「どうやったって核兵器はなくなりゃあせんよ」と諦め、現実に目を閉じてしまう。その間にどんどん核兵器が使われる可能性が広がっていくのだ。

「被爆者」がこの世界からいなくなった時、誰が核兵器の使用を阻止してくれるのか。私は声を限りに叫びたい。「目を開けよう！　しっかりと現実を見よう！　そうでなければ、私もあなたも、そして子どもたちも、ヒバクシャになってしまう！」と。「どんなことでもいい、核なき世界を実現させるために、私やあなたにできる小さな一歩を、一緒に踏み出そう！」と。

五　未来への伝言

子どもたちに伝えるサダコの物語

原爆投下から一〇年経った一九五五年、広島市立幟町中学校の子どもたちの呼び掛けを発端として、一つの運動が始まった。それは、同じ年に、原爆による白血病で亡くなった同級生、佐々木禎子さんの死を悼み、彼女をはじめ、原爆で亡くなった子どもたちのために、慰霊碑を建立しようという活動だった。子どもたちが始めた募金活動は、全国、世界へと広がり、活動開始から三年後、広島の平和公園の中に「原爆の子の像」が完成した。かれらが作り上げた「原爆の子の像」の足元には、こう書かれている。

これは、ぼくらの叫びです
これは、わたしたちの祈りです
世界に　平和を　きずくための

このメッセージは、平和の象徴である折り鶴とともに、世界中に羽ばたき、紛争や自然災害、あるいは貧困や差別で苦しむ子どもたちの共感を呼んでいる。一方で、自らの死を知りつつも千羽鶴を折り続けた禎子さんの姿は、かれらに勇気を与え、また、子どもたち

絵本『おりづるの旅』ダリ語版を読むアフガニスタンの子どもたち

自身の力で「原爆の子の像」を建立した事実は、かれらに自らの力を自覚させる。私は、核兵器と対極にある、小さく弱い存在――禎子さんに代表される子どもたち――が、世界をより良く変える光であり、希望だと思う。だからこそ私は、佐々木禎子さんに代表されるヒロシマの子どもたちの物語を、絵本を通して世界中の子どもたちに伝えたいのだ。

ANT－Hiroshimaでは、絵本『おりづるの旅』の翻訳本を二二言語で制作し、世界各地にこれまで二六〇〇冊以上届けてきた。また、パキスタン人のアーティスト、フォージア・ミナラさんとともに『サダコの祈り』(フォージア・ミナラ作・絵、ANT－Hiroshima、二〇〇六)を多言語で出版し、パキスタン、アフガニスタンなどの子どもたちに読み聞かせしながら配布している。これからも、絵本という親しみやすい芸術の形を通して、ヒロシマからの「平和」と「共生」のメッセージを、未来を担う子どもたちへ伝えていきたい。

【私にとっての三冊】

ロマン・ロラン／宮本正清訳『魅せられたる魂』(河出書房、一九六四)

「本の虫」と呼ばれるくらい読書が好きだった私は、実家の本棚にあった文学全集を片っ端から読み漁っていた。その中で出会ったこの本は、私が「女性」としてどう生きるか、大きな影響を受けた一冊である。

ヴィクトル・E・フランクル／霜山徳爾訳『夜と霧―ドイツ強制収容所の体験記録』(みすず書房、一九七四)

「人間とはどのような存在なのか」「どのようにして絶望と闘うのか」、あるいは「苦悩や犠牲や死の意味について」。根源的なこれらの問いについて、深く考える機会を私に与えてくれた一冊。

秋田正之著者代表『星は見ている―全滅した広島一中一年生・父母の手記集』(文化評論出版、一九八四)

広島に投下された原子爆弾で死亡した、県立広島第一中学校の生徒三五九名、その父母の本は、被爆の実相のみならず、戦争、教育、愛などについても私たちに問いかける。涙なくしては読めない。

Column7

原爆を生き延びた一六〇本の広島の木

一九四五年八月六日、広島は一発の原子爆弾によって廃墟と化し、七五年草木も生えないと言われた。しかしその同じ年、廃墟の街にカンナやキョウチクトウなどの花が咲き、翌年には、焼け焦げた樹木が再び芽吹いた。世界が経験したことのない絶望的状況の中で、植物が示した命の可能性、強く美しく生きようとする姿に、多くの市民が勇気づけられ、生きる希望を見出した。

こうした背景の中、広島市は、爆心地から二キロメートル以内に残る、原爆を生き延びた木々一六〇本を「被爆樹木」として認定している。イチョウ、アオギリ、クス、クロガネモチ、ヤナギなど三一種類の木が、原爆の傷痕を抱きしめるように、静かに、雄々しくたたずんでいる。

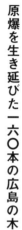

近年、筑波大学の鈴木雅和教授らの研究によって、明らかになった事実がある。それは、広島の被爆樹木の中でも特に貴重な、幹が一本立ちで、被爆後に地上部が残り、他の場所に移植されることなく原爆を生き抜いた三〇本余りの木々が、どれも爆心地の方向を示すように傾いているということだ。私はこの事実に大きく心を揺さぶられた。これまで、原爆にさらされた人間以外の生き物の、声なき声は、私たち人間に届いていたか。あらためて、私たちはその声に耳を傾けなくてはならないと思う。

木々は、生も死もありのままに受け止めながら、四季折々の営みを続け、すべての生き物に対して優しく力強い。その姿は非戦の生き様そのものではないか。私は思う。緑と平和は同じ土壌で育つ。世界中がもっと緑豊かな世界へと変わっていけば、多様な生き物たちが地球という星の上で共生し、調和して生きることができる。被爆樹木は、自身の姿で、破壊から再生へのたゆまぬ努力の証を私たちに示している。この姿こそ「希望」である。被爆樹木から私たちが学ぶことは多い。

Column8

核と人間――被爆した母の胸中から見える真実

私の母は、広島の被爆者である。母と同様、多くの被爆者は、長年、核の平和利用と言われていた原子力発電（核発電）について、疑義を唱えることはなかった。が、二〇一一年三月一一日、東日本大震災と福島第一原発事故が起こって以来、その心情は変わった。母は言う。「釜でご飯を炊いてもええけえ、原発はいらんよ」。私の方が驚くほど明快に、原発はいらない、と言う。

母は、これまで自身の被爆体験を人前で語ることはなかった。が、3・11以降、若い人や外国人の方から当時のことについて尋ねられると、ポツリポツリと語るようになった。ある時、若いアメリカ人の青年から、私を身ごもった時の心情について尋ねられた。「不安でねえ、五体満足に無事に生まれてくるように、ただただ神仏に祈っとったんですよ。自分もいつ原爆症が出るかもわからんし、毎日が不安でね」「でもね、朋子が無事に生まれてきてからは、この子が希望になったんですよ」と、涙を抑えながら語る母の姿に、私は衝撃を受けた。私も三人の子どもの母である。妊娠・出産・子育てを経験した今だからこそ、隠された母の深い思いを感じ取ることができる。

私の母の経験は、一人だけのものではない。世界中すべての被ばく地の母親たちが、同じ思いをしているのだ。原爆投下から年月を経て、突然、我が子が白血病を発症したら。年頃になり、恋をし、結婚を夢見た相手と、被爆者であるという理由で縁を引き裂かれたら。その怒りと悲しみをどこにぶつければよいのか。なぜ私たちは差別されなければならないのか。なぜ死の不安を抱えて生きなければならないのか。そしてまたヒロシマ・ナガサキの悲劇が、3・11以降、再びこの日本で繰り返されようとしている。

核兵器はもちろんのこと、核発電は、政治・経済・安全保障の問題であると同時に、人間としての生き様を問う問題だ。核は人間の手で造り出したものである。であれば、人間の手でなくすことができるはずだ。私は、世界各地の被ばく地、そして福島で起きていることに目を凝らし、その地の人々の声を聴き、一緒に悩み考えたい。そして粘り強く、自分の置かれている場所で声を上げ、共につながって核を手放す道を選び取りたいと思う。

Column9

韓国人原爆犠牲者慰霊碑が問いかけるもの

広島の街の下には、一九四五年八月六日に壊滅した死の街が眠っている。近年、平和公園内の発掘調査が進み、一九四五年当時の街が、真っ黒に焼けて変色した地層とともに現れている。当時、広島には、日本人だけではなく、幾万もの朝鮮半島の人々、中国人、アジアからの「南方留学生」、日系アメリカ人、ドイツ人神父、アメリカ兵捕虜などがいた。それらすべての人々が、原爆の業火に焼かれ、広島の地に眠っている。戦後、人々は、深い思いを込めて、亡き人を悼むための慰霊碑を、広島の各所に建立した。「韓国人原爆犠牲者慰霊碑」もその一つである。

この慰霊碑は、原爆死した朝鮮王族、李鍝《イウ》公を敬慕する広島在住の張泰熙《チャンテヒ》氏の呼びかけで、一九七〇年に建立された。私は建立委員会の委員長でもあった張泰熙氏から、直接、建立にまつわる話を聴いた。李鍝公は、当時第二総軍の教育参謀中佐であり、馬に乗っていて被爆し、本川橋西詰で倒れた。翌七日には収容先で亡くなられている。張委員長は、強制労働等により広島で被爆した数万の同胞の慰霊と、李鍝公の追悼のため、平和公園の外の李鍝公の倒れた本川橋西詰に碑を建立したのである。碑が大きな亀の背に乗っているのは、「死者の霊は亀の背に乗って昇天する」という故事にならってのことと言う。張委員長の死者への深く熱い思い、憂いを含んだ横顔は、私の目に焼き付いて離れない。が、その後、この慰霊碑をめぐり、様々な政治的思惑によって、建立地や碑文について批判されるようになった。一九九九年、当時の平岡敬《たかし》広島市長の判断で、平和公園内に移設された。

この慰霊碑は、様々なことを私たちに問いかけている。広島・長崎で被爆したのは日本人だけではなかったにもかかわらず、長い間、被爆韓国・朝鮮人、その他外国人の存在はなおざりにされ、援護の手が差し伸べられることはなかった。今日まで続く、世代をまたいでの苦しみに、私たちは、ヒロシマに生きる者として思いを馳せ、一人ひとりの生き様を想像し、思いやったことがあっただろうか。かれらがあの日、広島にいたことは、紛れもなく日本の戦争と植民地政策の結果であるにもかかわらず、今日そのことは、ヒロシマを語る時にそぎ落とされてしまっている。原爆によって亡くなった朝鮮半島の人々は、現在の北朝鮮による核・弾道ミサイル実験をどのように思っているのだろうか。広島の地で、原爆に焼かれ、あるいは、生き延びても塗炭の苦しみの中で生きて、最期を迎えなければならなかった人々にとって、その「死の意味」とは何なのであろうか。北朝鮮の人々にとって、自分たちが「対等」に扱われるための「核」であるならば、「核」を「非核」とする作業は、対等な関係構築を前提とした粘り強い信頼醸成の努力が必要なのではないか。私は長い間、私たちが朝鮮半島の問題にきちんと向き合うことを避けてきた結果が、北朝鮮の「核保有」という現実をつくり上げてしまったように感じている。私たちは北朝鮮に生きる市井の人々を想像できてはいない。

第5話

紛争予防・国際保健・フィリピン・カンボジア

何かが起きてからではなく

「予防保健」がつくる平和の基盤

宇井志緒利
（アジア保健研修所［AHI］元スタッフ／一九六〇年生まれ）

「生きることは分かち合うこと」「平和をつくり出す人になりなさい」。ネパールで医療協力をしていた医師のメッセージに心打たれ、学生ボランティアを経てNGO職員に。1980年代内戦下フィリピン、銃撃戦直後のスラムに保健教育教材を抱えて出かける地元の保健ワーカーの姿が、銃を持つ兵士よりずっと強く見えた。カンボジアでは、元ゲリラ兵を保健教育研修に招き、他の保健ワーカーたちと差し迫った課題に取り組んだ。それは具体的な協働作業と対話を通じた信頼関係づくりの積み重ねだった。皆の共通の関心事である健康は、立場の違いを超え、揺るぎない平和をつくり出す原動力となることを確信した。

写真：山村の人々とマラリア予防について話し合うカンボジアの保健ワーカー

一　「私」の始まり

●「普通」への違和感

「あなた日本人？」。くせ毛で色黒だった私は、小さい時からよくそう聞かれた。同級生から付けられた率直・的確なあだ名が、恥ずかしかった。また「女のくせに生意気だ」。親をはじめ周りの大人から浴びせられる言葉に反発し、余計に「するな」と言われることをした。「このように生まれてきて何が悪いのか？」「違っていて何か悪いのか？」「女で何か悪いのか？」

中学時代の私は「普通と違う」自分のことが嫌いだった。思春期だったからだろうか、あるいはあまりにも自由だった小学校と対照的に、制服に象徴されるような中学校独特の同一性・統一性を重んじる窮屈さからだろうか。その違和感は不快感に変わっていった。違うことは恥ずかしいこと、かっこ悪いこと。自分のことを恥ずかしいと思う自分も嫌いだった。

「違う人たち」「普通でない人」たちとはどんな人たちなのか、気になるようになった。高校・大学に進学した私は、独自の文化を持つ少数民族や異なる家族のあり方が面白い、と考えるようになっていた。

●平和をつくり出す者は幸いなり、生きることは分かち合うこと

そんな私が国際協力の仕事に就くことになったきっかけを振り返ると、小学校時代まで遡る。五年の国語の教科書に「ネパールに輝く」という結核対策に尽力された日本人医師のことが書かれていた。「ネパールの首都は？」

との先生の質問に、「カトマンズ」と答えて褒められたことは覚えている。愛知で生まれ育った私にとっては遠い国のこと、雲の上の人の話だった。まさか、自分が一〇年後にその医師から直接お話を聴き、そのことがきっかけで、国際協力に携わることになるとは！

その後、私はミッションスクールに入学したことでキリスト教に触れ、高校卒業時に「結婚に不利になる」という親の反対を押し切って受洗した。その頃、マザー・テレサがノーベル平和賞を受賞し（一九七九年）、その働きを知るにつれ、おぼろげに自分も福祉の仕事がしたいと思いはじめていた時である。「平和をつくり出す者は幸いだ」（新約聖書マタイによる福音書五章九節より）と題した岩村昇医師の講演会が、名古屋で開かれることを知った。あの「カトマンズ」を思い出し、講演を聴きに行った。そこで岩村医師が、ネパールの山村に住む人々の過酷な生活と助け合いについて話された。「人は一人では生きられない、生きることとは分かち合うこと、それは平和をつくることである」。そして、「平和をつくる人とは特別な人ではなく、あなた、あなたのことですよ！」と熱いメッセージを送られた。それをそのまま真に受けた私は、講演会を主催したNGOアジア保健研修所（AHI：Asian Health Institute）に、ボランティアを申し出ていた。

三日間のボランティアからNGOへ、私にもできることがある

アジア保健研修所（AHI）は一九八〇年、アジアの草の根の人々の健康のために働く地元のワーカーを育成するために設立されたNGOである。愛知県をベースに、日本とアジア各地で現地の協力団体と協働して研修活動を行っている。八〇年代前半、NGOという言葉に馴染みがない時代。しかも「アジア」「保健」「研修」という難しそうな名前のNGOは、何となく敷居が高かった。アジアに行ったこともなく医師や看護師でもない自分には関係がない所だと思っていた。

岩村医師の講演会後、アジアの研修生のために三日間通訳のボランティア募集があり、大学の友人たちを誘って

学生ボランティア時代。研修生と岐阜の農村を訪問。タイの研修生と（筆者右）

参加した。そこで出会ったのは、アジアの農山村やスラムで、貧しく抑圧された人々の健康のために働く献身的なワーカーたち。かれらは、病気治療の詳細ではなく、どうしたら人々が中心となって病気を予防し健康を取り巻く課題を解決していけるかを、話し合っていた。私は、そのワーカーたちにすっかり魅了された。三日間が終わった後、一人ＡＨＩに残り「もう一日、もう一日」と頼まれるうちに、とうとう夏休みが終ってしまった。

ボランティアを信頼し、任せることを徹底していたＡＨＩ。何の経験もない学生に、とにかく様々な仕事の即興依頼。忙しい毎日だったが、心はとても満たされていた。この私にもできること、役に立てることがある。この人たちと同じ働きはできないが、この人たちを応援することはできる。その後も、学校が休みになると手伝いに行った。福祉関係の仕事に就きたいとは思っていたが、まさか卒業後そのＮＧＯの職員になるとは！　何か特別な準備や勉強をしてきたわけではなく、目の前にあった現場に飛び込んだ。ただ私の中に変わらずあったのは、中学時代から抱いていた「違う人たち」「少数者」への関心とこだわりだったかもしれない。

二　アジアの仲間と私の「戦争体験」

私は自分の生まれ育った場所で直接戦争を経験したことはない。親や年配者からアジア・太平洋戦争の記憶を耳にすることはあったが、それは繰り返してはいけない「過去の体験」として聞いていた。私の「戦争体験」は、同時代に戦禍の中を生きるアジアの人たちとの出会いを通してだった。

保健教育マニュアルは銃よりも強し

私の初めてのアジア体験は、一九八五年のフィリピン・ミンダナオ島。同島南東部のダバオ市にＡＨＩの協力団体があり、ＡＨＩと同団体との共催による一カ月間のＮＧＯ運営基礎研修に参加した。その頃はマルコス独裁政権（一九六五〜八六年）の末期で、政府軍と反政府軍の間で戦闘が激化し、特にミンダナオ島では、人々はその戦いに怯える毎日だった。村では自警団が組織され、青年たちが銃を持って警備に回っていた。特に貧しい人々が住むスラムや山村には反政府ゲリラが潜んでいると疑われて、多くの罪もない民衆や保健ワーカーまでが行方不明になり、拷問に遭ったりしていのちを落としていた。

ある週末に、地元の研修参加者の一人の家族が亡くなった。死因不明の事故死、理由は誰にも聞いてはいけない。他の参加者は知らせを受けた夜、遅くまで小声で話し合い、葬儀に参列しないことにした。参列者までもが政府・反政府の色分けをされ、さらなる危害の及ぶ危険がある。内戦はこんなにも人々の心や行動を制限し、地域のつながりを壊すのか。

滞在中、強烈に私の記憶に焼きついた出来事がもう一つある。研修の半ば、私は協力団体の女性の保健ワーカー二人と一緒に、川べりのスラムを訪問することになっていた。訪問日の朝、この二人が突然、訪問中止を知らせにやって来た。「前日そこで銃撃戦があったの、危険だからウイ［宇井］はここにいて」。彼女たちは、住民の中から選ばれた「保健ボランティア」（Column 10参照）に病気の予防方法、薬草の使い方や簡単な応急手当の仕方などを教える仕事に従事していた。「あなたたちも危ないじゃないの」と止めたが、彼女たちは「保健ボランティアの人たちと保健教育講習会の約束をしたの。あの人たちが私たちを待っているから」と、そのスラムへ出かけて行った。

明るく陽気な若い女性保健ワーカーたちは何という厳しい現実の中で働いているのだろう。彼女たちは住民に信頼され、他の人が入れないような、敵味方の入り混じる地域で働いていた。しかも、そのような役割が与えられたことに感謝の祈りを捧げつつ。私には、保健教育マニュアルブックを抱えた彼女たちが、銃を持つ兵士よりずっと

カンボジア定住難民サムチット（左から2番目の女性）さん一家

強く見えた。彼女たちのような地道な働きこそ、いのちを守り合う、助け合いと信頼に基づく平和づくりなのだと強く感じた。いつか彼女たちに弟子入りさせてもらいたい、と願うようになっていった。

カンボジア定住難民の人たちとの出会い

ＡＨＩで働き出してから四年目、アメリカ・カリフォルニア州に留学する機会が与えられた。担当国フィリピンでの活動に活かすため、フィリピンからの移住者・活動家の多い地域を選んだ。しかしそこで、私の人生はカンボジア定住難民の人たちとの出会いにより急転回した。

留学先の近くに、ストックトンという町があった。そこには、ほとんど英語が理解できないカンボジアからの難民が、全米各地を転々としたのち集まっていた。二〇〇〇人、三〇〇〇人が暮らすアパートが並ぶ地区は、「リトル・バッタンバン」（「バッタンバン」はカンボジア北西部の州・町の名前）と呼ばれていた。そこは「よくわからない人たちが住んでいる所」、アメリカ社会の孤島だった。その「わからない人たち」のことを知りたくて、町を訪れた。そこには、新しい場所で家族の絆、自らのアイデンティティを取り戻そうと必死に生きる人々、特に家族を支えるたくましい女性たちの姿があった。そこで私は留学生活の半分を過ごすことになる。

ソーシャルワーカーしか出入りしないそのコミュニティの人たちは、よそ者をとても警戒していた。何の関係もない日本人留学生がうろうろしているのを、不思議がっていたに違いない。初回はほとんど誰も口を利いてくれなかった。しかし二回、三回と訪問するうちに、何件かの家族が見ず知らずの私を部屋に招き入れ、食事に誘い泊めてくれるようになった。「実はあなたは…死んだ私の妹にそっくりだ」「姪の○○に似ている」と言って。大変お世話になったサムチットさんご一家もその一つだ。当時落第寸前だった私に、諦めるなと励まし続けてくれた恩人である。「死んだ△△が帰ってきたようだ」と見つめられ部屋に招かれると、私はもうそこを離れられなくなった。以前の生活、ポル・ポト政権（一九七五〜七九年。急速な共産化社会の実現を目指すこの政権下で、国民の五人に一人が死亡）の時代のこと、必死で国境を越えたこと、難民キャンプでの暮らしのこと、そしてアメリカに逃れた後のことなど、苦労話が次々とかれらの口から、涙とともにあふれ出た。私は実体験もないのに、時にポル・ポト時代の光景が夢に出てくることさえあった。

当時はまだ和平の行方が見えず、母国に帰国する目途はなかった。「故郷に帰りたい」という願いを叶えたい、安心して帰ることができるよう何か少しでも役に立ちたい。私のカンボジアへの関わりはここから始まった。留学を終えてＡＨＩに復職し、カンボジア本国で研修事業を担当したいと申し出た。

内戦社会の現実

一九八九年を皮切りに、私はその後約二〇年間、毎年研修協力のためにカンボジアを訪れた。一九九二〜九三年の二年間は、カンボジアに事務所を持つ国際ＮＧＯに身を置き、フィールドワーカーとして村の課題を皆で解決していくための人づくり・仕組みづくり、予防保健活動、国内避難民（戦闘により家を追われ国内の別の場所で避難生活を余儀なくされた人たち）への緊急支援などに携わった。折しも国連平和維持活動（ＰＫＯ）の展開時、自衛隊の海外派遣と同時期だった。このカンボジアとの長期の関わりと常駐で、内戦社会の厳しい現実の一端を体験した。

田んぼで不発弾が爆発し、遊んでいた三人の男の子たちが血まみれになったこと。総選挙前、首都プノンペンが攻撃されるという噂が流れ、外国人が次々と国外に出て行ったこと。「ウイはカンボジア人に見えるから、危ない」と地元のスタッフに言われて不安になったこと。毎晩どこかで銃声の音が響いていたこと。国内避難民村で村人に

「しばらく来ないで」と言われたその翌週、駐留していた国連PKOのブルガリア兵が殺されて、背筋が凍ったこと。たまたま出張中に首都市街戦に巻き込まれ、ホテルに缶詰めになりしばらく帰国できなくなったこと。その時、砲弾の音に怯えながら、「まだ三歳の息子を残して私は逝けない」と祈ったこと。

一旦戦闘が始まると、一般の市民は何もできなくなる。戦闘が今すぐ終わってほしい、と部屋の片隅で臥せって祈るしかない。戦闘が終わると、その後略奪行為が続く。夜安心して眠れることは、当たり前ではない、特別なことなのだと実感した。しかし、私には帰る所がある。カンボジアの人々には逃げる所はない、そこで暮らし続けなければならない。

●戦争に苦しむ人々の叫び——私の非戦の原点

カンボジア国内の友人第一号は、国営新聞社で働いていた同年代の記者チャンノだった。「黙っていればカンボジア人に見えるから大丈夫」と、本来外国人が行けない所へ連れて行ってくれた。両親や親戚はポル・ポト時代に殺され、唯一生き残った姉の家に身を寄せていた。彼と和平の行方について話したことがある。外国の軍隊が介入しても、本当の和平は実現できないのではないかと。「私の国は、武力で問題を解決しないことを決めた平和憲法を持っている」と話した私に、彼は小さな声で言った。「小さい時からずっと戦争の中で生きてきた。そんな素晴らしい憲法を持つ国に生まれたあなたが羨ましい」。

数年後、チャンノは紛争終結を見届けることなく、三〇代前半の若さで病気に倒れこの世を去った。彼の言葉は、私の中にいつまでも残っている。憲法九条は、彼の、戦争に苦しむ人々の叫び・夢である。これは私の非戦の原点になっている。

昨年（二〇一六年）の夏、定期的に訪れているカンボジア北部の元戦闘地域で、村のリーダーであるカインさんから村の歴史と内戦時代の経験を聴いた。この村では戦闘による犠牲者を最低限にとどめたというが、その理由は何だったのか。彼は誇らしく語った――「銃を向けて戦おうとすれば、相手は恐れずにもっと果敢に襲ってくる。的確な情報を早く入手して村人を逃がすこと。戦わずに逃げること。これがいのちを守る方策だった」と。六七年間の人生の半分以上を戦禍の中で生き抜き、村人のいのちを守るために奔走したカインさんの「非戦」だった。

この原稿を書いている最中に、カインさんが交通事故で亡くなったという知らせが入った。あの時の言葉を、私は彼からの遺言として受け取ることにした。

三　壊れやすい平和

平和は壊れやすい、そして知らないうちに壊れていく。これまで安定していたと思っていた国や地域が、あっという間に軍事政権に変わってしまう、戦場になってしまう。そんな状況が今日も起きている。弱肉強食が加速するグローバル化経済のもと、富と資源をめぐる争いが激化し、武力紛争に発展している。しかし原因は宗教や民族の違いによる対立・不満にすり替えられ、私たちにはどうすることもできない問題と思い込まされる。政治・軍事リーダー間の「和平」が実現しても、リーダーが変わるとまた振り出しに戻る。武装解除がなされず、紛争の根本原因が解消しない限り、あるいは問題解決を図るための基本的な価値観や姿勢が変わらない限り、武力紛争は再燃し繰り返される。人々のそれまでの暮らし、積み上げが、一瞬にして崩れていく。

カンボジアの場合もそうだった。長期にわたる大国の代理戦争が終わり、一九九一年一〇月にはパリ和平協定が成立、九三年には国連の介入による総選挙の実施によって、「新生カンボジア」がスタートしたはずだった。しかし、その後もポル・ポト派と政府軍の戦闘は続き、九七年には新政権内の派閥争いが激化して、首都では市街戦まで引き起こされた。ポル・ポトの死亡（一九九八年）とその後の主要リーダーの投降・逮捕により、全土の武力闘争がようやく終結し国全体の復興開発が始まったのは、実質九九年になってからである。「もう平和になった」とされる今も、実力行使を伴う問題解決の仕方は変わっていない。

　私たちの住む社会はどうか。平和が壊れかけていないだろうか、知らないうちに。私の育った町には隣合わせて航空自衛隊の基地があった。騒音に悩まされてはいたが、そこから戦闘機が戦場へ飛んでいくことはないと信じていた。しかし一九九二年、「国際貢献」の目的でその基地からカンボジアＰＫＯへ軍用輸送機が飛んだ。以来、次々と海外の紛争地へ自衛隊が派遣されている。現在も新たな任務を加えて。沖縄には今も多くの米軍基地がある。基地は地元の反対を押し切って増設・拡張されている。

　私たちは国家の戦闘行為につながるこれらの重要な問題を、一部の指導者に任せすぎていないだろうか。「平和の反対は、平和と戦争に対する無関心である」と、ホロコースト（ナチスによるユダヤ人大虐殺）の生存者であるノーベル平和賞作家エリ・ヴィーゼル（ルーマニア出身のアメリカ人、一九二八〜二〇一六年）は言った。私たちは目まぐるしい日々の中で、人任せに、無関心にさせられているのではないか。人々の無関心は独裁的な為政者にとって一番都合がいい。人々が知らないうちに、自分の好む方向へ社会を変えていくことができるからだ。私たちはそれを許してしまっている。

四　予防保健を通して平和をつくる

　武力紛争によって人のいのちが奪われ、新型兵器の使用によって長期にわたる健康被害が広がる。保健システムが機能しなくなれば、人々の健康状況はみるみる悪化する。この意味で戦争と平和の課題は、グローバルな保健課題でもある。保健分野の国際協力活動は負傷者や健康被害者に対する緊急医療活動など、事後の対処がほとんどであるが、紛争の勃発や再発を未然に防ぐ積極的な役割も担えるはずだ。私はこのような思いをずっと抱きながら、アジア各国での研修事業に携わってきた。この点について、ここではカンボジアでの予防保健ワーカー育成研修の

AHIとカンボジア保健省との共催で行われた保健教育セミナー（筆者中央、1990年）

経験から振り返る。

●カンボジアで導入した参加型保健教育研修

内戦下の一九八九年、カンボジア保健省の国立ヘルス・プロモーション・センター（NCHP：National Center for Health Promotion）とAHIは、地方行政の保健教育担当者のための参加型研修（保健教育セミナー）を首都プノンペンで開始した。当時は、まだ幼い顔の兵士の部隊が、夕暮れになるとシャカシャカと音をたてて地方へ向かって歩いていた。市場《いちば》では地雷で四肢を失った元兵士が物乞いをし、男性がいなくなった農村家庭では妻子が栄養不良でうつろな目をして、誰かを待っていた。医療従事者もいない、病院・診療所・薬品もない。ないない尽くしで、地方に住む人々にとっては病に罹からないことがまさに「いのちの綱」だった。

長引く内戦状態にあって、特にポル・ポト時代には指導力や自発性を持つ者は次々と抹殺された。親族や夫婦・親子・兄弟同士の関係さえ、強制集団生活、集団結婚、「再教育」、拷問、密告などによって引き離され、壊された。これらを経験した人々は、自主性・自発性を殺がれ、互いに強い不信感を持つようになっていた。その失われた自信と信頼を回復していくこと、他者そして自分自身との和解が、復興の鍵だった。こうした背景の中で、ＡＨＩはそれまでアジア各国の協力団体とともに行ってきた参加型研修を、カンボジアにおいても試みることにしたのである。

参加型研修とは、参加者が抱える悩みや課題をテーマにして、様々な個人ワーク、グループワークを取り入れながら参加者同士が経験を共有し学び合う研修のことをいう。研修では知識・技術の習得だけでなく、参加者自身の価値観や態度が変わっていくプロセスも重視する。いまだポル・ポト時代の記憶が生々しく残っていた開始当初は、学びの「振り返り」や「評価」という言葉にさえ抵抗を感じる参加者がいた。かつて本心を素直に打ち明けた者が、次々と殺されていくのを見てきたからである。急がない、焦らない。一〇年単位で取り組もうと腹をくくった。

まずは、参加者にわかりやすく楽しく保健教育の大切さを伝えることに焦点を絞り、社会状況の変化や個々の参加者の事情に合わせて、ゆっくりと試行錯誤を積み重ねていった。やがて研修会場を農村部の農業センターに移し、二〇～二五名の参加者と一〇日間生活を共にしながら、ゲームや役割劇、グループワーク、実習、現場訪問など実践的な研修スタイルを模索していった。参加者の志向性と役割に合わせた三つの研修コース（「保健教育基礎コース」「研修担当者育成コース」「地域保健運営コース」）も定期的に開催することにした。そして、一〇年目に大きな転機が訪れた。

●参加型保健教育研修が平和づくりのツールに

一九九九年、とうとう内戦が終結した。これにより、元ポル・ポト派の衛生兵たちが元支配地域の行政保健職員として採用されることになった。私たちにとっては待ちに待った喜び。敵味方の区別なく、やっと全土から研修参加者を招くことができるのだ。とはいえ、研修担当者たちにとってはこの一〇年の研修成果が試される時でもある。多くの人々を殺してきたであろう元ポル・ポト派兵士は、恐ろしい人たちではないのか、これまでのように和気あいあいと研修プログラムが組めるだろうか。研修チームの一員である私も不安であった。

元ポル・ポト派衛生兵が加わった最初の研修は、これまでの研修のスタートとは異なる緊張感があった。かれらも顔をこわばらせ、微笑むことはなかった。戦闘地域のジャングルを移動しながら、怪我や病気の応急治療を行ってきた人たちである。他地域の保健ワーカーと接触した経験のない、孤立した存在だった。多くは現場たたき上げで、正式な医療教育や研修を受けたことはない。かれらにとっては初めての「研修」だった。

かれらは他の参加者の感情や反応をとても恐れていた。「自分たちを恨んでいるに違いない、見下しているに違いない」と。元女性衛生兵も参加した。あるポル・ポト派最高幹部の娘は当初、偽名を使い、皆と宿舎を別にして参加していた。また、ポル・ポトの側近として最後まで彼と行動を共にしていたといわれる男性三人は、互いに示し合わせて、初めの三～四日間は他の参加者の様子を見るために余計なことは口にしないと決めていたようだ。実際、セッション中も休み時間も、ほとんど話さず、いつも三人で固まっていた。研修初日の夜、元ポル・ポト派以外の参加者の中には、感情が抑えきれずに、「あなたたちも人を殺したのか」と三人に詰め寄る者もいた。彼らはただ黙っていた。

元ポル・ポト派参加者と他の参加者たち。夜遅くまで、自発的に研修に取り組んだ

このように研修はお互いへの恐れ、不信、探り合い、受身の状態から始まった。ところがコースが進むにつれて、相手への態度や接し方が変わっていった。三人の元ポル・ポト派衛生兵は徐々に打ち解け、活発に参加するようになり、一〇日間の研修後半には自分から進んで助言を求めるようになった。また、他の参加者たちも自発的に彼らに手を差し伸べるようになった。他の参加者たちは、休み時間だけでなく、夜も遅くまで、彼らの宿題を手伝った。彼らと同じ地域から参加した者たちは、研修後の活動計画づくりにつ

いても彼らと作業を共にした。研修の終わりには、双方が抱き合って涙を流し、別れを惜しむ姿が見られた。

一体この一〇日間の研修期間に何が起こったのだろう。あれほど張り詰めていた雰囲気がなぜこんなにも劇的に変わったのだろう。数年後、双方の参加者や研修担当者にこの時のことを個別に聞く機会があった。すると一つのことが見えてきた。参加者たちにとってこの参加型保健教育研修は、保健教育を効果的に学べる場であったと同時に、新しい関係づくりや和解のプロセスを生み出すツールにもなっていたということである。この視点から研修の成果を振り返ると、次の五つの発見が見出せる。

①保健の共通課題を早期に、具体的に見出すことができた

対立する関係にあった参加者同士が内戦終結後、早期に出会い協働する機会が持てたのは、この研修が保健教育という具体的かつ技術的な目的の下で行われたからである。参加者たちは皆、保健ワーカーとして地域住民の健康を守る立場にあった。ゆえに自分が「知りたい、身につけたいこと」が、そのままかれらにとっては差し迫った共通ニーズとして認識された。参加者同士の対話の入り口は、地域の健康問題と保健活動（たとえばマラリア予防）について聞き合うことだった。そこから徐々に他の話題へと対話が広がっていった。

②保健教育研修には平和教育研修との共通性があった

この研修は「保健教育研修」であって「平和教育研修」ではない。しかし前者の研修内容をよく見ると、後者との間にかなりの共通性があることがわかった。「平和な社会づくり」に欠かせない要素とは何か、という質問に対して、参加者の多くは対話、信頼・協力関係づくり、忍耐、積極的な自らの態度、などを挙げた。一方、私たちの参加型保健教育研修には、それらを養うためのトピックや実習、たとえば「コミュニケーション」、「フィードバック」、「ファシリテーション」（様々な意見や議論を引き出す進行の仕方）、「住民参加」、「他分野との協力」、「対立対処法」、「計画・企画づくり」といった、「平和教育研修」に欠かせない要素がどのコースにも含まれていた。

③住み込み型研修が「参加」と「協働」を生んだ

農業センターを利用した住込み型研修であったため、ゆったりとした雰囲気の中で自由にスケジュールを組み、個人的な会話を楽しむことができた。参加者は司会や記録、会場設定など役割別にチームを組んで、セッション後は個々の役割ごとに作業や打ち合わせを行った。休憩時間はスポーツやリクリエーションに参加し、夜は自発的に補習を開いたり、宿題について助言し合ったりした。元ポル・ポト派衛生兵と最初に親しくなったのはベッドの距離が近かった人たちである。寝食を共にすることで、家族のような関係が生まれた。

④ロールモデル（手本）となる研修担当者の存在が大きな刺激となった

研修担当者の姿勢や態度は参加者に大きな影響を与えた。かれらは「自分たちがよい手本になるよう」意識し、参加者の声によく耳を傾けた。消極的な参加者には自分たちから声をかけ、さりげなく参加を促した。コース中は毎晩、研修担当者間で意見や情報をフィードバックし合った。その様子を参加者は見ていた。結論を急がずプロセスを重視する姿勢、オープンで差別のない態度、臨機応変な対応、これらはすべて予防保健ワーカーのあるべき姿だった。参加者たちはそれに触発された。

⑤継続的な研修活動の積み上げが下地になった

ＮＣＨＰによる参加型保健教育研修は継続的に行われてきた。研修担当者と参加者との間にはすでに一定の積み上げがあった。元ポル・ポト派衛生兵を迎え入れたのはその一〇年目に当たる。複数回参加してきた人たちは、回を重ねるごとに相互対話の力を身につけ、回を追うごとに短期間でよい関係を築き上げてきた。ポル・ポトの側近といわれる三人の元衛生兵が参加した時の他の参加者たちの対応は、そうした積み上げの成果として特筆に価する。

参加型保健教育研修の取り組みは、予防保健ワーカーとしての役割を超えた、「信頼・協力関係づくりの推進者」としてのありうべき姿をくっきりと浮かび上がらせてくれた。参加者にとってそれは、仕事の仕方に変化をもたらし、予防保健活動の「現場」に活かされることとなった。元ポル・ポト派衛生兵を迎え入れたこの研修は、「平和づくりのツール」としての参加型保健教育研修の意義をより明確に示す場となった。

平和推進者としての予防保健ワーカーの役割

「健康に暮らしたい」という願いは、立場や地域を超えた人間共通の心情である。この願望には、「ここまで健康になったからもういい」という臨界点はない。健康は、いつでも、どこでも、誰にとっても、共通の関心事と言える。感染症対策というものがあらゆる関係者の協力なしには成立し得ないように、保健活動は、サービスを提供する側・受ける側双方にとって、主義・主張の違いを超えたところで「対話のスペース」を生み出す媒介となるものである。

この意味で予防保健ワーカーは、人々が信頼・協力関係を醸成していくためのきっかけや仕組みをつくる媒介者となることができる。そして、信頼・協力関係づくりのロールモデルとして、多くの人に「対話」の持つ可能性を指し示すことができる。内戦下のフィリピンやカンボジアで、政府側の保健職員が立ち入れないグレーゾーンに地元の保健ボランティアが入って活動できたのも、そのためであろう。

予防保健ワーカーは、戦争と平和の問題が健康に直結する問題であることを肌身で知っている。だから、いのちを守るという立場で誰よりも説得力をもって「非戦」を呼びかけることができる。予防保健ワーカーが持つ、平和の推進者としての潜在的役割は極めて大きい。

平和に向けたその努力を、より形あるものにしなければならない。保健サービスの公平性の向上は、そのためにこそ求められていると言っても過言ではない。

五　何かが起きてからではなく――予防的平和

●基盤は草の根の日常の中からつくられる

今もフィリピンやカンボジアの予防保健ワーカーたちは、医療サービスの届かない人たちに寄り添い、地道な活動を続けている。仕事を通じて出会う人たちと丁寧に対話を重ね、共通課題に互いに立ち向かうことで、信頼・協力関係を築く努力を重ねている。それはいのちを守り合う仲間同士による草の根の運動、住民主体のコミュニティづくりとも言える。何かが起きてからではなく、何もない時から、何もない時だからこそ、日常の中で予防的活動を弛まず続けていくこと。予防保健を通じた平和づくり――それがかれらから学んだ私の「非戦」である。

●ジャストピース（Justpeace）

私は、ジャストピース（Justpeace）という言葉を、フィリピン・ミンダナオ島で平和づくりに取り組む人たちから教えられた。これは、平和（Peace）と公正（Justice）は切り離せないもの、「公正を伴わない平和は平和ではない」という意味をこめた造語である。つまり、「他者を犠牲にして自分のニーズを満たさない」ということ。これは、足元のことからグローバルレベルまで、私が「平和」を考える時の金言である。この言葉は常に、私に「他者」への意識を喚起させてくれる。

この「他者」とは誰だろう？　私たちの「平和な暮らし」は、どんな他者とのつながりで成り立っているのだろうか。誰かを犠牲にしていないだろうか。自分が犠牲になっていないだろうか。日本の中の誰かを、他国の誰かを、犠牲にしていないだろうか。知らないうちに、その「犠牲のしくみ」の中に取り込まれてはいないだろうか。「平和な暮らしを守る」と言っている日本の政治、そのエネルギー政策、貿易産業政策、「安全保障」政策、国際協力政策は、ジャストピースに叶ったものと言えるだろうか。「まあ仕方ないか」と追認することが、不公正を生み出し、他者を苦しめ、あらゆる暴力の温床をつくり出す原因を招き寄せてはいないか。もしそうなら、私たちはジャストピースを生きているとは言えないだろう。

見えにくい他者、見えない他者の存在をいかに意識し、想像力を身につけていくかが、平和づくりの鍵となる。そしてその下地は、あのフィリピンやカンボジアの予防保健ワーカーたちが教えてくれたように、目に見える関係の中でこそ培われる。平和づくりは日常的な日々の実践の先にしかないのである。

私にとっての日々の実践は、笑顔で何気ない言葉を交わすことから始まる。近所に住む人、バス停や電車の席でたまたま一緒になった見知らぬ人。意外な話の展開で互いの共通点に気づき、盛り上がることがある。駅や道で迷っている人に、思わず声をかけてしまうことも少なくない。余計なお節介？　それでもいい。困っている様子の人が目の前にいるのだ。その人は、どんな気持ちでいるのだろう、それがもし自分だったら、自分の母だったら。そんな気持ちを持ち続けたいと思う。

平和をより意識して、自分たちのいのちと暮らしを見直してみる。すると、人間活動のすべての領域にジャストピース＝「公正を伴う平和」の視点が存在することに気づかされる。誰もが平和をつくり出す者になれるのだ。

●国際協力、自分の考えや意見を表明し合うことから始まる

私たちの憲法は、恒久的な国際平和の希求を謳っている。私たちには、他国の人たちとともに平和に生きる権利

がある。それは紛争に苦しむ世界中の人たちから聴こえる叫びでもある。

安保法制はこれを脅かすものである。しかし、「違う、おかしい」と思っても、黙っていれば何も変わらない。いや、黙っていれば、政治はそれを追認した者として扱う。そうと望まずに事態をさらにおかしくする当事者になってしまう。私たちは武力紛争の被害者にも加害者にもなりたくない。安保法制を成立させた国の当事者として、「いやだ！」と意見表明し、同法を廃止する権利と責任がある。

国際協力NGOに携わる私にとって、「NGO非戦ネット」は自分の考えや意見を言葉と行動で示す一つの場である。武力に拠らない問題解決へ向けてあらゆる暴力を「非」とする態度、そこから「対話のスペース」をつくり出し、互いの考えや意思を確認し合うこと、それが平和づくりへと向かう「国際協力活動」の第一歩だと私は思う。国際協力は互いに自分の考えや意見を表明し合うことから始まる。

【私にとっての三冊】

三浦綾子『塩狩峠』（新潮社、一九七三）

「人がその友のために自分の命を捨てること、これよりも大きな愛はない」という聖書の言葉を実践した主人公。その生き方に感動した中学生の頃の自分を思い出す。

石牟礼道子『苦海浄土』（講談社、一九七二）

水俣病に苦しむ人々の心の叫びが、地元の言葉で綴られている。まるで自分もそこにいて聴いているかと錯覚するほどに、伝わってきた。止むに止まれぬ想いで書かれたこの本の迫力に圧倒された。

ヴィクトール・E・フランクル／池田香代子訳『夜と霧　新版』（みすず書房、二〇〇二）

病気療養中にこの本を読み、極限の苦しみの中でなお人が生きるとはどういうことか、その意味を深く考えさせられた。「私たちが生きることから何を期待するかではなく、生きることが私たちから何を期待しているか」、の問いかけにハッとした。

「保健ワーカー」ってどんな人――広がる保健ボランティアの役割

「保健ワーカー」というと、医師や看護師、保健師などの有資格者を思い浮かべる人が多いかもしれない。しかし、一定の訓練を受けた「保健ボランティア」も、住民に一番近い保健ワーカーとして重要な役割を担っている。本稿で紹介した方々がまさにその人たちである。いのちに関わる役割を担うことから、住民に信頼されている人、多くは女性が選ばれる。少額手当が出ることもあるが、基本はボランティアである。

こうしたボランティア的要素の高い保健ワーカー（保健ボランティア）の役割は、地域住民の基本的な健康データの収集、予防接種や検診等に関する地域住民への情報伝達、保健センター職員の補助、保健教育など多岐にわたる。また、薬草やマッサージなど、自分たちのできる範囲で簡単な応急処置を行ったり、必要に応じて通院を促すことも少なくない。日本では、基礎運動を取り入れた健康づくり、母子保健、食生活改善など、分野別の保健ボランティアが予防に特化した活動に携わっているが、この「予防保健」の充実は現在、世界的な課題として注目されている。

本稿で取り上げたフィリピンやカンボジアも例外ではない。近年では、母子保健や感染症対策に加えて、高血圧や糖尿病といった生活習慣病の予防、高齢者ケアなども、都市農村を問わず優先的な課題となっている。知識・情報の提供といった旧来の役割にとどまらず、「解っちゃいるけど止められない人」への働きかけ、男性住民の保健教育への参加促進、保健ボランティアの次世代育成など、状況や背景は異なるものの、日本の状況と共通する課題も増えている。

さらに、保健ワーカー（保健ボランティア）の活躍は、保健分野にとどまらない。保健活動で培った経験、住民との信頼関係や人的ネットワークは、様々な地域課題への取り組みにも活かされている。貧困世帯への支援、食の安全・ごみ処理・環境保護・自然災害への対処、まちづくり計画への参加など、多様な立場の人々を結びつける地域づくりのコーディネーターとして、頼りにされる人たちも多い。地元に住み、地元の人々の暮らしや地域の状況をよく理解している保健ボランティアは、住民と行政をつなぐパートナーとして、無くてはならない存在である。

第6話

シリア・難民支援・紛争解決

「ジブンゴト」への挑戦

共通点＝「私たちは同じ」から生まれる想像力

田村雅文
（サダーカ代表／一九七九年生まれ）

留学先の大学院で出会った友人、そして多くのシリアの友人たち、かれらは皆家族を一番大事にしていた。2007年、祖父の訃報に赴任先のシリアから急遽帰国した。威厳があった祖父の体は硬く冷たかった。2011年、妻と私の汗と涙が入り交じる中で生まれた息子は、温かくぬくもりがあった。神秘的な「いのち」の誕生だった。その頃からシリアの状況が悪化し、多くの「いのち」が失われていった。「私は生きたい、誰も殺したくない」「援助などいらない、家に帰りたい」そんなシリア人たちの声によって、私たちの活動は支援活動から紛争停止のための活動へと変化していった。私たちの身近に「いのち」を感じ、人が関わりを深め、一人ひとりの声に耳を傾ける場を増やしたい。相違点ではなく共通点を感じられる機会が増えれば、私たちは遠くのどこかの他人に起きた出来事を、「もしそれがジブンだったら」と想像できる。それが次のアクションにつながるはずと信じている。

写真：シリア・ダマスカス郊外での豊かだった生活（筆者左）

一　人とのつながり、いのちに触れる体験

●小学校の恩師との対話――気づきの出発点

幼稚園からの友人Kとは中学になるまで同じ学校に通った。Kは幼稚園の時に遭った交通事故の影響で身体の半分が不随だった。私は常に彼の一番の理解者だと思っていた。小学五年生のある日、動き辛そうな彼に手を貸すと、「僕を障がい者だと思ってバカにして、余計なことをするな！」と突き飛ばされた。その翌年、小学六年生のある日、突然担任の先生からクラス全員にKにこれまでしてしまったと思う過ちを無記名でよいから書きなさいという指示があった。翌日の朝、先生が教室に入って来て、手に持っていた全員の文章を床にたたきつけた。先生は、クラスの担任として情けないと言った。Kが君たちと同じことをやるのにどれだけの体力と精神力が必要か想像したことがあるかと問われた。

二〇〇〇年、成人式を終えてKとともに先生の家に遊びに行った。私たちが小学六年生の年に生まれた先生の次女は先天性の難聴を抱えていることを知った。先生は当時を思い出し、あの頃は自分も若かったと苦笑した。Kと当時の先生とのやりとりは、「他人の立場に立つ」ことを考えるための出発点だったような気がしている。

●家族との距離というカルチャーショック

二〇〇三年に大学を卒業し、その秋からイギリスのブラッドフォードにある大学院に通った。勉強の息抜きといえば留学生寮にいる友人たちとの交流だった。仲良くなったパキスタン人の部屋を訪ねるといつもインターネット

電話でチャットをしている。「おー、マサフミ、ちょうどいい。今従兄と話してるんだ。こっちへ来いよ」、そう言って六畳一間に敷き詰められた狭いベッドの上に座らされる。別の日に行くと、チャットの相手はお母さんであることもあったし、兄弟であることもあった。ある日ふと聞いたことがある、「なんでいつもそんなに家族と話してるんだ？」。彼にとっては妙な質問だったのだろう、何を言っているんだという顔で「家族だから当たり前だろう」、そう答えた。この会話の後、私は部屋に戻り、両親や兄弟といつ頃から話していないだろうかと考えた。

二〇〇五年、留学を終えた私はシリアに青年海外協力隊の隊員として赴任、首都ダマスカス郊外の町にホームスティをした。ホストマザーは、いつもにこやかに、我が家の息子みたいなものだと言って可愛がってくれた。しかし折に触れて、「なぜ家族と離れてここに来ているんだ」と聞かれた。

イギリスで出会ったパキスタン人、シリアのホストマザーにとって家族はすべての中心にあった。そのつながりこそが財産であった。シリアに行ってからは、両親に一カ月に一回は電話をするようにした。ちょっとやってみてもいいかなと思って電話をし続けた。二〇歳を過ぎた成人が親に一カ月に一度電話するなんてなんだか気持ち悪いと思ったこともある。しかし、親はそんなに違和感なく、私の電話につき合ってくれた。他愛もない話をする中に、安心感を抱いたこともあったのを覚えている。

祖父の死、そして息子の誕生

シリアに赴任して約二年が経った二〇〇七年五月、母方の祖父が他界した。果たして帰国するかを迷っていた時、シリア人の友人たちから帰って家族と過ごすのが当然だろうと言われた。かれらの価値観の中に、祖父の葬式に参列しないという選択肢は無かった。

小さい頃からお盆とお正月には必ず訪れ、祖父に叱られながらも、古い家を走り回った。仏壇に手を合わせる祖父の隣に座り、お経を詠む声や木魚の軽快なリズムを楽しんだ。自分がどれだけ成長しても祖父は常に威厳があっ

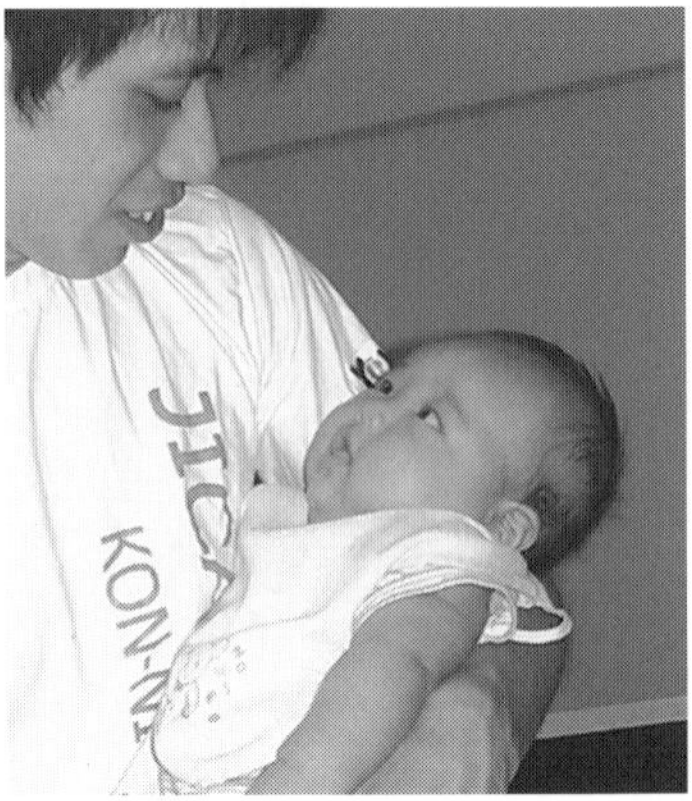

いのちの尊さを感じた息子の誕生

て背筋がぴっと伸びていた。亡くなった祖父の手に恐る恐る触れると冷たく硬かった。目の前にいる祖父と自分が知る祖父の余りの大きなギャップにただただ涙があふれた。

祖父の死から四年経った二〇一一年、東北が揺れた大震災からちょうど一カ月後の四月一一日。シリアで出会った妻と結婚して丸一年を迎えた年である。日本に戻っていた私たちは、四月一一日未明から出産予定の助産院へ移動した。そわそわした気持ちを助産師さんに見透かされお茶を出されるがまったく落ち着かない。助産師さんが私を呼んだ。妻の呼吸では上手く子どもまで酸素が行かないとのことで、酸素ボンベに助けてもらいながらの出産だった。ただただ言われるがまま彼女を後ろから抱えるように座り、励ました。何人の助産師さんが集まってくれたのかわからない。苦しみながら頑張る妻に、みんなでいきむタイミングを叫んだ。その部屋の人たち全員で産もうとしていた。妻は本当に、本当によく頑張った。最高に美しい姿だった。誕生の瞬間は涙でぐしゃぐしゃだった。彼女はとても苦しそうではあったが、新しいいのちを前にした表情には感動が詰まっていた。彼女に寄り添い、その偉業に感謝、感動するしかなかった。地震の死者・行方不明者数が一人また一人と増え、原発の状況も悪化する中、こうして長男が誕生した。

二　錯綜する日常と非日常の中から

●美しき日本と怖くて危ない西アジア「中東」

二〇一七年一月でシリアとその南の隣国ヨルダンに住んでちょうど通算六年半になる。この地域に住む日本人の一人として自信をもって言えることが一つある。「中東」と呼ばれる地域の人たちの多くは日本のことが大好きだ。アニメ、整列できる国民性（大震災時の配給で整然と並ぶシーンが思い浮かぶ）、トヨタやソニーをはじめとする機械製品（製造技術）の精密さ・緻密さ・頑丈さ。加えて第二次大戦に敗北したにもかかわらず世界を席巻する一大国家となった国…。日本への敬意はどの国にも負けない。そうした事実を知れば知るほど、日本での「中東」へのイメージがあまりにも悪いことは残念でならない。「中東」といえばダーイシュ（イスラム国［ＩＳ］を名乗る過激派武装集団）、人質、テロリズムなどの危険なイメージばかりだ。

ごく当然のことではあるがヨルダンで生活していると、現地に生きる多くの人たちとの交流がある。かれらの生活は私たちと何ら変わらない。魅力的な遺跡や観光地も多い。しかし、欧米諸国などに比べると観光に訪れる人が少なく旅行先としてはマイナーであることも、良いイメージが描きにくい理由だろう。「中東」に平和がないのはその地域に住む人たち自身の問題、とさえ思われているかもしれない。

異なる文化を理解することは大切だが、違いばかりを強調せず、共通点にも目を向けることが「異文化理解」にとっての大切な入り口であろうと思う。「まさかシリアが戦争になるとは思わなかった」「失って初めて平和がどんなものかがわかった」。多くのシリア人から掛けられる言葉を聞くたびに、平和を享受してきた私たちは、かれらとの共通点から大いに学ぶべき点があるのではないかと思えてならない。

●非日常という日常を生きる人たち

ダマスカスにいる友人たちの生活状況は厳しい。私がダマスカスに住んでいた一〇年前からの友人マリアムは、今もダマスカスに住みながら日々の生活をこう振り返る。「青空を仰ぐためではなく、いつ落ちて来るかわからない迫撃砲を予測するために空を見上げるの、信じられる？　飲料水を確保するために毎週ポリタンクを二〇リットル運ぶのよ、最近はマヨネーズを卵から作ったわ。お店で買うと高すぎるの、灯油ストーブはほとんど使わず薪を買って暖をとるわ。そうね、爆撃にはもう慣れたわ」。そんな言葉を多くのシリア国内の友人から聞くたびに、掛ける言葉もなく空を見上げる。ヨルダンには爆弾は降ってこない。私は、落ちてくる爆弾を想像しながら、かれらの想いに近づこうと必死になる。戦闘や爆撃によって亡くなった人が自分の大事な家族だったら、友人だったら…。

人口二二〇〇万（二〇一一年現在）のシリアにおいて、人口の三割は国外避難民となり、いまだ七割の人たちが紛争下にある。国内に残る人々の半分も国内で家を失い、避難生活を送っている。二〇一一年までは未体験であった戦争という非日常の中で、「日常」生活を送っている人たちがいる。この「日常」においては、それまでなかった非日常が入り込み、みんな日々生き延びることのみに懸命だ。紛争勃発当初は、多くのシリア人の友人から、戦禍の中の生活は大変だが人々はこれまで以上に互いに協力し合うようになったと聞いた。しかし、その危機が六年も続くとみな疲れ果て、他人のことを考える余裕がなくなってきている（Column11参照）。

紛争停止のための対話の場づくり――サダーカ

二〇一二年三月、シリアのために何かしたいと、シリアに滞在経験のある日本の友人たちに呼びかけ、アラビア語で「友情」を意味するサダーカというグループを作った。発足当初は、ヨルダンに次から次へと逃れて来るシリアの人たちへ食糧や医療分野の緊急支援活動を行いながら、その現状を日本に伝える活動を中心に行っていた。しかし、東北での震災で人々の目は日本国内に集中し、ほとんど誰も関心を示してはくれなかった。しかも、日本で流れるシリアの映像は爆撃、テロ、難民がほとんどで、私たちが知る「普通の人たちが普通に暮らす国」から掛け離れていた。真のシリアの美しさ、素晴らしいシリアの人々の魅力などが正しく伝わらなければ、シリアに対する関心など広がるわけがない。そう思ってさらに様々な試みを行った。写真展、映像制作、シンポジウム、SNSを使った発信等々。それでも、市民レベルでの活動はなかなか成果が見えてこなかった。

加えてシリアの人たちからは、紛争に対する怒りや憎しみ、今の状況への不満が、非常に強い口調で語られた。

繰り返し語られる憎しみの声から逃げ出したくなることもあった。ただ、かれらが共通して言い続けたのは、母国シリアへ還りたいという言葉だった。シリアに還るためには紛争が終わらなければならない。しかし、シリア人の心の中は憎しみや恨みにあふれ、また、紛争当事者間に軍事援助を続ける国際社会も紛争を終わらせるどころかより悪化させる一方であった。特にダーイシュが「建国宣言」をした二〇一四年以降二〇一五年にかけては無力感だけが募った。シリアの友人たちが希求する非暴力への想い、それが活動の支えであり、その想いにすがるように紛争停止を訴え続けた。

三　サダーカ解散を目指して

私たちは何も要らない、ただ家に還りたい

ヨルダンには一〇万人規模のシリア人が避難生活を送るキャンプが二カ所ある。二〇一五年五月、そのうちの一つアズラクキャンプを訪れた。首都アンマンから東へ車で約一時間半、イラクへ行く国道の途中、砂漠のど真ん中に忽然と現れる。

キャンプ内で出会った一〇歳のジョヘイダという女の子の家にお邪魔した。一五歳の兄アハマドが迎えてくれた。かれらの出身地は、私がかつて滞在していたダマスカス郊外にある東グータと呼ばれる地域であった。アハマドは嬉しそうに故郷の話をしてくれた。東グータはレバノン山脈からの水脈が通るシリアでも有数の肥沃な農業地帯だ。杏子の木、芋や豆、そして様々な野菜を育てており、牛や羊はどこにでもいた。チーズの家内工場もあり、できたてのチーズは格別だった。アハマドと思い出話に浸っていると、アハマドの父アブ・ムハンマドが現れた。静かに座った彼は「貴君はどうしてここに来たのか?」と口を開いた。「いや…通りすがりでジョヘイダに会って…今アンマンに住んでいます。日本から来ました。みなさんの状況を知りたくてお邪魔しました」。

アズラクキャンプで出会ったジョヘイダ（右）と兄弟たち（筆者中央）

彼の口からは電気の不足、飲料水の汚れ、病院の不適切な診察等々、予想通り次から次へと不満が飛び出した。ひと通り聞いた後こう話を切り返した。「アブ・ムハンマドさん、あなたは東グータから来たのですよね、私もあそこに住んでいました。東グータは素晴らしい場所でした。あなたは、シリアでどんな仕事をしていたのですか」。彼は思い出すように話しはじめた。「俺はな、数百頭の羊や牛を飼っていた。広い畑もあった。たくさんの野菜を作っていた。素晴らしい生活だった。日に日に治安が悪くなり、ダマスカスに引っ越し、一年前にこのキャンプへ来た。子どもたちのためだ。父も母もダマスカスにいる」。和らぎかけた表情が少し曇った。沈黙の後、やはり予想していた質問がきた。「で、貴君はわれわれにどんな支援をしてくれるのか？」

私はアラビア語を駆使して答えた。「事情はよくわかりますが、みなさんを直接援助することはできません。でも私はあなたとあなたの家族のことを援助団体、そして日本や世界へ伝えます。日本にはみなさんの現状や、美しかったグータのことを知る人はほとんどいません。この戦争が一日も早く止まり、みなさんが早く帰れるように力を尽くしたいと思っています。だから今日ここに来ているのです。だって、還りたいでしょう?」

アブ・ムハンマドの口が緩んだ。「もちろんだ。還りたい。還っても何もないが…、自分たちの故郷だから。援助なんていらない。還ることができるのならば…」。彼が娘ジョヘイダに指示して持ってこさせたのはかれらの美しい伝統的な衣装だった。「マサ〔筆者のこと〕、おまえはもう家族のようなものだ、いつでもこの家に来たらいい」。その衣装を私の肩にかけた。かつて住んでいたグータの多くの大事な友人たち、家族たちの顔が私の脳裏に浮かんだ。かれらが一日も早く家に還れるようできる限りのことをやろう、そう繰り返し思った。

●「援助」ではできない一番大事なこと——緊急支援から根本解決へ

どれだけ援助してもシリア人がハッピーにならない現実を見るたびに、「果たしてこの援助は本当に必要なのか」と常に問いかけてきた。目の前で死にそうな人や苦しい生活を送る人たちに、援助の手を差し伸べることは大事である。しかし、援助は、シリア人が最も望む「シリアへの帰還」を助けることはできない。そのことを自覚することが大事だ。援助団体がこの地域で永遠に援助活動を行うような状況は、むしろ紛争を長引かせることにつながってしまうのではないか、そう思うことさえある。

二〇一五年も二〇一六年もヨルダンでシリア人宅への家庭訪問を続けたが、この時期には、それまで訪問するたびにぶつけられた怒りや憎しみは次第に感じられなくなっていた。それよりも援助物資などの入手場所、子どもたちの教育機会、病気の薬の調達についての話題が多くなった。そして精神的な疲れが限界をはるかに超えてきている様子が見てとれた。

二〇一七年一月、四年間通い続けたアンマン郊外(東アンマン)に住むヤマン(三〇歳)の家を訪ねた。妻と四人の子ども、家族六人で住んでいる。故郷であるシリア中部の街ホムスを歩いていた時に爆撃に遭い、片足が動か

東アンマンで出会い今も通い続けるヤマン（右）の家で

ない。一緒に歩いていた友人は亡くなった。松葉づえでの生活のため、外に出る機会が少ない。そこで、足の痛みに悩み続けるヤマンに気分を変えてもらいたいと、その前年の暮れに、シリア人グループが実施する負傷者のためのスポーツ活動を紹介した。ヤマンは久しぶりのスポーツ活動に活き活きとした表情を見せてくれた。

ヤマンの家の近くには紛争中に失明したオマル（三七歳）が住んでいた。妻と三人の子どもを持つ。オマルにもスポーツ活動を紹介したいと思い、ヤマンに相談し彼と一緒にオマルの家を訪問することにした。オマルもホムスの出身だ。「ホムスにいた頃は近所の人たちとよく談笑したものだが、この六年はそんなこともなくなってしまった」と、彼は懐かしそうに話した。暗闇の中で生きるオマルの笑顔を初めて見た。

楽しい時間に水を差さぬようにと思いながら二人に聞いてみた。「もし紛争が終わったら、シリアに戻るでしょ、この六年でみんないろいろな体験をした、憎しみや恨みや悲しみもあるんじゃないだろうか。それでも還ってまた一緒に暮らせるだろうか」。「怒り？　憎しみ？　今更どこにぶつけることもできないよ。自分はすでに一回死んだようなもんだ。奇跡的に生き残ったいのちを生きていくだけだよ」とオマルは言い、こう続けた。「紛争が終わったらすぐに還るさ。野菜の運搬の仕事をしていたからね。同じことがこの目でできるとは思わないけど、また仕事を始めるだけのことさ」。オマルからの前向きな言葉にどこかほっとする。

私は少しセンシティブすぎるとは思ったがさらに二人に投げかけた。「アラウィ派の人たちとも一緒にやっていけるんだろうか」（アラウィ派はシリアのイスラム少数宗派。アサド大統領をはじめ政権内や軍に多い）。「アラウィは無理だ。一緒にやっていくのは無理だよ」と、顔を曇らせながらヤマンが言う。その時近所から遊びに来ていたシリア人の女性がヤマンの背中から言った。「何言ってるの、もともとアラウィの人たちとも一緒に住んでいたのよ、できないわけがないじゃない」。オマルも言葉を継いだ。「シリアに住んでいた頃、誰がどの派だったかを気にしたことなんて一度もなかった、戻れるはずだ。言っただろ、僕らの生活は政治とは関係ない、自分の仕事をしていくだけさ」。

人々の声で戦争を止める――シリア和平ネットワーク

少し時間を遡る。

二〇一五年一二月、今の活動につながる一つの転機が訪れた。シリアの人々の声をただがむしゃらに日本に伝え続けるだけでは紛争は終わらない。他のNGOとも連帯して然るべき立場にいる日本の国会議員や省庁関係者、メディア等にその声しっかりと届け、紛争停止のためのアクションを促さなくてはならない。ジャパン・プラットフォーム（JPF。緊急支援に特化した資金援助を行うネットワーク型NGO）と国際協力NGOセンター（JANIC。日本有数のNGOネットワーク組織）が共催したアドボカシー（政策提言）型のワークショップに私もいくつかのNGOに声を掛けて参加した。ワークショップでは、ワールド・ビジョン・ジャパン、日本イラク医療支援ネットワーク（JIM-NET）、日本国際ボランティアセンター（JVC）、そしてサダーカからメンバーを出し、シリア紛争を停止させるために日本政府に何を提案すべきか考えた。また、翌二〇一六年一月にはシリア和平ネットワークを発足させ、同年五月開催予定の伊勢志摩サミット（G7首脳会議）に照準を合わせて、様々な政策決定者と意見交換も行った。

こうしてサミット当日、私たちは日本政府や各国代表に対して二つの提案を出すに至った。一つは、シリア和平につながるシンポジウムを日本で開催すること、もう一つは、普段はお互いの政治的立ち位置や宗派の違いからコミュニケーションが取りにくいシリア人同士の対話の場を、周辺国においてつくり出すことである。このアクションは、メディアによる一定の関心を集め、その後も外務省をはじめ意見交換の場を設けることができた。しかし、提案への協力を得ることはできず二〇一六年が過ぎていった。シリアには大量の武器が外国から送り込まれ、多くの傭兵によって戦闘が繰り広げられ、紛争勃発以来三〇万人以上という驚くべき数のいのちが奪われていた。

そんな中、自分たちだけでもこの提案内容を実現しようと、私たちは日本の中東・シリア研究者に相談を持ちかけ、シリア人研究者を招聘し東京でシンポジウムを開くという計画（二〇一七年二月）を一気に進めることにした（後述）。また、私が在住するヨルダンでも、この六年間にできてしまったシリア人同士の溝がシリア再建における弊害とならないよう、あるいはかれらの苦しみ、憎しみ、悲しみを少しでも和らげられるよう、様々な試みを始めることにした。ヤマンとオマルの対話も、その一つの形として実現したものである。

四　何よりもシリアの人たちの声を、想いを

それでも聞こえてこないシリア国内の声

いつも携帯電話のメッセージでシリアのことを伝えてくれる先述の友人マリアムが、二〇一六年の暮れにこんなメッセージを送ってきた。「昨日、私の住む地域で八歳くらいの少年に出会ったわ。彼は寒い中ぼろぼろの服で道の掃除をしていたの。私は、彼に近づいたけど避けていった。何度か同じ場所で彼を探したけど見つからなかったわ。こんな子どもたちはたくさんいる。親を失い、あるいは病気の親を助けたいがために働く子どもたちが一杯いるわ。多くの子どもたちが戦争だけを見て育ってる。人殺し、盗み、死、避難、そんな歪んだ世界を見てどのように人を尊重し、正常に成長することができるでしょう。かれらは決して声など発することなんてできないわ」。

同じく一〇年来のシリア人の友人ラミアはこう言った。「知ってるでしょ、私たちがダマスカスにいた当時、シリアに物乞いなんて一人もいなかった。でも二〇一四年後半から、みんな自分のことだけで精一杯になって、他の

人を助ける余裕なんてなくなっていったわ」。ラミアは二〇一六年一〇月までユニセフ（国連児童基金）のローカルスタッフとして五年間ダマスカスで働いたが、以後、配置換えを希望しアンマンへ移った。「五年間、自分はよく頑張ったはずよ。でも、もう限界。何が起きていたかをここで語るなんてとてもできないわ。時間が必要よ」。さらにこうも言った。「私は政権側でも反政権側でもない。彼らのせいですべてを失ったシリア人よ。シリアで生活している九割以上の人たちは、そもそもなぜこの戦争が起きて、なぜこんなにも複雑になって、なぜいまだに苦しんでいるのか、ほとんど何もわかってない。誰もが、家を失ったり殺されたりすることがないように、ただただひたすら祈って日々暮らしているだけよ」。

●関心層を超えて声を届けるために

「中東」地域で長く活動する日本の友人たちからよく聞く話がある。日本で啓発活動やキャンペーン、イベント、報告会をやっても、いつも同じメンバーしか集まらない。無意識に排他的になり、自己満足に陥る。そうした状況から抜け出し裾野を広げようとしても、シリアで起きていることは複雑で、関わりにくいというジレンマがある。「サダーカがやっていることはわかりにくい」と言われることもある。「紛争停止のための活動なんて、少し目標が大きすぎやしないか」。そう言われるたびにぐっとこらえて、なぜ、紛争停止のための活動が大事なのか、シリアの人たちの声を届けながら説明している。説明すれば、たいていの場合は理解が得られる。しかし、時間をかけて一人ひとりに伝えるこうした地道な活動は、なかなか大きなうねりにはなりにくい。

そこに輪をかけるように、「中東」地域の難しさがある。「難民」や「避難民」と聞くと、おそらく多くの日本人は飢餓に苦しみ裸足でテント生活を送る貧しい人たちを想像するだろうが、シリアの人々にはほとんど当てはまらない。シリアから逃げてきた多くの人たちは決して貧困ではなく、むしろ豊かな生活を送っていた。冷蔵庫もあり、テレビもあり、携帯電話も持っていた。そのかれらが、それよりはるかに大事な家族、家、土地を一気に失ってしまったのだ。

普段からシリアや「中東」の問題に関心のある人たちばかりでなく、この地域のことにほとんど触れる機会のない多くの日本の人たちにもシリアの人々の声を届けたい。そのためにはどうしたらよいのか。シリア和平ネットワークでの活動の傍ら、主に世論への呼びかけを目的に続けてきたのが映画や記録映像の制作だ。ドキュメンタリー映画「目を閉じれば、いつもそこに~故郷・私が愛したシリア」もその一つである。この映画は二〇一四年から丸一年かけて仲間たちと制作し、二〇一五年の第一〇回国連難民高等弁務官事務所(UNHCR)難民映画祭で選出・上映された作品であるが、現在も全国各地で市民上映活動を続けている。

何よりも君の活動が一番大事——シリアの友人に励まされて

やはり一〇年来のシリアの友人ヌールは、戦禍で負傷したシリア人に対する支援活動を行ってきたが、二年ほど前からシリア人同士が協力し合えるような場づくりも始めている。「サダーカのやっている紛争停止を目指す活動は、僕らの活動とは比べものにならないほど大事で重要な活動だ」と、いつも口癖のように私に語ってくれる。そんな彼はこうも言っていた。「僕はシリアの紛争を止めなきゃいけない、と声を大にしては言えないんだ。もし言ってしまえば、他のシリア人から、『紛争の終わりは現政権が生き残ることを意味する。おまえは政権派なのか』と〝政権支持派〟のレッテルを貼られてしまう」。そして続けて言う。「現政権が残って欲しいなんて思っていない。まずは紛争を止めることが何よりも大事だと思っているだけだ。娘[七歳]のような子どもたちが、見なくても良いものをもうこれ以上見ないで済むように」。

ヌールは、二〇一五年に入った頃から「マサに影響を受けて」様々なことを試みるようになったと言う。彼はこんなエピソードを語ってくれた。負傷して片足を切断したあるシリア人青年が、車いすに反体制側を表す旗を付けてやって来た。それを見た彼はその青年に静かに聞いた。「君は、もしここに、政権側の負傷兵が来たらその彼を殺すのか」。翌日その青年は旗を外したという。ヌールのお兄さんは政権側の兵士として従軍している。最前線に送られないよう可能な限り手は尽くしているようだが、常に不安を抱えている。

ユニセフで働くラミアからもこう言われた。「マサのやっていることはとっても大きなこと。世界に紛争がこれだけあふれる中、ある意味夢みたいな話だけれど、誰かが言い続けてくれるのはとても大きなこと。それはシリアの将来に必ずつながる。紛争を止めるために進めてきた動きは、チャンスが来れば大きな力になって、きっとシリア人を突き動かすはず」。

無力感を抱くことが多い中で、こうしたシリアの友人たちの声は私を前に進ませる力となっている。紛争停止を訴え、対話の場を作っていくことがいかに大切か、いつもこうした声に励まされながら再確認している。

五　相違点ではなく共通点を

いのちを感じる場所を創り出す

私たち人間はみな異なる。一方で共通点も沢山ある。相違点ばかりに焦点を当てれば自然と「中東」は怖く危険なイメージに映るかもしれない。しかし想像してほしい。私たちが寝て、起きて、食事をするように、成長し、夢を持ち、恋し嫉妬をするように、出会い別れ、結婚し子どもを授かり、産み、育てていくように、かれらも同じ営みの中を生きている。

私たち夫妻は、縁あって助産院という場所で子どもたちの誕生を迎えた。機械や薬に頼りすぎず、生身の人間に触れながらみんなで一丸となって子どもを産む。そこには共通する神々しい瞬間がある。いのちの尊さを否が応でも感じることになる。そうしたいのちの尊さに触れ合う場所が、機械化や高度な医療への過度な偏重によって失われる傾向にある。この状況は、世界のどこかで戦争が起き、そこで誰かのいのちが失われても、そのいのちの尊さに思いを致す大事な感覚を、麻痺させる遠因になっているかもしれない。

いのちの尊さに触れる瞬間は、いのちの終わりに立ち合う時にも訪れる。天寿を全うしても、道半ばで倒れても、見送る人は大切なその人の死に涙し頭を垂れる。その人の生前の生き様を知る者ほど、目の前にある動かぬ屍《しかばね》と生前の姿とのギャップに心が大きく揺さぶられる。ある人は、その瞬間をいつか自分も迎えるという避けようのない事実に気づかされるだろう。またある人は、屍に寄り添い、その人と語り合い笑い合った日々を思い出すことだろう。

自身の身近な体験によって生まれるこうしたいのちへの想像力が、いのちを尊ぶ気持ちにつながり、延いては非暴力へ、そして紛争の回避へと誘うことができるのではないかと思っている。

非暴力のための対話、隣の人とどう付き合うか

対立は世の常であるが、良き関係性というものは対立を乗り超えるプロセスの中でも培われる。だから対立は常に悪というわけではない。しかし、対立が暴力を伴うと、取り返しがつかなくなることもまた事実であり、こうしたケースは数限りない。シリアもその一例だ。

私たちは対立が暴力へと発展しないよう努めなければならない。そのために対話の場を設ける。「対話」とは、互いに一つの対象に向き合うことである。だから、普段の何気ない会話も、大切な対話の場をつくり出す。「ワークショップ」や「トークセッション」だけが対話の場ではない。

シリアの人たちとともに、ヨルダンで対話の場づくりを進めていくうちに、豊かで平和な社会創りのためには隣の人とどう付き合っていくかが何よりも大事だと思うようになった。自分の父母、祖父母、兄弟姉妹とのつながりや、妻、子ども、親戚、友人たちとの関係、あるいは隣の家の人、会社の同僚、行きつけの喫茶店や飲み屋で出会う人たち、そして通勤・通学時にすれ違う人々…。そこにつながりを感じなければ、どこかで誰かが生まれても、

あるいは死んでも、文字通りそれは「どこかの誰か」の話、つまり「他人事」にすぎない。それは「遠くの誰か」であっても「近くの誰か」であっても同じである。私たちはどれだけの人たちとつながり、共にいのちの誕生を喜び、死を悲しめるだろうか。遠くの誰かを身近に感じる「ジブンゴト」への最初のステップは、「あぁ可哀そうに」とか「なんて酷いことを」といった、不条理な出来事に対する素朴な情動として現れるかもしれない。しかし、その情動が同情だけで終わると、「ジブンゴト」にはならない。「もし自分が同じ立場になったらどう思うだろうか」、この想像力が共感を生み、それが「ジブンゴト」への次のステップに通じていくのだと思う。

●「私は生きたい。誰も殺したくない」

シリアの和平のために活動する同国の友人の一人に、ふと聞いたことがある。「平和って一体何なんでしょうね」。彼女の答えは明確だった。「マサは自分が死にたくないでしょ、そして誰も殺したくないでしょ? それが平和ってことじゃないかな」。ダマスカスにいるマリアムもまったく同じことを言っていたのを思い出す。「私は生きたい、誰も殺したくない」。彼女はこう続ける。「平和というのは人間の夢、あるいは生きることそのものです。美しい未来であり、明日が必ず来るということです。子どもが遊ぶことができ、笑い声が聞こえるということ、とても美しい声です。それはみんなが望むことです。それが私にとって平和です」。平和というのは、実はとてもシンプルなものだと感じる。

マリアムはこうも言った。「日本国憲法について、私は何も知りませんでした。ダマスカス大学で日本の歴史を勉強し、九条のことを学びました。自分の平和と世界の平和のための『約束事』を作るのはとても素晴らしいことです。私が二〇一〇年に日本に行った時は、北朝鮮の脅威についてよく耳にしました。テロのこともみんな心配していました。武力行使や軍事力への関心が高まっていました。でも本当に答えは戦争ですか? 暴力しかないのでしょうか? テロリストは暴力では倒すことはできません。どのようにしたらみなさん自身の『約束事』は守れるでしょうか。それは話し合うことです、同じテーブルに座ることです」。

シリア和平ネットワークが大学関係者と共催した東京でのシンポジウム

●人のつながりと想いの連鎖が社会を創る

この文章を書いている最中の二〇一七年二月一一日、ヨルダンから一時帰国した。先に触れたシンポジウム（「シリア人専門家と対話する中東フォーラム〜シリア危機への実効的アプローチに向けて」東京）に参加するためである。無力感に押しつぶされそうになりながらも続けてきた、私たちの取り組みの一つの成果だ。シリア和平ネットワークと大学関係者が力を合わせて開催した。「聞こえてこないシリア国内の声を直接聞く機会」をつくり出し、紛争停止のために、そして将来のシリアのために、今何ができるのか、シリア人専門家とともに問い続ける会合となった。

招聘したシリア人専門家の一人が言った。「紛争、暴力を止めることが一番重要だ。ただ、混乱が終息した段階で、国が国としてちゃんと機能するような枠組みを今から準備しておかなければならない。人々が仕事を得て、生活が成り立つよう計画を練っておかないと、シリアはまた別のカオスに陥ってしまう。現在ジュネーブなどで和平協議を行っている人たちは、シリアの将来に寄与するほんの一部分にすぎない。われわれが和平後の準備を進めることで、かれらもわれわれのアクションに刺激を受け、和平プロセスを加速させてくれたら何よりだ」。

私たちは一人で社会を変えることはできない。しかし、より良い社会を目指そうとする人々がつながり、意見を出し合えば、理想の社会に近づく知恵を共に生み出していくことができる。そして、想いを共有し合う仲間が増え、未知の人々同士が交流し合えれば、暴力に拠らない社会創りを進めていくことができる。多くのシリア人と出会う中で、私はこの想いを強くした。対話を諦めずに続けていくことこそ、私にもできる小さな「社会貢献」だと思っている。

＊文中のシリア人の名前は、本人および家族の安全のために万一に備え、仮名としています。

【私にとっての三冊】

定松栄一『開発援助か社会運動か―現場から問い直すNGOの存在意義』（コモンズ、二〇〇二）

大学生の時に初めて読み、援助し続けることへの疑問を感じるきっかけとなった本。今でもNGOの役割を問い続ける中で読み返すことが多い。

ジーン・シャープ／瀧口範子訳『独裁体制から民主主義へ―権力に対抗するための教科書』（ちくま学芸文庫、二〇一二）

シリアの混乱がなぜこれほどまで深刻化してしまったのか、今後のあるべき道筋とはどのようなものか、それらを考えるうえでとても参考になる本。副題の通り、既得権益や権力への対峙の仕方も示されている。

ヨリス・ライエンダイク／田口俊樹・高山真由美訳『こうして世界は誤解する―ジャーナリズムの現場で私が考えたこと』（英治出版、二〇一一）

シリア紛争は「情報戦争」「プロパガンダの応酬」とも呼ばれている。それほど様々なメディアが関わっている。サダーカとして発信する際、どのようなことに注意すべきかをこの本から学んでいる。

Column11

シリアという国、シリア紛争とは？

シリアは今でこそ邦人の立ち入りが厳しく制限されているが、二〇一一年までは、大使館はもちろん、国際協力機構（ＪＩＣＡ）や民間企業など日本の関係者が多数在住し、アラビア語を学ぶ日本の留学生も数多く訪れる国だった。女性が夜中に一人で歩いても問題のない治安、周辺国に比べて抜きんでて安い生活費など、多くの中東訪問者の間で評判の国だった。北隣トルコの影響を受けた地中海性のシリア料理や、発掘途上にある多くの世界遺産も、旅行者や滞在者を魅了した。世界一周旅行をする若者たちの間では、トルコからシリアを通りヨルダンやパレスチナに抜けるコースが人気だった。

しかし、国内では、言論の自由の制限、コネ社会の蔓延、旱魃による都市近郊への人口流入、高失業率といった社会不安の高まりとともに、インターネットを通じて外国の自由な風に触れた若者たちの不満が蓄積していた。そんな中、周辺諸国で次々に起きた民主化運動、「アラブの春」（二〇一〇年末～）がシリアにも飛火し、二〇一一年三月、シリア南部で政権批判の落書きをした少年たちの行動が発端となり、暴力の応酬に発展、衝突はシリア全土へと広がった。

瞬く間に武器が流入し、傭兵が送り込まれ、国際政治というゲームに引き込まれながら、暴力はさらに拡大した。その後、アル・カーイダ系の武装集団やダーイシュ（「イスラム国［ＩＳ］」）

と呼ばれるイスラム過激派武装集団なども混乱に乗じてシリアを拠点にしはじめ、二〇一七年一一月現在、シリア国内は比較的安定した場所と武力衝突が続く戦場が点在する形となっている。

国連および国際社会は、シリアの和平実現（当事者同士の政治的な解決）へ向けた会議をジュネーブで行ってきたが、実際の停戦には至っていない。二〇一七年一月以降は定期的にロシア主導の会議（カザフスタンの首都アスタナで行われている停戦を導く会議）が重ねられ、非戦闘地域の合意など一定の成果を挙げてきているものの、全土での停戦には至っていない。

開発援助・環境保護・タイ・ラオス

第7話
「普通の人たち」から学んだ力
悩みながらメコン河流域を歩き回った

木口由香
（メコン・ウォッチ事務局長／一九六七年生まれ）

農家を目指したが10代で挫折。20歳の頃、偶然出かけた東南アジアのタイの人々に心を惹かれ通い出したことが、今につながっている。20代半ばでタイのお隣の国ラオスでNGOボランティア活動を経験したが、相手の持たないないものを届ける「援助」へ疑問を持ち、NGOを嫌いに。しかし、政策提言（アドボカシー）を行う活動に出合い、NGOに戻る。きっかけは、開発援助で行われた水力発電事業に反対し、自分たちの尊厳と自然を回復するために立ち上がった、自らを「貧民」と名乗るパクムン（タイ）の人たちおよびその支援者との出会いだった。

写真：パクムンダムの水門開放を求める村人（2005年）

一　どこに行っても嵌らない、という気持ちを抱き続けて

東京生まれの東京育ちだが、私が子どもの頃（一九七〇年代）の東京は、お醤油を切らせば隣の家から借りることができたし、近所のお宅の庭に入り込んで遊んでも叱られなかった。今の東南アジアのような人間関係が残る時代だったが、男女の役割、特に「女の子」は男の子に比べて行動への制約が今よりずっと多く、小学生の頃はそれを窮屈に感じながら過ごした。短い期間だったが、小・中学校ではいじめに遭い、学校という場に居心地の悪い思いもした。習い事も部活も何一つ一年以上続かなかったため、自分は努力できないダメな人間だと思い込んでいたし、親にもそう言われて育ったように思う（今でも進歩できたとは思えないでいる）。先生に叱られることもなく、成績も中の上くらい、外から見たら真面目で問題のない子どもに映っただろうが、中身は劣等感でいっぱいだった。中学では勉強していたが、希望だったはずの公立の進学高校に入った途端、授業がまったく耳に入らなくなった。

その代わりなぜか、毎日食べているものや使っているモノを自分で作れないことが不安になった。もちろん普通科高校ではそんなこと教えてくれない。農業を目指すと言い出した私に、東京で生まれ育ったのに無理だと両親は呆れた（至極、常識的な判断だ）。そんな時、たまたま父が同窓会で会った旧友の中に、農業者と結婚した方がいて、「ウチに遊びに来させたら」と言ってくれた。早めに諦めさせた方が良いと思ったのだろう。父は同意した。東京近郊のその農家は偶然、日本の有機農業の第一人者のお宅だった。

一人で農家にはなれない？

何度かお邪魔した後、夏休みなどに滞在させてもらうようになった。なんといっても珍しい女子高生である。とても大事にされて、作業は重労働だったが楽しい体験となった。研修や見学に来るのは個性的な人たちが多く、海外からの実習生もいる。農薬問題や生態系のバランス、有機農業の話などを聞いたり、農業だけでなく食、環境、歴史について「こんな本を読んだら」と教えてもらったりした。戦争についても考えるきっかけになったし、農薬を使わない手のかかる農業を少しだけ体験したことは、あとで仕事になる「開発」の現場で、人々の暮らしの良さを理解する大きな助けにもなった。

ここで農業の勉強が実践的に学習できる農業者大学校（農林省［現、農林水産省］の専門学校）を紹介され、そこに進学するつもりだった。しかし、受験が近づくにつれ、どこでもいいから普通の大学に入れ、と言う両親との軋轢が激しくなった。特に母は、自分が貧しくて行けなかった大学に、娘を進学させたかったようだ。一方、私自身も自分の進路にだんだん不安を覚えるようになった。農業大学校の学生は農家の跡継ぎばかりで女子学生は数名しかいない。おまけに先進的な農家に集まる人たちからも、自分に対しては誰かの「お嫁さんに」なってほしい、という期待があることを感じていた。農家では「女性＝嫁」なのだろうか。自分がぼんやりと描いていた「一人営農」というモデルは、私が女性であることで無理なのだろうかと感じた。まだ一〇代で、実は結婚に一度も憧れたことがなかった私は、その状況に恐れすら感じた。家族とあまりうまくいっていないのに、結婚して別の家族に移行するなんて。大学校に入ってからの状況を考え、結局、「私のなりたいのはお嫁さんじゃない」と思い、農家は諦めて、四年制の大学に進学した。

タイに出合う

付け焼き刃で三カ月勉強して入れてくれた大学で、東洋哲学を専攻し、好きな本を読み、あとはバイト、という普通の大学生活が始まる。他の人と違っていたことをしたのは唯一、農家で出会った人に紹介された開発ＮＧＯに顔を出したくらいだった。しかし、活動内容にはまったく興味がなく、学生運動世代の人たちの昔話を聞くのが気に入って通っていた。手工芸品の管理や発送作業のボランティアを少しして、飲みに連れて行ってもらうのに自由時間の多くを費やしていたが、大学二年の終わりに、そのＮＧＯから教えてもらったスタディツアーでタイに行ったことが、その後の進路をほぼ決めることになった。

初めてタイに行った（1988年）

　タイの社会を理解するというこのツアーでは、ある北タイの農村に滞在した。そこでは日本の漬物用のキュウリを栽培していた。村人が受け取るお金は一キロ一〇円ほど。何より、多大な環境負荷をかけて安い労働力で作られたキュウリを日本に運んでくる方が、日本国内より安くキュウリを仕入れられる仕組みに理不尽さを感じた。でも一方で、本当に楽しかった。村の人たちは皆とても親切だった。ＮＧＯの人から話に聞いていた、「途上国と先進国」の関係を目の当たりにする旅だった。世界には他にたくさんの言語があるんだ、という当たり前のことにも気がついて、帰国後、苦手な英語を脇に置き、タイ語を勉強することにした。

　いろいろあって、大学三年を終えたあと一年休学し、九カ月ほどタイに住んでタイ語だけを勉強した。無試験入学・単位制のラムカムヘン大学裏にある地方出身学生向けの女子寮に住み、毎日五時ごろ起床、エアコン無しの超満員バスに揺られ、バンコクの中心街にある語学学校に通った。寮の部屋は三畳ほど、隣との仕切りはベニヤ板で音は筒抜け。もちろん部屋にもエアコンはないし、生活に慣れず毎月のように熱を出して寝込んでいた。そんな環境に居続けられたのは、周りの人たちのお陰だった。日本から来たという物珍しさも手伝ってだが、同じ寮に住む学生たちは、タイ語を直してくれただけでなく、右も左もわからず突然飛び込んできた外国人である私の面倒を実によく見てくれた。この経験から私は、どこにも嵌らない気持ちを持て余していた自分を、あまり深刻に追い詰めなくなった。私のように大して取り柄のない人にも、生きるスペースはある、と。

タイでは様々な出自、階級、民族、生活を持つ人たちが同じ社会の中にいる。そこにはいろいろな生き方があった。日本の当時の雰囲気、一度ある会社に勤めたら男性なら一生そこにいて、大学を卒業した時点でほぼ生涯年収がわかる。女性なら二〇代後半で結婚して子どもを産む。これが「普通の生活」という空気に圧倒されていた私は、タイに行って息をつけたような気持ちになった。

二　NGOで働く経験――援助って何？

帰国して一年遅れで卒業し、手に職をつけようと今でいうIT関係の仕事に就いた。こつこつプログラムを書くのは向いているかと思ったが、工場の生産ラインのための仕事に楽しさは感じられず、会社に通うことは苦痛だった。そこに帰国してから習いはじめたラオス語の先生を通し、有給のボランティアとしてラオスに一年滞在する仕事の話が転がり込んできて、躊躇せず会社を辞めた。一九九三年、二六歳のことだった。

今考えると、ラオスの人にはとんでもなく失礼な話だが、本当にラオスのことを何も知らなかった。ラオスは東西冷戦の時代、社会主義国ベトナムの強い影響力の下に新政権を樹立し、日本を含む西側諸国とは二〇年以上ほぼ断絶状態が続いていた。東北タイと同じ風土を共有し、文化や言語も近く、人々はテレビなどを通してタイ語も知っていた。私がラオスに行った当時はソヴィエト連邦が崩壊したばかりの時期だったが、日本とは政治体制が大き

ラオスの村で行った本の配布活動の様子（1994年）

く異なり、人々の考え方もまた違っていた。

仕事は、子どもたちが本に触れる機会を「作ってあげる」ことだったように思う。本好きだが、ほんの少し絵本のことを勉強したくらいの人間に、急に何かできるわけでもない。現地に赴任したら、それまでラオス側に任せていた活動を手伝えばいいのかと思いきや、日常業務があるわけではなく、今まで何をしてきたかも記録がない。社会主義国ラオスでは、活動のカウンターパートは必ず公務員でなければならず、すべてはお役所仕事。そこで、過去をチェックすることから始めたところ、周りから総スカンを食った。いきなりやって来た二〇代の若造、しかも特段のスキルもない者に指図されたら、反発するのは当たり前だ。おまけに一党独裁で言論の自由もなく、仕事で業績を上げるより目立たずに時間をやり過ごすことが政治の激変を生き延びてきた知恵、というお国柄だ。現地で何も仕事を進められず、ボランティアの派遣元とも揉めることとなった。

現地で知り合った日本人とタイ人の友人たちに支えてもらい、何とか任期を乗り切った。最後は事務所を近所の子どもに開放し、友人に絵を教えに来てもらったりして、児童館的なこともできたが、それでも帰国の際、空港からターミナルを振り返った時の気持ちは、今でもはっきり覚えている。

「もう二度とこんな国、来るもんか」。

でも、この苦い経験は私に、「なぜ私たちはラオスにないものばかり探すのか」という「問い」を与えてくれた。

本が無い学校は、教材や先生すら不足しているが、子どもたちは明るく、人々も不幸せそうには見えなかった。

滞在後半に、モン民族の先生にある村へ連れて行ってもらった。そこには日本とは別の、豊かな語りの世界があった。

読み書きが大切なのはもちろん否定しない。けれども、それができない人は、できる人より劣っているわけではない。ラオスには六〇以上と言われる民族が住んでいる。文字を持たない人たちも、書いたものに頼らない詳細な記憶、語りの技術など、独特のスキルがあるのに、それを生かさず私たちは「援助」と称して読み書きを強要していた。誰かの基準を自分が押し付けられ、しかもそのことで蔑まれたら、私なら到底我慢できないと思う。多民族国家ラオスの学校では、子どもたちはどの民族であれラオス語学習を強制されている。国語であるラオス語の本を学校に配ることは、少数民族の子どもたちにラオス語を強制することへの加担ではないか…。しかし、そうは思っても、自分は言葉が少しできるだけで、ラオスの人に貢献する特別なスキルがない。答えが出ない疑問で一杯になり、もうＮＧＯで働くことはないだろうと思った。

ラオスに戻る

その後、日本を再び離れ、タイのバンコクで現地の日本語新聞社に潜り込んだ。仕事は楽しかったが、就労ビザが取れず一年で他の仕事に移り、それもうまくいかず日本に戻った。ところが、今度はＮＨＫの取材の手伝いという話が舞い込んできた。もう「二度と行かない」と思ったラオスで。仕事もなかったので、その話を受け、その後、通訳の仕事も来るようになり、一九九〇年代終わりにはいくつか、同じくラオスで、ベトナム戦争時の「不発弾」に関する取材も手伝うこととなった。

不発弾の中でも「ボンビー」と呼ばれる小型爆弾（今はクラスター爆弾として知られている）がとりわけ問題になっていたが、これは、今もラオスの人々、特に子どもたちを傷つけ続けている。ラオスには、推定約二〇〇万トンもの様々な爆弾が一九六〇～七五年に落とされたと言われている。アメリカはラオスに宣戦布告したわけではないが、当時、ラオスの反政府勢力（現政権側）は北ベトナムの南ベトナム解放戦争を支援していた。ベトコンとし

焼畑での不発弾処理。手前にある丸いものがクラスター爆弾（1999年）

て知られた北ベトナム側の兵士は、ラオスを通って移動していた。ホーチミンルートと呼ばれたこの北ベトナム側の戦線ルートは、アメリカの激しい空爆の対象とされていた。

ルート近くに住んでいたのは、何も知らない農民や、山岳少数民族だ。村人から聞いた標準的な戦争経験談は、恐ろしいものだった。

「ある日突然、飛行機が飛んできて、村を焼き、人と家畜を殺しはじめた。誰も、何が起きたかわからない。空からやって来る『サットルー（敵）』は、爆弾を落とし昼間は動くものすべてを機銃掃射で殺していった。自分たちは獣のように洞窟に隠れて、夜になると畑に芋を拾いに行く生活が続いた。そのうち、ベトナムの兵隊がやって来て食料を分けてくれた。だからみんな『革命』のためにベトナムに協力して、『敵』と戦いはじめた」。

ここでは誰一人、何のために殺されるのかがわからなかった。革命の意味も、マルクス・レーニン主義も聞いたことはなく、ベトナムが北と南に分かれて戦争し、背後には米ソ超大国の政治的な争いがあるなど、人々は知る由もなかった。そこにはただ、自分の生存のために戦った農民や山の民がいた。

不発弾処理のＮＧＯに派遣されていたイギリスの退役軍人は、アメリカ側が爆弾の種類や設計情報を十分に公開しないことに憤っていた。テニスボール状のクラスター爆弾（の不発弾）で子どもたちが遊び、しばしば事故を起こしていたが、それを防ぐ活動を当時はヨーロッパの人たちが担っていた。

「国」を意識する

ラオスでのこの経験で、自分はなぜアメリカのしたことを良く知らなかったのだろう、と気がついた。振り返ってみればそれまで何となく、「太平洋戦争」の時に悪いのは軍事独裁に走って国を誤らせた日本軍で、アメリカに負けて日本は民主的な国になった（良かった）、と思っていた。一部事実ではあるものの、その漠とした歴史観には何かが欠けていた。東西冷戦時代に資本主義国の西側にいて、ソ連の人権侵害についてはいろいろと知らされていた。でも、アメリカが同じようなことを東側の国でしていたなど、意識すらしなかった。小学生への米兵の性暴力のニュースに打ちのめされるまで、沖縄で何が起きてきたか関心を持つこともなかった。

二〇一六年、日米共同でラオスの不発弾処理に取り組む旨を日本の外務省が発表した。そこには誰が爆弾を落としたか一言の言及もなかった。その後、アメリカのオバマ大統領が広島にやって来た。訪問自体には敬意を表するものの、「七一年前の明るく晴れ渡った朝、空から死神が舞い降り、世界は一変しました」というフレーズを聞いた時、思った。日本の私たちが受ける情報は、いつも「誰が」それをしたかが抜けている、と。

ボランティア時代と違い、援助する立場を離れるとラオスのいろいろな話が聞けた。戦争後の革命の時代も、庶民にとっては苦しいものだった。タイを通したアメリカからの干渉を避けるため、ラオス政府は鎖国的政策を取り国民を厳しく取り締まった。ナンプラー（タイ製の調味料）が家にあっただけで、スパイと疑われる。経済は崩壊し町から食料が消えた。多くの人々が監視の目をかいくぐり、メコン河を渡りタイで難民となった。理由が政治であろうと経済であろうと、人々は生存のために逃げた。国境で命を落とした人も少なくない。一家離散、旧体制側にいた人が思想矯正のために送られた「再教育キャンプ」で、食料も薬もなく亡くなった人もいる。戦争が終わっても多くの悲劇があった。

近代国家の周縁で暮らしていた人たちへ、国家が振るう暴力の怖さ。また、国が壊れる時にも、再建される時にも、暴力が吹き荒れる。そんな話をリアルに聞いたことで、国を維持し、かつ国に暴力を振るわせないためには、皆が国の運営に参加しないといけない、とうっすらと考えた。それが今の私たち（メコン・ウォッチ）が行っている政策提言（アドボカシー）の活動にもつながっている気がする。

余談だが、ＮＧＯの活動をしていると、現在の日本ではそれが「左翼」と評されることも多いようだ。でも私の場合は、どんなイデオロギーでも誰かがそれを振りかざし暴力が生まれるなら、普通の人にとっては悲劇以外の何ものでもないことをラオスから学び、特定のイデオロギーを信奉していない。

三　開発による暴力――パクムンダム

書くことが好きだったので、タイ事情を知らせるジャーナリストになりたいと思っていたが、少しビデオを撮る練習をした程度で大した努力はしていなかった。そんな時、知り合いのＮＧＯの友人に環境問題の現場を見に行こうと誘われた。トラブルも抱え、仕事も定まらず、将来の見通しもない焦りから抜け出したいと思い、東北タイを流れるメコン河の支流、ムン川に建設されたパクムンダムを見に行ったのだが、そこで今の仕事につながるダムの反対運動に出合うことになる。三〇歳を過ぎた頃だ。

パクムンとはムン川の河口という意味だ。村では魚が獲れなくなって困っているという。内陸で漁業?と思った。あとでわかったのは、パクムンは岩盤が続く地形で農業には不向きだということだ。それでも多くの集落が川沿いにあったのは、ムン川で魚を獲って生活できたからだ。ここはメコン河からの回遊魚が来る、地域に知られた良い漁場だった。ダムはその生態系を破壊したが、漁業補償は一切なく、一九九一年にダムの工事が始まってから大規模な反対運動が起こった。当初、反対したのは土地を収用される数百人にとどまっていた。ダムができれば魚が増えると行政から説明され、多くの人が不安ながらもそれを信じたからだ。しかし、漁業に影響が出ると、その数は六〇〇〇世帯に膨れ上がった。

反対運動は成功せず長い補償交渉が始まった。数年間の交渉では一世帯たった三〇万円程度ではあったが、人々はタイで初めて国と事業者に漁業補償を認めさせた。しかし、「工事後、漁業資源は回復する」と政府は説明したが、魚は激減した。

そんな事情を私がまだよく飲み込めずにいた時、インタビューに応じてくれた漁師さんの話に驚かされた。彼は言った。「本当は補償などいらない、自然を返して欲しい」。貧しい人は補償金で満足する、そう考えていた私は、この言葉を信じられなかった。「自然を返せ」なんて、友人には悪いが「この人、環境NGOに洗脳されてるのかな」、とまで思った。

翌年、パクムンの人たちは、「ダムを撤去して自然を返せ」を合言葉に新たな運動を始めた。彼と思いを同じくする人はたくさんいたのだ。水力発電ダムで地域を豊かにすると言われた開発は、そこの人々を幸せにはしていなかった。

実はこのパクムンダムは、世界銀行を通じて日本が進めた「開発援助」の一つでもあった。

「鉄の女」に出会う

一九九九年の再訪では、また新たな出会いがあった。タイの市民運動史に残るパクムンダム反対運動には、人生をかけてそれを支えたワニダー・タンティウィタヤーピタックさんという女性がいる。一九七〇年代、タイの学生民主化運動に加わった彼女は、七六年に発生した政府による学生・市民の虐殺「血の水曜日」事件をきっかけに、弾圧を逃れ、地方に潜伏した学生の一人だった。恩赦後しばらくして、彼女はある環境NGOで働きはじめるが、そこでパクムンダムの問題を知り、村人を支えるだけでなく、反対運動の先頭にも立った。そのことでNGOの本部と意見が食い違い、この組織を辞めている。何度も検挙され、いくつもの裁判を抱えている彼女を、メディアは「鉄の女」と呼んでいた。

一九九九年三月から、村人たちは国内の他のダムの影響住民と協力し、パクムンダムの敷地を占拠して一晩で「抵抗村」を打ち立てた。これは、タイの市民社会から立ち上がった全国規模の住民運動ネットワーク、「貧民会議」の共同行動の一環だった。スラムの居住権獲得運動、ダム建設による立退き補償交渉や建設反対などを訴える人たちは、自分たちが「貧民」になったのは政府の開発事業のせいであり、これは政策上の誤りだ、と訴えた。人々はそれぞれのデモ現場に出かけ、応援し合い、アーティストや研究者、メディアを巻き込み、政府との交渉力をつけていった。この「抵抗村」の抗議行動はその後、ネットワーク運動の中核を担いつつ、三年七カ月続いた。

私の二度目のパクムン訪問は、この行動が始まって数カ月後のことだった。案内をしてくれた若者が、「抵抗村」で演説しているひょろっとして不思議な八角形のメガネをかけた女性を指して、「あれがピィ・モットだよ」と言う。

「誰？」

恥ずかしながら当時すでに有名人だった彼女を、私は知らなかった（ワニダーさんのニックネームはモット、蟻。ピィは目上の人につける敬称）。その日から私は、「抵抗村」の中に村人が作った彼女用の小屋に、居候した。

ワニダーさんはネットワーク「貧民会議」を支える重要メンバーで、デモの現場、政府との交渉の場を飛び回っていた。政府の役人に対峙する時、相手のどんな非難や罵倒の言葉にも論理的に反論し、かっこ良かった。普段はひょうきんで、彼女の周りは笑いが絶えなかった。機嫌が悪い時は雷を落とすが、それでさっぱりと忘れて根に持たない人だった。私は無知に任せて、「政府はなぜこれほど住民の声を聞かないのだろう」、などと彼女に質問をし続けた。素朴な質問をする変な日本人を、彼女も面白がっていたようで、役立たずの私をいろいろな集会に連れて行ってくれた。当時は自分の見ているものの凄さに気づかず、かつ、日常的な細かな記録を書き残すこともしなかったが、今思えば本当に残念でならない。

その後、タイの問題事業の現場で聴き取り調査をする仕事が増えた。通常、政府や企業と対立している住民は、こうした調査にやって来る外の人を警戒する。相手側のスパイかもしれないからだ。しかし、私の場合、大抵、問題なくどの現場にも入れた。それは、私の能力ではなく、住民のワニダーさんへの信任のお陰だったと思う。私がワニダーさんと一緒にいるところを見ていた人があちこちにいて、そうした人たちが新しい現場に入る私を助けてくれた。

四　メコン・ウォッチに加わる

何回か「抵抗村」に滞在してパクムンダムについての理解も進むと、この問題を記事にして日本の通信社に投稿した。パクムンダムの問題を日本に伝えたいと思った私は、NGOメコン・ウォッチで働く友人にも相談した。日本の政府開発援助（ODA）に対して政策提言（アドボカシー）の活動を始めていた彼は、世界銀行が融資したパクムンダムは日本のODAの一環であることを教えてくれた。その後、「貧民会議」を通して、タイには他にも、日本のODA事業による問題があることを知った。一九八〇年代から問題視されてきたように、一部のODAのインフラ事業では途上国の住民が強制移転や健康被害を受けて貧困化していた。これが二〇〇〇年になっても未だに続いていることが驚きだった（それは今も終わっていない）。また、海外で起きている問題を解決するNGOの手法に、「政策提言」というものがあり、物資を送ったり技術提供をするだけがNGOの活動ではないことを、メコン・ウォッチから初めて知った。タイの住民のためになるからと、単なる手伝いのつもりで始めたメコン・ウォッチとの関わりだったが、その後増えたメンバーが、それぞれ法律への知識や、環境アセスメントの分析能力、外務省や財務省との政策議論の力、そしてそれらを海外に伝える英語力も備えた人々であることに驚き、触発されて、私もだんだんとかれらの活動に積極的に関わるようになっていった。

●政策提言型のNGOの仕事

タイ語しかできない自分でも、地方の開発現場を回って聴き取りはできる。自分の能力で日本の援助の問題を解決することはできなくても、集めた情報をメコン・ウォッチの活動に活かしてもらえれば、自分が頑張るより現地の人たちのためになる、と思った。

一九九三年の設立時にメコン・ウォッチにはスタッフはおらず、この時期はODAの負の影響を監視する、複数のNGO間のネットワーク組織だったそうだ。九九年以降、新たに立てられた「メコン河流域の自然とそれを利用して暮らす人たちの生活を守る」というビジョンに共感し、環境や人権の問題を解決したいというメンバーが加わって、二〇〇〇年代初めには海外の財団から資金を獲得し、五〜七人ほどが恒常的に活動するようになった。自分も最初は「腰掛け」のようなつもりだったが、仕事として関わるようになっていった。ダム建設の負の影響だけでなく、それによって失われてしまう川での豊かな生業に興味を持ち、映像記録を撮りはじめたのもこの頃だ。メコン・ウォッチの活動としては、パクムンの村人たちと一緒に魚の調査をし、住民博物館の展示物を作ったり、日本のメディアにタイでのODA問題を伝えるなどした。二〇〇四年からは、ラオスのローカルTVと共同で自然資源利用の映像を制作し、メコン河流域本来の「豊かさ」を伝える活動にも取り組んでいる。

メコン・ウォッチの調査は、援助政策の影響を分析することから、現地で開発事業の被害を受けた人々の具体的な状況（林産物が採れなくなった、借金が増えてしまった等）を聴き取りすることまで様々だ。また、得られた情報を基に、日本の援助機関や国際機関と議論し、これらの機関を通して当該の現地政府が相応の対応を取るよう働きかけも行っている。援助機関による開発が環境破壊や住民の貧困化を引き起こしてきた——世界中から寄せられるこうした抗議の声を受け、今、それらの機関には業務上のガイドライン等が定められるようになった。開発を行うのが相手国政府であっても、開発援助機関には、人権侵害や環境破壊が起きないよう監視する義務がある。だが、実際の開発現場の担当者たちは現地政府からの報告を主に受けるため、現地で起きている問題を積極的には知ろうとしない。そのため、現地の情報を私たちが集めて、援助機関の規範に違反しているのではないかと問題提起をしなければならない。

このような活動は、人権侵害や環境問題を引き起こしている現場の状況を知られたくない現地政府や企業から、厳しい目を向けられることもある。また、日本国内を中心とするこれらの政策提言活動は、当事者の住民からは見えず、地元の住民にとっては、私たちがどのような政策提言をしているかがわかりにくい。つまり、「援助すること」とは違い、人から感謝されることがほとんどない仕事なのだ。それでも、信頼してくれる村人はおり、私たちの活動への理解者は研究者やメディアなど様々な立場の人たちにも広がっている。現場で得られた教訓は、日本の援助機関が事業を行う際に適用される環境・社会配慮ガイドラインにも生かされている。

このように書くと、とても大きなことを実現しているように思われるかもしれないが、現場で起きている問題は複雑で広範囲に及び、私たちのできることはほんの少しでしかない。今、開発援助は日本の景気減速に伴い、日本企業への利益還元を重視する傾向にある。原発や石炭火力発電所の輸出も促進されている。先進国の従来の援助機関だけでなく、中国や新興国による官民投資も増え、大型インフラ事業が次々と実施されている。メコン河流域の環境の劣化は進み、被害者は増える一方だ。タイだけでなく、カンボジアやラオスなどメコン河流域諸国では国内の経済格差が広がり、不安定な社会を生んでいるように感じる。内外に仲間がいるから何とか続けられているものの、この大きな流れに自分たちは一体どれだけ棹をさせているのだろうか、と悩み続けている。

五　それでも「普通の人」が集まって起こす変化に希望を見出す

パクムン水力発電ダムの反対運動は二〇〇一年、水門を開放しての再調査の実施をタイ政府から勝ち取った。政府委託を受けた現地大学の調査、およびこれと並行して行われた住民自身の調査によって、住民と川のつながり、漁業の重要性、予定の数割にしか達していない発電量などが明らかにされた。翌年に発表された政府委託の調査では、「数年の試験的開放の後、自然回復の状況を見て新たな運営を決めるべき」、との提言が出た。しかし、タイ政府はそれを退け、年間四カ月だけ水門を開放するという政治判断を下した。公共事業の失敗を認めれば、その影響が他の事業に飛び火するからだろう。水門開放で河川環境が劇的に回復するのを目の当たりにした人々の、それが再び奪われることへの落胆は激しかった。あれほどの住民運動が負けてしまったことに、私もショックだった。

追い討ちをかけるように二〇〇七年一二月、ワニダーさんがガンで亡くなる。五二歳の彼女の死は新聞のトップで伝えられ、アナン・パンラヤチュン元首相も葬儀に参列した。彼女がどれほどのストレスの中で住民を支えていたか、私はようやく気づいた。しかし、彼女の死や運動の敗退のショックから、彼女や住民たちがタイ社会を変えたことに、長らく気がつかなかった。

「貧民会議」が成し遂げたことの凄さは、ある程度時間が経ってわかってきた。パクムンの人たちは、しばしば抗議行動の中で「違法」な行動を取った。竹はしごをかけ数百人で首相府に入り込み、公的機関の敷地を占拠する。行動はあくまで非暴力だが、警備側を挑発し暴力を誘発させる。数百人の逮捕者やけが人が出れば、世論も村人に同情的になり、政府を事態収拾のための交渉のテーブルに着かせることができた。貧しい農民たちのデモは、背後に政治家がいて日当を受け取って行われている、と蔑まれてきた。だが、パクムンの村人は数カ月間、時には数年にわたる行動で、自分たちの意思を示し続けた。政府から獲得した譲歩のすべてはこうした行動の結果であり、これまでのタイでは見られなかった現象だった。

ワニダーさんはよく、「法を破ることを恐れないで。法は金持ちのために作られたもので、初めから貧民に不利にできている」と住民に語りかけていた。そして貧民と共に逮捕された。世界有数の大富豪と年収数十万円の農民がいる国、人口の二割が国土の八割を所有しているタイで、法制度のすべてが国民に平等であるとは言いがたい。その法を変えるためには国会を通さなければならない。しかし、議員は貧困層の声を受けて当選しても、国会に行くと態度を変えてしまうことがほとんどだ。だからデモなどの非暴力直接行動は、貧しい人たちにとっては自分たちの声を国会に届ける唯一の手段と言っても過言ではない。一人では、あるいは一カ所では潰されてしまう声も、「貧民会議」のように多くの運動を結集させれば、社会を動かす力になる。ワニダーさんはそうした考えのもとで行動したのだろう。適法であることに縛られる日本人の私から見て、彼女の考え方は過激に思えたが、タイの状況を理解するにつれ、学ぶべきことが多いと気がついた。

ワニダーさん（100日法要のパンフレットより）

変わりゆく日本で

二〇一二年六月二九日、私は同僚や友人たちとともに、東京の首相官邸前で行われた福井・大飯原発再稼働反対のデモの中にいた。十数万人もの人々が集まったこの集会は素晴らしい出来事だったと言える。一方で、もしこれがタイだったら、とも思った。タイなら当事者性の高い人たち数百名が国会議事堂あたりに雪崩れ込んで座り込み、それを支える市民団体が続出して炊き出しやら簡易トイレの設置やらを始め、人権弁護士が出動し、抗議は数日続き、政府は再稼働の中止に追い込まれていたかもしれないと。しかし、このデモは定刻で終了した。今も再稼働は続いている。

周囲を見渡しても、リベラルとされる意見を言うスペースは日増しに狭まっているし、海外で開発事業の被害を受けている人々の切実な声への共感は薄れているとひしひしと感じる。日本の援助は今、長らく禁じられてきた軍事的分野にも広がりはじめている。世界を見渡してみても、他者への不寛容はいっそう広がっている。困惑して、過去の文献を紐解き、学び直してみて気がついた。結局、「変えたいことがある人たち」が集まり、地道に声を上げ、直接意見を送り続けることだけが、社会を変革してきたのだし、それ以外に方法はないのだと。それは、「貧民会議」に参加する人たちが身をもって示してくれたことでもある。

ワニダーさんにこう愚痴ったことがある。メコン河流域のダム建設に著しい環境社会影響があることをいくら訴えても、開発は止まらないではないか、「発展」には犠牲が必要だと信じて疑わない都市部の無関心層は、自分たちの税金が注ぎ込まれる開発にいかに政治的な利害が絡んでも容認し続け、自然に頼って生活する人たちから資源を奪っていることに頓着しないではないか、そもそもNGOの活動は無駄ではないのか、と。彼女は言った。「どんな些細なことでも続けることが大事だよ」。

「続ける」。それは子どもの時から私がもっとも苦手とすることだ。彼女が去った後、解決の見えない問題にぶつかるたびに、この言葉を思い出すようになった。

この原稿を書いている時、アメリカで不寛容を標榜して人気を博した共和党のトランプ氏が新大統領に就任した。片や、彼の排外主義に批判的なアメリカ市民がすぐに行動し、一五〇万人規模の就任反対デモの様子がネット上にあふれた。世界がどこに向かうのか、誰にもわからない時代がやって来た。それでも希望はあると思う。私にとってそれは、他者への共感を持って横につながろうとする、世界中にいるごく普通の人たちへの信頼と、熱帯の炎天下で、我が身と自然に対してなされた不正義に対し体を張って対抗していたパクムンのおばさん、おじさんたち、そしてそれを支えていた人たちとの思い出だ。

【私にとっての三冊】

保苅実『ラディカル・オーラル・ヒストリー―オーストラリア先住民アボリジニの歴史実践』（御茶の水書房、二〇〇四）

アボリジニの人たち自身の語る「歴史」をどこまで自分のものとして引き受けられるか、著者が真摯に問い、考えた本書に、私はNGO活動の中で客観的「事実」ではない人々の記憶（歴史）に触れ困惑していた時期に出合い、この本が暗闇を照らす道標のように思えた。著者が三二歳という若さで亡くなる寸前に、友人の協力で本書を仕上げたこと、また、収録された「著者に寄せた人々の言葉」にも、深い感銘を受けた。

松下竜一『風成の女たち―ある漁村の闘い』（社会思想社・現代教養文庫、一九八四）

昭和四〇年代（一九六五年前後）、大分県の小さな集落でセメント工場の建設計画が持ち上がる。近隣で子どもたちへの健康被害を目の当たりにした女性教員が声を上げ、地元の女性たちがそれに続き、建設計画反対に成功した記録。大規模開発に直面する小さな村が出合った困難が、臨場感にあふれた平易な文章で綴られている。絶版なので図書館等で探して欲しい。全集『松下竜一その仕事』（河出書房新社、二〇〇二）にも収録されている。

ジーン・シャープ／瀧口範子訳『独裁体制から民主主義へ―権力に対抗するための教科書』（筑摩書房・ちくま学芸文庫、二〇一二）

著者は長年、非暴力闘争を研究してきた。独裁政権こそ非暴力で倒さなければならないことの理由、それについての深い分析、具体的な非暴力行動の実践などが綴られ、世界二九言語に翻訳されている。二〇一一年のアメリカ・ウォールストリート占拠運動ではデモの参加者に「教科書」として読まれていたというが、元になったのは、ミャンマー（ビルマ）軍事独裁政権からの亡命外交官が編集する雑誌に、一九九三年に連載された文書。シャープ博士の研究はオープン・リソースとして公開されている。http://www.aeinstein.org

Column12

環境・自然資源・開発

「開発」に犠牲はつきもの。

大規模開発の現場でよく聞く言葉だ。たいてい、「国の経済発展の中では犠牲は避けられず、経済が発展すれば最終的には国民皆が裨益する」、と続く。開発企業や公官庁の人たちはそう言うが、犠牲になるのは破壊される自然とそこにいる生物、その環境に依存して生きる漁師や農民だ。公害で健康被害を受ける人たちもその中に含まれるだろう。

この言葉を聞くといつも疑問が浮かぶ。これだけ技術が発展したのに犠牲が避けられないのはなぜか、犠牲になる人や犠牲になる自然を決めているのは誰か、経済発展の恩恵は本当に行き渡るのか、と。

大型ダムの功罪については、世界銀行と国際自然保護連合（ＩＵＣＮ）が、政府機関、ＮＧＯ、草の根市民グループ、企業、学界、業界団体などを集め、世界ダム委員会という中立機関を作って検証したことがある。二〇〇〇年に発行されたその最終報告は、次のようにまとめている。「ダムは人類の発展に重要で有意義な貢献をしており、ダムによる便益は多大なものであったが［中略］、容認できない不必要な代償を特に社会・環境面で、移転を強いられた住民、下流の地域社会、納税者、自然環境が負担してきた」。この調査で明らかになったのは、四〇〇〇万から八〇〇〇万という、もはや把握できない膨大な人々が立ち退きの被害を受けていたことだ。

貧困削減のためと称し国際機関が支援したラオスのナムトゥン第二ダムでは、移転した約六二〇〇人の少数民族の生計回復に、多くの資金と開発の専門家が投入された。だが事業が始まって一〇年後の二〇一六年、「十分な生計回復がなされているとは言えない」との外部評価が出た。

自然資源が「川魚」として遍在していれば、広く少しずつ地域の人々の間で分配される。だが、ダムにより魚の棲む水が電力に変われば、自然資源は遠くのマーケットで取引される「マネー」となり地域から奪われる。トリクルダウン（富める者が富めば、貧しい者にも自然に富が滴り落ちる）の経済理論は少なくともダム開発には当てはまらず、実際には、「犠牲」となる多数の人と経済的利益を受ける少数の人たちとの間で格差を広げている。ダムの問題は顕在化している。

だが、「持続的な開発」という言葉の影で、今もこの不公平の仕組みは変わっていない。

第8話

学び合い・開発教育・紛争予防

「怒り」の先にも対話がある

公正な社会への挑戦

中村絵乃
（開発教育協会［DEAR］事務局長／一九七〇年生まれ）

学生時代、「開発」と「教育」のあり方を問い直す“開発教育”に出合った。以来、開発途上国の人々や日本の子どもたちとの出会いから考えてきた。誰のため、何のための「開発」か「教育」か。イギリスとアメリカに行き、そのヒントを得た。子どもたち自身が疑問を持って考える「教育」の必要性。「対立」に対しては、「排除」ではなく「対話」を。上からの拙速な「解決」ではなく、気持ちや意見を出し合う「対話の場づくり」を。暴力を促進する安保法制に疑問を持ち、市民を無視した意思決定のあり方に怒りを感じる。けれど「怒り」だけでは相手に伝わらない。意見の異なる人にもその背景を聴く、「対話」のあり方を学び合うこと。問題の「背景」と「構造」を見抜き、疑問を呈する勇気を持つこと。私の根底にあるのはNGOの一員としてのプライド、非暴力で対話の可能性を開いていきたいという「非戦」への想いだと思う。

写真：開発教育ワークショップの様子（筆者奥、2013年／撮影：DEAR）

一　教育に対する疑問

●独りよがりの正義感

四人きょうだいの長女として生まれた私は、正義感が強く、曲がったことが嫌いだった。一九八〇年代の半ば、私が通っていた横浜市の公立中学校はとても荒れていて、授業中に生徒がバイクで校庭に入ってきたり、トイレの扉が壊されたり、窓ガラスが割られたりしていた。教師と生徒、生徒同士の暴力も絶えなかった。学校では一番腕力が強い教師が、不良の生徒たちを力で封じ込めていた。当時の私は、教師は生徒のためを思ってやっているので暴力も仕方ない、と思っていた。しかし、今思う。生徒たちの暴力の言い分を、誰か一人でもじっくりと聴いてあげたことがあっただろうか。暴力に対して暴力で対抗しても、根本的な解決にはならなかったのではなかろうか。

そんな中学でも部活は盛んで、私はバレー部に所属し、先輩の三年生の引退後、二年生後半から部長を務めた。三年生が引退した途端、二年生が威張りはじめ、一年生をいじめるようになった。私が二年生を注意して一年生の応援に回ったところ、二年生の反感を買い、二年生が一人も練習に来なくなった。一年生だけでは練習にならないので、二年生に練習に来るよう話し合った結果、本人よりも上手な一年生への嫉妬が背景にあったことがわかった。いじめは良くないが、二年生の気持ちを全然理解していなかったことに気づき、自分だけ正しいと思っていたことに、恥ずかしくなったのを覚えている。

大学では国際関係学を専攻した。主に東南アジア史や、アジアでの開発問題を学び、その中で、日本の政府開発援助（ＯＤＡ）の実態や問題に興味を持つようになった。大学四年の春、あるＮＧＯが主催するスタディツアーで南インドに行き、孤児院やスラム街の家を訪問した。質素な暮らしの中でも、自分の髪飾りをお土産にと手渡してくれた少女や、自分で仕事を見つけてたくましく生きる子どもたちに出会った。私は、訪問した孤児院で、インド人スタッフに長期ボランティアを申し出た。こんな自分でも「インドの貧困層」のために何かできるのでは、と思ったのだ。その時、スタッフから言われた言葉が忘れられない。「私たちは自分の国のことは自分でやる。あなたも、自分の国をよくしてほしい」。日本のODA政策が、ダム開発のための土地収奪や、地域住民の生活破壊につながっている実情については学んでいた。私は彼女の言葉で、現地で何かするのではなく、日本にいて自分の国の援助のあり方や政策を変えていくことこそがインドの人々のためになるのではないか、と思うようになった。

南インドのNGOを訪問（筆者右、1993年）

こうして、開発途上国への援助のあり方や貧困の原因・背景を考えたことが「開発教育」との出合いとなった。開発教育とは、途上国の貧困や開発の問題と日本の政策や私たちの日常生活との関係性を知り、その関係をより公正なものにするために、一人ひとりができることを考えていくための教育活動である（Column 13参照）。

大学時代にはまた、先生の紹介で国際理解教育情報センター（ＥＲＩＣ）でのボランティア活動に参加し、「グローバル教育」を知る。グローバル教育とは、開発教育も含め、人権や環境、平和などに関する国際的な問題を多様な視点から自分の生活に引き寄せて学ぶ教育である。参加者が主体となって行われるこの活動に魅了され、もっと知りたい、と思うようになった。

●日本の教育に疑問を持ちイギリスへ

教員になることも考えていた私は、母校の中学校に教育実習に行った。六年ぶりに訪れた母校は、あの当時の暴力は影を潜め、落ち着いていた。生徒と歳が近いせいもあり、楽しい実習となった。しかし、クラス全員が一斉に、「私を見て！」と言っているようで、これは私には対応できない、と思ってしまった。今思うと安易な判断だったかもしれないが、一人ひとりが関心も理解度も異なるのに、一斉に同じことを教えなければならない授業のあり方に疑問を持ち、学校以外の教育に関わる道を選ぶことにした。

大学卒業後、青少年活動をはじめとする幅広い教育活動で知られる横浜ＹＭＣＡに入職し、「予備校」や「英会話学校」の担当になった。学校以外で子どもや若者に接してみると、一人ひとりの背景がよくわかり、やりがいを感じた。ただ、子どもたちと接するにつれ、一つの傾向に気づきはじめた。幼少時から親の意向ばかりを気にする姿勢、その自信のなさが気になった。自分らしくいられない、自分を大切に思えない、目標を持てない、そういう現代日本の子ども像が見えてきた。これは日本の教育のあり方に関係しているのでは?と思いはじめた。日本の教育を見直す必要がある。「開発教育」や「グローバル教育」にはそのヒントがあるかもしれない、そう考えるようになった。

一九九七年、四年勤めたＹＭＣＡを退職し、開発教育やグローバル教育を学びにイギリスのヨーク大学大学院へ留学した。帰国後、開発教育に関わる仕事に就きたいという願いが叶い、開発教育協議会（現、開発教育協会＝ＤＥＡＲ）に入職し、現在に至っている。ＤＥＡＲでは「開発」や「教育」に関わる様々な問題を多様な視点から考えることの大切さを学び、特に、仕事を通じて、社会の構造的な問題を強く意識するようになった。

二　誰のための「開発」？　何のための「教育」？

●開発とは何か

このような歩みの中で、今私は、「開発教育」という分野の活動を通じて、人や地域や世の中のことを考えている。どういう活動を行っているのか、ご紹介したい。

開発教育は、英語ではDevelopment Educationという。"Development"（開発）の語源はDe-envelop（封を開けて中身を出す）であり、「その人や地域が持っている力および資源を最大限に活かしていく」という意味がある。DEARでは一九八二年の設立以来、この「開発」概念の下で、「開発」が人や地域に与える正負の影響とその望ましいあり方について考え続けている。

一九六〇年代以降、顕著に現れてきた「開発」現象として、「経済優先の開発」がある。特に、先進工業国や国際機関から途上国へもたらされる開発援助にそれが見られる。多くは、橋やダムなどのインフラ面での技術援助であるが、これによって、現地企業や住民の技術向上を図り、援助する側・される側両国の経済発展を実現するというものである。しかし、こうした開発のあり方は、開発地域に住む住民の生活基盤や文化、自然環境を破壊し、人間や地域そのものに多大な負荷を負わせるものでもあった。

その意味で開発教育は、「経済優先の開発」がもたらす問題と現状を総合的に取り上げ、「よりよい開発のあり方」を、人権や文化、環境や平和など、広く人間活動全般の視点から捉え直す活動とも言える。「よりよい開発」とは何か、それは「誰にとって」よいのか、なぜよいのか、開発教育ではそうした問いの立て方が重要となる。地域によって、あるいはそこに住む人々の間でも、「よりよい開発」の捉え方は多様である。「開発」のあり方やそのプロセスを学ぶ際には、地域に関わる様々な人たちの意見の違いを視野に入れることが大事となる。

ワークショップを通して開発問題に向き合う

「開発」の問題を考えるには、「現場」を直接見ることが一番であるが、「ワークショップ」という形式で、「ここ」にいながらできることもある。ワークショップとは、学校の授業のような「教え―教えられる」関係ではなく、参加者が主体となり、あるテーマや問題について参加者同士が様々な疑似体験や意見交換を通して学び合う参加型学習のことを言う。

たとえば、DEARが作成した「パーム油のはなし」という教材がある。パーム油は世界で最も利用されている植物性油脂で、アイスクリーム、チョコレート、ポテトチップスなどの食品や、洗剤、化粧品などに広く使われている。日本でも需要は伸びており、日本が輸入するパーム油の九〇％はマレーシアで生産されている。その生産には広大な土地が必要とされるが、結果、熱帯林を伐採し、先住民族や野生動物の暮らしを奪っているという問題が生じている。ワークショップでは、こうした現状を現地の写真やロールプレイ（役割演技）によって再現し、問題の全体像を様々な視点から考えていく。ロールプレイでは参加者それぞれが、日本の洗剤メーカーの営業担当者やマレーシアの政府役人、パーム油プランテーション経営者、先住民族村長など、パーム油の開発に関わる人々の役を演じ、それぞれの立場に立って、広大な森をつぶして新たなプランテーションを作るか、先住民族の暮らしを守るために森を残す取り組みをするか、どちらの開発が望ましいかを議論する。ここでは、参加者が自分とは違う人間になり切ることで、その人の立場を想像し、その人の気持ちに寄り添うことになる。それぞれの言い分には相応の根拠があるため、簡単には結論が出ない。議論の後は、役割を離れて、今度は参加者自身がこの問題をどう捉えたかが話し合われる。

参加者からは様々な感想が出る。「私たちの生活にパーム油がこんなに使われているとはまったく知らなかった。もっと知りたい」「先住民族の役をやってみたら、森がなくなるのは死活的なことだと気づいた」「双方の言い分ともに説得力があり、ジレンマを感じた」など。パーム油という身近なものから普段は目に見えにくい社会の問題に触れ、考えを深めるきっかけになっている事例である。

様々なワークショップを通して、社会の中の見えない仕組みに気づき、「モヤモヤ」する気持ちを抱く感覚を体験してほしいと思っている。もっと知りたい、調べたい、考えたい、という感覚が身につけば、学びは自分のものとなる。そこで答えが出なくても、考え続けるきっかけを大切にしてほしいと思っている。参加型学習のねらいは、まさに日常生活の中で社会の問題に気づき、問題解決や社会づくりに積極的に参加するきっかけをつくり出すことにある。

DEARでは、このような教材を、国際協力NGOや教員・会社員などの会員メンバーと協力しながら時間をかけて作成する。作成プロセスから得られる学びもとても多い。パーム油をはじめ開発の問題はすべて現在進行型の問題である。様々なNGOから最新の情報や知見を提供してもらい、現実の問題をどう伝えていくべきか、常に工夫をしている。「パーム油」のような構造は、身の回りの衣食住に関わる多くの事象にも当てはまる。逆に言えば、私たちの消費活動に関わるあらゆるものが、開発教育のテーマとなり得るのである。

教育を問い直す

DEARでは、こうしたワークショップを通じて、学校や自治体、NGO／NPOなどへ年間約一五〇回、講師を派遣している。多くが単発の講師派遣であるが、継続的に実施しているケースもある。神奈川県川崎市にあるフリースペースでは、四年前から定期的に、世界のことや身近な問題を考えるワークショップを行っている。このフリースペースは、様々な理由で学校に行かない（行けない）子どもたちにとり、思い思いの時間を過ごせる大切な居場所となっている。ワークショップには毎回、小学生から高校生まで、約一〇人ほどが集う。私たちにとって、ここでのワークショップはいつも真剣勝負である。子どもたちは、つまらない内容だとすぐにいなくなってしまう。実施当初は、食べ物で誘ったり、遊びを取り入れたゲームで盛り上げたり、あれこれ工夫した。しかし、かれらは正直で、本当に面白いと思うと、お菓子などで釣らなくても真剣に課題に取り組む。

ある日のワークショップで、「自分にとって大切なもの」について考えた。水や食料、スマホなど、こちらで何枚かの絵付きカードを用意し、子どもたちは大切なものとそうでないものを峻別しながら、だんだん数を絞っていく。すると、次々と面白い意見が出てきた。「勉強は自分でやるし、先生は自分で見つけるから、学校はいらない」「服もかばんも自分で作ればよいからいらない」「直接伝えればよいからスマホはいらない」「やっぱり大切なのは、友達、家族」…。そんな言葉を素直に言える子どもたち、その素敵な感性に触れる時間だった。ところが、子どもたちによれば、時々行く学校では「全然違う自分」がそこにいる。「なぜ、制服を着なければならないのか、なぜ、全員が同じことをしなければいけないのか、そう思ったら学校に行きたくなくなった」と言うのだ。

「教育」も「開発」と同じで、「誰のため、何のための教育か」を問う必要がある。なにより、教育の主役である子どもたち自身が何を、どこで、どのように学びたいのか、それを自分の言葉で表現できる場や機会が求められていると感じる。

政策に届かない当事者の声

いじめ、暴力、貧困等、子どもを取り巻く社会問題は、今日に至っても克服されていない。子どもたち主体の「学び合いの場」を積極的につくろうという動きは徐々に増えはじめている。しかし、学校教育システムにこれを盛り込むことは現状ではあまり期待できない。二〇二〇年から施行される学習指導要領案では、「学力の低下」に焦点を当て、これを克服するために授業数の増加が謳われている。これでは、子どもも教職員も現場の負担は大きくなるばかりで、フリースペースに通う先の子どもたちのような感性に寄り添うことなどとてもできない。政策を作る側（文部科学省や教育委員会など）に現場の多様な声は届いているのか、子どもたちの現状は認識されているのか、疑問に思うことが多い。

教育の現場を歪めているものは何か。学校教育の現場は今、「国力」「経済成長」に寄与する「人材」育成の場になってはいまいか？　開発の現場を歪めているものは何か。途上国の開発の現場は今、植民地支配時代の体質を温存したまま、資源の収奪や人権侵害、環境破壊を繰り返す貧困・格差の温床になってはいまいか？　経済優先の教育も、経済優先の開発も、一部の大企業や富裕層の利害を最優先にした仕組みになっている。

教育問題では教育現場に関わる教員や子どもたちの声が、また、開発問題では開発現場の地域に住む人々の声がないがしろにされている。開発教育の問題設定においては、教育政策についても開発政策についてもそこが起点となる。

三　構造的暴力と向き合う

●原発事故のあと呼びかけた対話の場

このように、開発教育は、貧困や格差、差別や人権侵害などの「構造的暴力」について考え、解決策を共に考えていく活動でもある。ノルウェーの平和学者ヨハン・ガルトゥングによると、「構造的暴力」とは、戦争や紛争といった「直接的暴力」に対して、間接的暴力とも呼ばれ、人為的な危害を直接加えなくても、ある慣習、制度、システムの中で、結果として、ある個人・集団に物理的・精神的な危害を加えている状態を指す。

二〇一一年三月一一日に起きた東日本大震災に伴う福島第一原発事故は、まさにこの構造的暴力の結果と言えるだろう。原発は危険度が高いから人の少ない地方の過疎地に立地される。立地自治体はもともと産業基盤が弱いから、政府や電力会社から交付金が出されれば、「産業振興」のためにこれに頼らざるを得なくなり、反対する地域住民の意見を無視するようになる。労務環境の面では、原発で働く人々は劣悪な労働環境の中で被曝の危険にさらされ、中小零細企業は電力会社の下請け・孫請けとして搾取構造から抜け出せない。福島の事故はこうした背景の

チャリティ・ワークショップの様子（筆者右、2011年４月／撮影：DEAR）

中で起きた。事故後は、六年半以上経った今も元の生活に戻れない人々がたくさんいる。原発被災者・避難者への差別は延々と続いている。

福島第一原発事故で改めて浮き彫りになったこの構造的暴力にＤＥＡＲはどう向き合ったか。事故が起きた当初、放射能汚染の状況、事故への対応等についての情報は大変錯綜していた。社会全体が、原発や放射能について容易に話せない、という雰囲気になっていた。このような状況で口をつぐんでいてはいけない、ＤＥＡＲはそう考え、まずは賛否を問わず互いに自分の気持ちや意見を出し合う対話の場をつくることにした。参加費は東北被災地支援団体に寄付することを決め、事故から三週間後に開催した「チャリティ・ワークショップ」には一〇〇名近い参加者が集まり、「３・11のあの時、どう感じたか」「原発事故についての私の気持ち」「これから変えたいこと」などを語り合った。「否定しない」「話したことはこの場にとどめる」などのルールを決めたうえで、二人組、三人組、小グループに分かれ、ひたすら語り合った。みんな話したかったんだな、と思った。その後、「対話の場」をもっと広げたいと思い、一年かけて教材『もっと話そう！エネルギーと原発のこと』を発行した。

この教材の制作過程では、福島に住むＤＥＡＲの会員や関係者にも直接会って話を伺った。「原発事故を教材にされるのは、あまりよい気持ちがしない」「あなたに、『被曝検査を受けたくない』と言っている高校生の気持ちがわかりますか」「いわれのない差別を受けることが悔しい」「地元でも様々な立場があり、地域の中で分断が起きている」「この事故を忘れてほしくない」…。当事者の言葉は重かった。私たちにできることは何か。かれらの話を聴き、想像し、一緒に考えることはできる。かれらになり代わることはできずとも、寄り添うことはできる。何より、東京をはじめとした首都圏でエネルギーを使っている私たちこそ、この問題を考えるべきである。DEARではこのことを確認し合った。

当時、原発再稼働に反対するデモが国会議事堂や首相官邸前をはじめ全国各地で毎週のように行われていた。私も同僚や友人と足を運んだ。会社帰りのサラリーマン、OLや子ども連れの母親も多数参加し、それぞれの声を上げていた。経済優先で命をないがしろにする国や電力会社の「再稼働」政策には多くの人が反対の声を上げている。それを目の当たりにした。

事故の被害状況や影響の深刻さが明らかになるにつれ、脱原発の運動団体からはDEARに対しても「原発再稼働反対」に関する共同声明への賛同が求められ、組織としての立場を明確にすべきとの指摘が寄せられた。私たちは議論を重ねた。「反対することは自明だが、異なる意見の人々も少なくない。反対運動以外の方法も必要ではないか」。議論の結果、世論を二分するこの問題に対し政治的立場を即座に表明することはせず（「分断」の一方の側に付くという懸念）、次のような取り組みを優先することに決めた。すなわち、民主的な議論を行うための場、および参加型学習を行うための場、これらを充実させていくことである。

あれから状況はどのように変化したであろうか。少なくとも、故郷に戻りたくても戻れない福島の人々はまだまだたくさんいる。にもかかわらず、国内の他の原発立地自治体のいくつかは、「高レベル放射性廃棄物」の最終処分方法もまったく決まらない中で、原発再稼働に乗り出しはじめている。まさに、構造的暴力の「再稼働」である。ひとたび事故が起きれば誰もが当事者となるこの問題を私たちは決して放置してはならない。異なる意見を持つ人たち同士が一つのテーブルを囲み、自分たちの暮らしを支える資源・エネルギーのあり方を共に考える場が求められている。

●国内の構造的暴力に向き合う

一五年ほど前まで、ＤＥＡＲが取り上げるテーマは、もっぱら途上国の問題が多かった。しかし、構造的暴力の問題はもちろん国内にもたくさんある。ＤＥＡＲはその後、徐々に国内の課題も取り上げるようなっていった。ＤＥＡＲの会員は全国にいるので、各地域の報告から学ぶことも多い。グローバル化経済のもと、都市優先の政策が地域のあり方に直に影響を与えるという構造は、日本においても例外ではない。東京一極集中の結果、地域における過疎化や若者の人口流出、少子高齢化はますます深刻になっている。それぞれの地域にふさわしい「よりよい開発」とはどのようなものなのか、それをどのように進めればよいのか。ＤＥＡＲではこうした地域の問題の「背景」と「構造」を捉え、様々な「対話」の場づくりを試行錯誤しながら少しずつ進めている。

安保法制や「共謀罪」法（改正組織的犯罪処罰法）をはじめ、人々の命や平和に関わる重要法案が、十分な議論もなされずに次々と成立した。こうした今の政治のあり方も「構造的暴力」と言える。国内を見渡すと、在日外国人へのヘイトスピーチ（憎悪表現）、沖縄の新基地建設問題、子どもの貧困問題など、「構造的暴力」が「直接的暴力」へと転化しうる問題も数多く存在している。

ＤＥＡＲの事務所は東京にあり、どうしても東京の視点でものごとを見てしまうが、地域の視点に立つ責任がある。政策決定機関や権力機関のある最も近い場所で活動しているからだ。東京を拠点に活動する市民団体は、積極的に政策提言（アドボカシー）活動に携わるべきだと感じている。この点ＤＥＡＲは、全国にいる会員の方々とともに、主に教育政策や開発政策に携わる中央機関に現場の声を届ける活動を地道に行ってきた。これにより、二〇一五年二月施行の「開発協力大綱」（旧ＯＤＡ大綱）には、今までＯＤＡ広報として記載されていた開発教育が広報とは別に独立した項目として立てられ、その推進の重要性が強調された。また、二〇一六年一二月に文部科学省が発表した「学習指導要領」答申には、「持続可能な開発目標」（ＳＤＧｓ）が新たに明記された（ＳＤＧｓとは、二〇一五年に国連が定めた世界共通の開発目標で、二〇三〇年までに達成すべき一七の目標が明記されている）。

これらの成果はＤＥＡＲの会員や多くの市民の声が反映された結果と言える。ＤＥＡＲは、他の市民団体などと協力しながら、ＳＤＧｓの達成を開発教育を通して進めている。

政策を変えることはそう簡単ではないが、しかし、諦めず行動し続けることが大切である。誰かがやらなければ、何も変わらない。「あの時、なぜあなたたちは動かなかったのですか」、次世代からそう問われた時、かれらに、そして国内外の仲間たちに、申し訳が立たない。

四　他者との対話を可能にするもの

対話の機会をつくる

自身について言えば、実は、こうした政策提言活動を始めた頃の私は、思いが強くなると、つい感情的になることが多かった。「イライラが顔に出ているよ」と、よく同僚から注意された。一時は、「対話」の機会を自分から閉ざしてしまったこともある。反省、である。

意見が異なる人との「対話」は難しい。相手側が「権力」を持つ場合は、もっと難しい。それでも、「対話」はやはり大事だ、と今は思っている。たとえ理不尽な相手でも、「怒り」は胸に秘めながら、相手の側に立って考えることが大事である。私をそのように変えたのは、アメリカでの一年間の研修であった。

「対立解決」の方法

ＤＥＡＲに入って五年半を過ぎた頃、アメリカの非営利組織（ＮＰＯ）で一年間の研修機会を得た。受け入れ先となったニューヨークのＮＰＯ「モーニングサイドセンター」では、子ども自身が自分たちで問題解決を図る「創造的な対立解決」という学びのプログラムを開発し、学校や地域で実践していた。「開発教育」とは少し異なるが、

ニューヨークの小学校で実践されている「対立解決」教育（2006年）

「対話」のあり方や「対立」した時の解決の仕方に関心があったので、一年間お世話になった。

「モーニングサイドセンター」は、ニューヨークの中でも主に貧困層や移民の多い地区を対象に活動を行っている。幼稚園、小学校、中学校やその周辺地域に指導者育成スタッフを派遣し、モデル授業や教師へのアドバイスを行う活動である。子どもたちが参加する基本的な実践内容は極めてシンプルだ。まず、子どもAさんは子どもBさんに、Bさんの気持ちやBさんが大切にしていること（相手のニーズ）を聴く。そしてAさんはBさんが語ったその内容を復唱する（リフレーミング）。次に、Aさんは、自分の気持ちや自分が大切にしていること（自分のニーズ）をBさんに話し、今度はそれをBさんが復唱する。これを四歳くらいの幼児から一〇代まで、様々なバリエーションのもとで行う。成果は見事に現れるという。教室での日常活動で何か子ども同士がトラブルを起こしても、互いに自分の気持ちをコントロールし、まず相手の言い分に耳を傾け、自分の意見が相手にうまく伝わっているか気に掛けながら対話をするようになるというのだ。対立している二人に進んで割って入り、仲介者の役を担う子どもも現れるそうだ。

このプログラムを見学して、「これだ」と思った。相手の思いや考えをきちんと受け止め、自分の思いや考えをきちんと言葉で返すこと。これを日常実践の中で繰り返していけば、複雑な問題に実際に遭遇した時、相手の考えを推し測りながら納得できる解決策を見つけることができるのではないか。プログラム名である「創造的な対立解決」とは、それぞれが大切にしていること（ニーズ）について互いに伝え合い、または測り合い、その中身を互いに理解し合おうと努めれば、「対立解決」の方法は無限に生み出されるという意味合いを持つ概念である。この手法を取れば、自分の思考の枠組みを相手との関係の中で捉え返せるようにもなる。ある人は勝ち負けにこだわっている自分を、またある人は文化の違いを口実に線引きしている自分を発見し、これを修正する契機につなげるチャンスを得る。

この研修時代、私は夏休みを利用して、コロンビア大学大学院紛争解決学コース（ＩＣＣＣＲ）にも参加した。参加者は警察官、軍の指導者、企業の人事担当、教員など多様で、「対立解決」の方法が様々な分野の人々に求められていることを実感した。私が参加したコースでは、自身が体験した対立事例をモデルにしてロールプレイを行った。私が自分の対立相手役を演じ、相手が私の役を演じるという設定である。私の役を演じる相手の態度を見てハッとした。「あの時、私と対立していた人は、実は私を恐れていたのではないか。少なくとも警戒していたのではないか」と。「なるほど、私がそうであったように、相手も私に認めてほしかったのかもしれない」、そう気づいた時は、目から鱗だった。このことを学んで以来、私は、「どうせ、この人は…」と対話の道を自ら閉ざしてしまう前に、「どうしてこの人はそのように考えるのだろうか、どんな気持ちなのだろうか」と一歩立ち止まって自問できるようになった。相手の立場や状況、それを形づくる社会的な「背景」や「構造」についても考えられるようになった。

このような「対立解決」の方法は、世界の紛争解決の手法としても実際に応用されていた。その一人、前フィンランド大統領マルッティ・アハティサーリ氏は、「国際紛争解決のミディエイター（仲介役）」として、二〇〇八年にノーベル平和賞を受賞した人である。相手の立場に立つこと、相手の立場を形づくる「背景」や「構造」を考えることは、教育実践においても、実際の問題解決の場においても、「対話」の大切さを知るための大前提であったのだ。

●自分より大きなものへの挑戦

ＮＰＯ「モーニングサイドセンター」でお世話になった一人にキャサリン・サリバン氏がいる。当時彼女は同センターで、高校生を対象に、核問題を考える学習プログラム（映像・本・フィールドワーク）を週一回担当していた。核問題の専門家で、国連・軍縮局のコンサルタントも務めていた。

忘れられないエピソードがある。「モーニングサイドセンター」の高校生たちと近くの遊園地に遊びに行くというので、キャサリンに付いていった時のことである。おもちゃの銃で敵を撃ち倒すゲームをしている店があった。皆、無視するかのように早や足で通り過ぎようとしたその時、キャサリンは自分から店主に近寄り、声を掛けたのだ。「こんにちは。客は来ている？」「まあまあね」「ところでこのゲームだけど、どういう趣旨でやっているの？」「そりゃ、イラク人を打ち倒すんだよ」「へえ。イラク人がターゲットなの？　すでに多くの人が亡くなっているというのに？」。五分くらいの立ち話であった。その場を離れてから私が、「なぜわざわざ、話しかけたのですか」と尋ねると、キャサリンはこう答えた。「自分とは違う考えの人を無視するのは簡単だけど、なぜ、それをするのかを聞くことくらいはできるよね。本当は面倒に感じることもあるけれど、相手を知らないと始まらないからね」。

この答えに、私はとても驚いた。できれば避けたいと思うことでも、自分から歩み寄らなければ何も動き出さない。普段から「対話が大切だ」と言いながら、自分と異なる考えを持つ人を、無意識に避けていた自分に気づいた。

キャサリンのモットーに「自分より大きなものへの挑戦」という言葉がある。「思うようにいかないことの方が多いけれど、このような活動ができるのは特権だと思っている。もし充実した人生を生きたいと思うなら、自分よりも大きなものに取り組むことが大切だと思う。核はどう考えても自分より大きいものね」。「大きなものへの挑戦」——私はこれを、自分の内に秘めた「向上心の現れ」であると理解した。

「公正」な社会を希求し、「開発」や「教育」のあり方を変えていきたいという私の思いも、「自分より大きなものへの挑戦」なのかもしれない。キャサリンから学んだことがもう一つある。「怒り」は自然な感情で、自分の大切なものに気づくシグナルであるということ。たとえば、「私は不公正な社会に憤りを感じている」と内なる怒りの感情を認めることで、気持ちが少しだけ楽になることがある。これからも心の奥に怒りを秘めながら、行動のエネルギーにしていきたいと思っている。

五　怒りを超えて目指すのは

●見えるようになったもの

国内外の開発問題を考えると、世の中のしくみがよく見えるようになる。身近な食べ物や普段着ている洋服、今や生活必需品にもなっているスマホやパソコンなどの電子機器、あらゆるものが世界の様々な資源や労働力を使って、あるものは原材料として、またあるものは製品として私たちの元に届いている。しかし、その過程で起きている人権侵害や環境破壊、紛争などについては、こちらから見ようとしない限りなかなか見えてこない。それを生じさせる「権力」や「構造」に、知らぬ間に私たちが加担してしまっている事実。私たちの日々の生活や消費活動によって。

開発教育は、見えなくされている「背景」や「構造」を見えるようにしていく学習のプロセスでもある。そのプ

対話を通して学ぶワークショップの様子（撮影：DEAR）

ロセスを通じて、私たちは教育や開発の問題について主体的に考えたり行動したりすることの大切さを学ぶ。「なぜ？」「どのように？」「誰が？」…。いろいろなことに疑問を持ち、もっと知りたい、なんとかしたい、と思い、行動する。ささやかではあるが、DEARはその機会をつくる活動を多くの人たちに支えられながら行ってきた。

　DEARはまた、「対話」を大切にしてきた。「原発とエネルギー問題」「憲法改正論議」など、複雑で、意見が対立しやすく話しにくい政治的なテーマについても積極的に取り上げてきた。まずは一人ひとりが自分の気持ちや考えを自由に述べ合うことが重要と考え、そのための教材や場の提供に務めてきた。学校教育の現場からは「政治的過ぎると扱えない」「中立が重要である」との意見も少なくなく、このようなテーマは敬遠されがちな傾向が強い。それでも諦めることなく、マスメディアや教科書では取り上げない様々な「現場の声」「当事者の声」を届けていくとともに、「物事を別の視点で見る」ための教材や場を今後も提供していきたいと考えている。

NGOのささやかなプライド

　子どもたちは好奇心のかたまりだ。小さな虫に引き寄せられるのと同じように、大きな社会の出来事にだって関心を持っている。明確な答えが欲しいわけではない。純粋にいろいろなことを知りたい、考えたい、と子どもたちは思っている。その芽を摘み取ってはならない。一緒に考える場を一つひとつつくり出していくことが大事である。

私たちNGOの活動も一歩一歩である。前に進むには、一歩立ち止まり、やってきたことを振り返ることも必要だ。対話を重ねるごとに、多くの発見があり、難しさを痛感することもあれば、希望を見出すこともある。こういった繰り返しと積み重ねから私たちは力を得て、「市民社会」の一員を構成しているのだと思う。

より公正で持続可能な社会を築いていくには、まず足元から、という発想は大事だ。たとえば、フェアトレードのものを買い、オーガニックな野菜を育てるというライフスタイルはとても大切だし、私もそうしている。しかし、個人の力だけでは限界もある。社会変革には個々の人々の意思が一つの総意となる大きなうねりが必要だ。

NGOは、いわばその橋渡しとしての役割もあるのではないか。既存のシステムの問題点を注意深く把握し、システムの外側からあるべき社会像を描き、日常実践と社会変革との関係をつないでいく作業である。ここでも、問題の「背景」と「構造」を見抜く力、「疑問を持つ力」が求められる。NGOは一つの組織であるが、そこに携わる人々の関心領域は個々様々である。これからNGOに携わろうとする若い人たちには次のようなメッセージを送りたい。自分の関心からでよい、その関心領域において、誰かが、何かが、疎外されてはいないか？　犠牲になってはいないか？　この視点を大事にして欲しい。

面倒なことには首を突っ込まず、見て見ぬ振りをしてやり過ごすことの方が楽である。しかし、黙っていたために、大きな「権力」や「構造」に取り込まれ、呑み込まれてしまうことだってありうる。ときに、NGO自体がそうした状態に陥ってはいまいか、自問する必要がある。

「開発や教育をより公正なものにしていくこと」、これは私にとっての永遠の課題である。ゴールも正解もないかもしれない。しかし、きっと新しい何かが見つかるはず。公正な社会を目指す一人の市民として、非暴力で対話の可能性を開いていくこと、それが「私の非戦」だと思っている。諦めず活動を続けることは、NGOの一員としてのささやかなプライドである。これからも、「もっと話そう！」と呼びかけて、仲間とともに対話の場を開いていきたい。

＊本稿は、開発教育協会（ＤＥＡＲ）に所属する筆者の個人的な見解であり、団体を代表する意見ではありません。

【私にとっての三冊】

Ｅ・Ｆ・シューマッハー／小島慶三・酒井懋訳『スモール　イズ　ビューティフル―人間中心の経済学』（講談社学術文庫、一九八六）

物質的な豊かさオンリーの経済万能社会、科学技術信仰社会のあり方を強く批判し、本当に豊かな社会とは「人間の顔を持った経済」「人間の顔を持った技術」をつくり上げていくプロセスにあると提言。三〇年以上前の世界的ベストセラーであるが、今ほど再読に値する時代はないかもしれない。

パウロ・フレイレ／三砂ちづる訳『被抑圧者の教育学』（亜紀書房、二〇一一）

教育する側がされる側に一方的に知識を与える詰め込み教育を「銀行型教育」と批判し、これに対置すべき教育として、教育する側・される側が対等になり、対話を通して世界と自分の関係を学ぶ「問題解決型学習」を提起。抑圧される側の人々が自らを解放していくこと、これがこの教育学の目的であり、変革への道であるという。開発教育にも多大な影響を与えた一冊。

トーマ・ダンサンブール／高野優監訳・野澤真理子訳『なんでわかってくれないの！と思ったときに読む本』（紀伊國屋書店、二〇〇四）

自分を大切にしながら、相手を大切にするとはどういうことか。気持ちも心も通じ合うコミュニケーションのあり方について、具体的事例をもとに丁寧に解説する。世界中で取り入れられている「非暴力コミュニケーション」（Non-violent Communication）の入門書的存在。「意見の異なる人との対話」に意味を与える多くのヒントが提示されている。

Column13

開発教育と学びのあり方

開発教育の始まりは、一九六〇年代にヨーロッパのＮＧＯが、ヨーロッパ諸国から独立したばかりのアフリカ諸国で貧窮者への支援活動を行った後、本国に帰ってアフリカの惨状を伝え、募金活動を開始したことにあると言われる。その後、アフリカの貧困が植民地支配に起因し、宗主国との関係で構造的に生じていることに気づくと、それまでの活動から一歩踏み出し、南北問題や開発問題を歴史的かつ体系的に理解する教育活動へと発展していく。

日本で開発教育の言葉が周知されたのは一九七九年、国連広報センター主催の「開発教育シンポジウム」によってである。その後、開発教育に関心を持つＮＧＯ関係者、青年海外協力隊ＯＢ・ＯＧ、青少年団体などが中心となり、八二年に開発教育協議会（現、開発教育協会＝ＤＥＡＲ）が設立された。当初は、アジアやアフリカの現状を知り、国際協力の大切さを伝える教育活動であったが、九〇年代に入ると、開発問題とその他の地球的課題とを密接に関連付ける教育・学習活動へと重心を移し、国際協力のみならず、自国の政策や生活の見直しを含めた参加型市民社会を目指す取り組みの一環としても認識されるようになった。

ＤＥＡＲでは、開発教育を以下のように定義している。「開発教育は、私たち一人ひとりが、開発をめぐる様々な問題を理解し、望ましい開発のあり方を考え、共に生きることのできる公正な地球社会づくりに参加することをねらいとしている教育活動である」。

開発教育は、開発問題や地球的課題を学習者自身の問題に引き付けて考えるために、学習者が主体的に参加できるワークショップ形式で行われることが多い。ワークショップでは、テーマとなる問題に直接・間接に関わる様々な「当事者」を想定し、それぞれの「当事者」の立場に立って議論することで、学習者が当の問題の「背景」や「構造」を多面的に捉えながら、自分がその問題にどう関われるかを考えていく。ワークショップの進行役をファシリテーターと呼ぶ。ファシリテーターは、従来の学校教育で見られる、「教え—教えられる」関係ではなく、学習者の意見を引き出し、学びを促進し、学習者とともに創造的な学びの場をつくり出す。

開発教育は「共生」「公正」「参加」を重要な価値とする教育・学習活動であり、これまでの開発や教育のあり方を歴史的かつ構造的に問うものである。教育産業分野ではそうした歴史や構造を脇に置く「国際人教育」(国益優先の人材育成教育)が盛んに行われていることから、今後も、「何のための教育・学習なのか」を広く問い続けていくことが必要である。

市民運動・学び合い・アイヌ

第9話 されど、天の高きを知る

北海道の地に少しずつ根を下ろしながら

小泉雅弘
（さっぽろ自由学校「遊」事務局長／一九六二年生まれ）

19歳の時、親元を離れて北海道にやって来た。そこで待っていた学生寮での共同生活と自治の経験は、社会との向き合い方を学ぶよいレッスンとなった。工学部系の体質に最後まで馴染めず卒業できずにいた私は、大学の外で市民運動やNGO活動と出合い、アジアやアイヌに惹かれていく。やがて、さっぽろ自由学校「遊」の学習活動を通して先住民族アイヌの人たちとの交流を深めていくにつれ、北海道という土地とそこに生きることの意味を考えるようになった。アイヌの人たちからの問いかけは、近代国家が温存する植民地主義の姿を私たちの眼前に浮かび上がらせる。その問いかけを受け止め、また自らも問いかけながら、私のピープルとしての生きた「学び」は今も続いている。

写真：フィリピン教育演劇協会（PETA）の演劇ワークショップ（筆者左から２人目、1988年９月）

一　「流れ」から外れてみて、広がった世界

●寮生活と自治

神奈川で生まれ、東京で育った私が、北海道にやって来たのは一九歳の時である。大学生になったら親元を離れるものだと思っていた私は、それまで訪れたことすらなかった北海道の大学を進学先に選んでいた。私の北海道での生活は、恵迪寮という北海道大学の学生寮で始まった。

当時、この寮は一、二年生が通う教養部校舎のすぐ裏にある、オンボロな木造の建物であった。オンボロなのは当然で、築五〇年ほど経っていたこの寮は、次の年には取り壊され、新しい寮に移転する予定になっていた。「都ぞ弥生」の寮歌で知られるこの寮は、様々な点でユニークであったが、そのユニークさの源泉は、学生たちが自ら運営する自治寮であるところにあった。寮の部屋は「部屋サークル」と呼ばれ、二〇畳ほどの大部屋に五人ずつが割り当てられていたが、多くの場合、二部屋を合わせて一〇名で一つのサークルを作り、片方を居室、もう片方を寝室として使っていた。この「部屋サークル」が自治の基本単位となっていて、各部屋の代表者が集まって代議員会が開かれ、寮の運営について話し合っていた。こう書くと民主主義のお手本のようでもあるが、どちらかというと村の寄り合いのようなイメージに近かった。

私が入学した一九八〇年代初めの頃、大学では一世代前までの学生運動の影は薄れ、大学構内では管理強化が進み、学生が自由に使える空間はどんどん消えていた。学生たちの多くも、政治や社会問題にはほとんど興味を示さなくなっていた。そうした中、寮は学生の自治が成立する最後の空間となっていた。その寮も、すでに取り壊しが

予定されていたのであるが、新しい寮の規格は、全部屋個室、食堂廃止、水光熱費の自己負担、そして入寮選考権の大学側への移行という四つの条件が前提となっていた。寮の自治会は当初からそれに反対し、大学側と対立していた。寮生の側から見ると、これらの条件は共同生活をベースとする寮の自治の破壊に他ならなかった。

結局、寮生たちの要求は受け入れられることなく、私が一年間生活した古い寮はあっさりと取り壊され、私たちは大学の敷地の奥まったところに建てられた新しい寮へと移っていった。しかし、新しい寮に移行しても寮の自治が消えたわけではなかった。寮生たちが簡単に自治を手放さなかったのは、なによりそれが自分たちの生活に関わる大事な問題であったからであろう。

寮の仲間たちと（新寮にて、筆者左から２人目、1988年頃）

新寮に生活の場を移した寮生たちは、自分たちの生活スタイルを交渉によってではなく、物理的、身体的に取り戻そうと行動に出た。鉄筋コンクリート製の新寮は、一〇の個室と食堂代わりの共同スペースを一つの単位としていたが、寮生たちはそこに「部屋サークル」を当てはめた。いくつかのサークルでは共同スペースや廊下に畳を敷き、こたつを持ち込むようになった。なかには、個室を仕切る内壁を壊して大部屋を作ってしまうサークルも現れた。また、寮生たちは、新寮の事務員を事務室から追い出してしまった。管理の姿勢が露わになっていたからである。こうして、自分たちの共同生活空間を半ば強引に作り上げていくことで、寮の自治を保持することができた。当時は男子だけだったこの寮に、今では女子学生が加わり、現在も自治寮として存続している。私にとってこの寮体験は、その後の社会との向き合い方に大きな影響を与えた。

NGOとの出会い

寮の共同生活の代償と言うべきか、寮生には真面目に授業に出ない者が多く、半数ぐらいが留年していた。私自身も気づけば授業にはほとんど出ずに寮生活に没頭（？）し、一年目から見事に留年することとなった。

工学部系で入学した私は、その後、建築工学科に進んだ。学部移行後は寮を出て一人暮らしをしていた。四年になって卒業論文と卒業設計をなんとか仕上げたものの、単位不足で再び留年してしまった。客観的に見ればろくでもない学生であったが、プライドだけは高かった。卒業や就職のために教授に頭を下げるようなことはしたくなかったし、そもそも積極的に企業で働きたいという気持ちをまったく持てずにいた。

卒業できずに宙ぶらりんの状態になった私は、再び寮に戻り、自分の関心の向くところに正直になろうと決めた。久しぶりに戻った寮は、生活空間としては移行時よりも落ち着き、自治的な雰囲気も保たれていた。こうして私は寮での生活を媒介に、札幌で行われている市民運動やNGO活動と出合うこととなった。

最初に出合ったのは、ネグロス・キャンペーン北海道による活動である。ネグロス・キャンペーン（日本ネグロス・キャンペーン委員会。現、APLA）は、「砂糖の島」と呼ばれるフィリピン・ネグロス島で一九八〇年代前半に発生した深刻な飢餓（砂糖価格の暴落による）を救うために立ち上げられた団体で、北海道でもその呼びかけに応じて支援グループができていた。

寮の友人に誘われて何気なくミーティングに参加した私は、この活動に惹かれていった。同キャンペーンは飢餓を救う緊急援助から始まったものではあるが、同時に、日本とフィリピン、「北」と「南」との間に横たわる構造的な問題への理解を広めていくことが重視されていた。フィリピンは、スペインとアメリカによる植民地支配、その後の日本軍による占領と、四〇〇年に及ぶ長い外国支配に翻弄された歴史を持ち、ネグロス島の産業は、そうした構造を引きずりながら商品作物としての砂糖栽培に特化させられてきた。当時のフィリピン社会は、マルコス政権を倒したピープルズ・パワーの余韻が冷めやらぬ時期であり、一方では、アメリカを後ろだてにした政府軍による新人民軍（反政府勢力）掃討作戦によって国内難民が大量に発生するなど、内戦に近い状況も生じていた。アジアの隣国の歴史や同時代の熱を帯びた状況を、私はこのネグロス・キャンペーンの活動を通して知ることとなった。それは私にとって、学校や大学では経験したことのない〝生きた学び〟であった。

ネグロス・キャンペーン活動以外にも、泊原発（北海道）の稼働に反対する脱原発運動や東ティモールの独立支援、サラワク（マレーシア）の熱帯林破壊に抗議するキャンペーン、南アフリカのアパルトヘイト問題を問う活動など、様々な取り組みに少しずつ首を突っ込み、気づけば取りそこねていた単位のことなどどこ吹く風で、市民活動への関わりを深めていた。

ピープルズ・プラン21世紀

私が大学にまだ籍を置きつつ、市民活動に明け暮れはじめていたこの頃、ピープルズ・プラン21世紀（PP21）というプロジェクトへの参加の呼びかけがあった。日本初の政策提言（アドボカシー）型NGO、アジア太平洋資料センター（PARC）が、「アジアの人々と共に二一世紀の未来図を描こう！」というキャッチフレーズのもと、全国の市民運動やNGOに関わる人たちに呼びかけ、一九八九年夏にテーマ別の国際会議やイベントを日本の各地で一斉に行おうという大掛かりな企てであった。北海道では世界先住民族会議の開催が想定されていた。先の見えないモラトリアムを自動延長しながら市民活動に関わり出していた私は、この呼びかけに強く惹かれ、迷うことなくこの取り組みに加わった。

一九八八年の秋、PP21のプレイベントとしてフィリピンからフィリピン教育演劇協会（PETA）のメンバー四名が来日し、各地で演劇ワークショップが行われ、北海道でも実施された。ワークショップの前にまず地域のフィールド・トリップ（現地調査旅行）を通して課題を探ってから、数日間かけてワークショップを行い、最後に参加者が作った劇を地域の人たちの前で披露するというイベントである。直前の夏にネグロス島を訪問していた私は、フィリピン熱が覚めやらぬ中、このイベントでは最初からＰＥＴＡのメンバーに同行していた。フィールド・トリップでは浦河、阿寒など、アイヌのエカシ（お爺さん）やフチ（お婆さん）のお宅を訪ね、お話を伺ったり、クナシリ・メナシの戦い（Column 14参照）で三七名のアイヌが処刑されたノツカマップ岬（根室市）を訪問したりした。

この演劇ワークショップは、場をほぐすゲーム的な要素を交えながら、ポーズや声、音などによって情景を表現していき、いくつかのグループに分かれてストーリーを考え、寸劇にしていくという、楽しくかつ創造的なものであった。

ところが、各グループの寸劇後、ワークショップもいよいよ終盤に差し掛かり、発表する劇の構成を全体で話し合う段階に入った時、思わぬ事態が起こった。一緒に参加していたアイヌの方が、「アイヌが伝えたいことが見えてこない。遊びでやっているわけではない」と強い口調で発言されたのである。その場に緊張が走った。もちろん、皆、和気あいあいながらも真面目に考えていたはずだが、たしかに私たちが設定したテーマはかなり抽象的なもので、現実感のないものになっていたかもしれない。

話し合いは一旦、白紙に戻った。そして、フィールド・トリップに参加したメンバー同士が、その時の経験やそこで感じたことを共有し合って、改めて劇の構成を練り直すこととなった。このフィールド・トリップでは、夜も暮れた頃に訪れたノツカマップ岬で、処刑されたアイヌを追悼するケウタンケ（危急の叫び声）を皆で腕を組んで叫んだ。この体験を生かし、再現してみてはどうか…。こうして、劇では一人ひとりがそこで感じた思いを言葉にするという構成に決まった。私はノツカマップ岬で何を感じ、考えたのだろう。岬ではアイヌのこともよく知らない自分が腕を組んでケウタンケを叫んでいた。その姿が脳裏をかすめた。あの時の躊躇や戸惑いを私は言葉にすることにした。自分に言い聞かせるようにセリフを発したこの時の経験は、私がアイヌモシリ（アイヌ［人間］の静かな大地、の意）としての北海道と、その中にいる自分の存在というものを意識化する大きなきっかけとなった。

このワークショップが終わった頃から、ＰＰ21では翌年夏の世界先住民族会議の開催に向けて本格的な準備を始めていた。私は大学を卒業することを放棄し、在日コリアンの金興一さんと当時私が何かと行動を共にしていた越田清和さん（後のＰＡＲＣ事務局長、さっぽろ自由学校「遊」理事）とで立ち上げた学習塾で働きはじめていたが、その傍らでＰＰ21北海道の事務局をお手伝いすることにもなり、事務局長である計良光範さんの自宅横に建てられたプレハブ小屋に週何日か通っていた。

世界先住民族会議は一九八九年八月、札幌、二風谷、釧路と、広い北海道を横断しながら一週間かけて開催された。会議には、アジア・太平洋を中心に世界一八地域から二六名の先住民族の人たちが集まった。迎え入れたアイヌの人たちも含め、先住民族同士の間には何とも言えない連帯感が醸し出されていた。かれらは皆、同じ悲しい物語（抑圧と収奪の歴史）を携えてやって来たが、同時に、先住民族ではない私の存在がどこか薄っぺらに思えてしまうほど、豊かな文化性や精神性を身につけていた。

さっぽろ自由学校「遊」の設立記念、松井やより講演会（1990年４月）。女性・人権問題で精力的な活動を続けていたジャーナリストの松井さんが札幌まで足を運んでくれた

このＰＰ21プロジェクトは、他に、農民国際交流（山形・新潟・岩手）、アジア女性フォーラム（横浜）、労働者国際会議（東京・大阪）などたくさんの国際イベントを全国各地でほぼ同時開催し、熊本・水俣の地で「水俣宣言—希望の連合」という宣言文を採択して締め括られた。国を越え、立場を超えて世界中から集まった人々（ピープル）による、来るべき二一世紀に向けた力強い宣言となった（後述）。

私が現在までずっと事務局として運営に携わっているさっぽろ自由学校「遊」（一九九〇年設立）は、ＰＰ21プロジェクトに北海道で関わったメンバー有志が中心となり、「札幌の地に市民同士が社会の様々な課題について学び合える場を」との思いから立ち上げたものである。立ち上げたといっても、資金も場所も何もなかったので、初年度は私が勤めていた先述の学習塾の教室を使って講座が行われた。二年目からは公共施設を利用して開くようになったが、自前の事務所と教室を持つ一九九五年までは、この塾に引かれた一本の電話と私の机が、「遊」の事務所であった。

二　地域の小さな取り組みから見えてくる普遍性

●持続可能な開発のための教育（ESD）と先住民族――紋別での取り組みから

設立以来、「遊」では様々なテーマで講座を行ってきた。なかでも、毎年欠かさず企画してきたのが、アイヌに関わる講座である。それは「遊」にとっても私にとっても、特別な位置を占めるものであった。

しかし、学びを目的とした「遊」の性格上、講座やフィールドツアーはできても、それ以上の実践的な取り組みにつなげていくことは難しかった。そんな制約から一歩踏み出すきっかけとなったのが、「持続可能な開発のための教育」（ESD）へのアプローチである。ESDは、環境や開発、人権、平和などの諸課題を包括する、持続可能で公正な開発を目指すための教育活動として国連がその推進を打ち出したものだが（二〇〇五年）、もともと同様の視点で市民学習を行ってきた「遊」の活動に重なり合うテーマだと感じ、さっそくESDを意識した活動に取り組むことにした。ESDを掲げるうえでは、何よりも「地域性に根ざした学び」が重要となる。北海道に住む私たちにとっては、教室の外に出て道内の地域の課題を見出すこと、そしてアイヌとの共生に向けた学びを深めていくことがそのための第一歩であった。この二つのアプローチが一つに重なったのが、二〇〇九年から始めた紋別における取り組みである。

紋別は、北海道の北側に広がるオホーツク海に面した人口二万三〇〇〇人ほどの港町である。この町に暮らすア

紋別ESDツアーにて、サケの伝統漁を披露する畠山敏さん（左、2009年9月）

イヌの漁師、畠山敏さんとの出会いが私たちの紋別との関わりの始まりであった。二〇〇八年の秋に「遊」が主催したアイヌ関係のワークショップに、同じく漁師をしている息子さんとともにやって来たのが畠山さんであった。

二〇〇九年一月、札幌で開催したセミナー（ESD担い手ミーティング）に、改めて畠山さんを発題者の一人として招いた。漁師一筋で生きてきた畠山さんは、「人前で話をするのは初めて」と控え目ながらも、復活を求める「民族捕鯨」の話だけでなく、海を守るには陸《おか》を汚してはならないこと、大型底引き船による漁業が漁場を破壊していることなど、アイヌの漁師としての思いを語ってくれた。まさにESDにふさわしい内容のお話に触発され、その後のグループワークの話し合いで「実際に紋別を訪れよう！」という話になった。

最初の紋別訪問は同九月、ESDツアー「オホーツクの森と海、そしてアイヌの歴史と現在」として実現した。参加者は約三〇名。ツアーのメインフィールドは藻別《もべつ》川であった。ちょうどサケの遡上するシーズンで、川を上って産卵するサケを間近で観察したり、畠山さんにアイヌの伝統的なサケ漁（マレㇰ漁）を披露してもらったり、獲ったサケを皆で料理し食べたりと、日常では味わえない貴重な経験となった。一方、この頃すでに藻別川の支流水源近くの山中に産業廃棄物（産廃）最終処分場を作る計画が持ち上がっており、現地では不安の声が広がっていた。

実際に紋別を訪れて、その魅力と課題に触れた私たちは二〇一〇年二月、今度は紋別市内で地域ワークショップ「持続可能な紋別に向けて―アイヌ民族の権利回復が今の社会に示すもの」を開催した。畠山さんら地元のアイヌやその協力者に加え、札幌や阿寒のアイヌの人たち、道外のNGO関係者・研究者らも参加し、二日間にわたり熱い議論が繰り広げられた。これが藻別川流域をフィールドとする実践的な取り組みへとつながっていく。海、川、森を一体的に保全・活用しながら、アイヌの権利回復に結びつけていく将来ビジョン（モペッ・サンクチュアリ）が共有され、その実現に向けた緩やかなネットワークが形成されていくのである。

産廃最終処分場の建設をめぐって

ところが、私たちが熱く夢を語り合っていたちょうどこの頃から、産廃最終処分場の建設が具体的な形で表面化してくる。この産廃最終処分場は民間業者が計画したものだが、既存の処分場が満杯状態であったため、紋別市も建設を積極的に後押ししていた。建設予定地の近くには酪農家などが数軒あるものの、市街地から離れた山中ゆえ、建設に対する地元市民の反応は鈍かった。そうした中、かつてこの藻別川の河口付近にあったコタン（アイヌの集落）に生まれ、数年前からそこでカムイチェップ・ノミ（新しいサケを迎えるアイヌの儀式）を復活させていた畠山さんは、「母なる藻別川をこれ以上汚さないで」と建設反対の声を上げ、私たちもこの問題に積極的に取り組むこととなった。

畠山さんが「これ以上汚さないで」と言うのには理由があった。かつてこの川の上流部・鴻之舞地区には「東洋一の金山」と謳われた鉱山があり、最盛期には一万三〇〇〇人を擁するまちがそこに形成されていた。住友金属が経営するこの鉱山は一九七三年に閉山となり、今では言われなければそこにまちがあったとは想像できないほど、自然の姿に戻っている。この鉱山では、大正末期と昭和初期の二度にわたり、沈殿池の決壊により川に鉱毒が流れ込み魚が死滅するという鉱毒事件が起きていた。実は、閉山になった今も鉱毒処理が必要とされており、毎年億単位の予算をかけて汚染処理は続いているという。また、藻別川下流部の元紋別には、一九六五年にパルプ工場ができている。この工場も二〇年後には閉鎖され、今はその面影すらないが、当時は工場排水による汚染が激しかったようである。こうした過去の「開発」による汚染がようやく薄まり、サケ・マスの遡上する豊かな環境が戻ってきた藻別川を再び汚すようなことはしないでほしい。これが畠山さんの主張であった。

私たちはネットワークを通じてこの問題を広く呼びかけ、建設許可の権限を持つ北海道知事に宛てて、国内外の先住民族関連団体の連名で建設中止を求める要請文を送った。ネットワークに加わったNGO市民外交センターは、国連の人権理事会にこの問題を提出し、声明を発表した。二〇一〇年に名古屋で開催された生物多様性条約第一〇回締約国会議（COP10）の際には、関連して行われた先住民族サミットや市民会議に私も畠山さんとともに参加し、この問題についての報告を行った。しかし、これらの訴えにもかかわらず、知事は建設許可を与え、処分場の建設が始まってしまった。諦めきれない私たちは、弁護士に協力を求め、産廃業者を相手取って公害審査会に調停を申し立てることにした。

この申し立ては、処分場の排水が藻別川を遡上する野生サケの生態に悪影響を及ぼす可能性を指摘し、申請人であるアイヌ民族の権利が侵害されるという内容であった。公害審査会は非公開で、弁護士と申請人以外は傍聴も認められておらず、私たちはその成り行きを見守るしかなかった。結局、二〇一一年三月から一年間にわたり行われたこの調停は、最終的にアイヌ民族である畠山さんと産廃業者との間で、立ち入り検査の権利を含む公害防止協定を結ぶことで合意に至った。協定の締結は処分場の操業を事実上認めることになるため、私たちの周囲では反対意見があったが、畠山さん自身にとっても大きく揺れ動いたすえの決断であった。しかし、先住民族への配慮をまったく欠いてきた国や自治体のこれまでを振り返れば、アイヌとして直に業者と公害防止協定を結んだことは、先住民族の権利回復に向けた、小さくはあるが大切な一歩となった。

そして、紋別は今…

実は現在、紋別ではまた新たな状況が生じている。紋別港に面した海浜地区に、発電規模五万キロワットという大型の木質バイオマス発電所が建設され、二〇一六年一二月より営業運転を開始したのである。この発電所は住友林業と住友共同電力の共同出資によって作られたもので、未利用の森林資源を有効活用するものとして、紋別市もこの事業を積極的に推進している。しかし、「海を守るには陸《おか》を守らなければならない」と口癖のように語ってきた畠山さんは、この事業の行く末に大きな懸念を抱いている。

大規模な木質バイオマス発電所が全国的に計画されている背景には、再生可能エネルギーの普及を目的とした固定価格買取制度（ＦＩＴ）の導入（二〇一二年）によって、燃料となる木材を高価格で買い取れるようになったことが挙げられる。しかし、木を燃やして電気を作るこの発電方法は、大量の木材を常時かき集めなければならないという点で、極めて環境負荷の高いエネルギー利用と言える。しかも紋別の発電所の場合、主にオホーツク圏の「未利用間伐材」を使用するという想定になっているが、実際には道内全域から木材を集めており、本当に未利用材のみなのか、その調達が持続可能なものなのか、疑問が残る。また、同発電所では木材チップの他に、輸入されたアブラヤシの殻（ＰＫＳ）も燃料となっている。アブラヤシと言えば、その実から採れるパーム油はマーガリンや石けんの原料であり、世界的なパーム油需要の拡大に伴い多国籍企業がマレーシアやインドネシアの熱帯林を乱伐し、大規模プランテーションを作ってこれを栽培し、その地域の先住民族の暮らしや生態系を破壊していることで大きな社会問題となっている。つまり、この種のバイオマス発電は、彼の国の先住民族を含めて二重の意味で先住民族の権利を侵害していると言えるのである。

紋別の発電所ではさらに、発電所から排出される大量の燃え殻の処分のために、すでに稼働している産廃最終処分場の二倍の広さを持つ新たな処分場を隣接させ、埋め立て期間の一〇年延長が計画されている。

もちろん、発電所の建設にしろ、産廃最終処分場にしろ、そこには私たちの消費生活のあり方も密接に関わっており、企業や行政だけが問われる問題ではない。しかし、この小さな紋別の地域だけを見ても、明治以降、北海道の産業振興ありきのあり方が形を変えながら連綿と続いてきたことは明らかである。そのあり方を問い直すことなくして、「持続可能な社会」を生み出すことはできないだろう。それは、そこに暮らす人々の権利や環境とのつながり、すなわち「命」という視点からの問い直しに他ならない。

三　植民地主義と人権

●植民地主義と先住民族の権利

紋別で今起きている問題は、紋別という地域に固有の問題ではなく、北海道のあらゆる場所で起きてきた問題である。北海道という土地からは、明治以降の日本の近代国家形成プロセスが植民地主義と一体となって進んできたこと、そしてそれが戦後になっても形を変えながら継続されてきたことが見えてくる。

植民地主義といえば、多くの人は欧米諸国による植民地帝国を頭に浮かべるであろうが、日本もまたドイツなどと同様、「遅れてきた帝国」として、特に明治以降、軍事力をもって周囲の諸国や地域を侵略・占領し、領土や支配地域の拡大を図ったという史実を忘れてはならない。また、日本は、第二次大戦の敗北によって海の向こうの植民地や占領地を失ったが、明治以降の植民政策の起点となった北海道については戦後も引き続き日本の領土としたのである。

第二次大戦後、国連は「民族（ピープル）の自決権」の原則を確立し、戦勝国の植民地を含め、本国から離れた植民地のほとんどを主権国家として独立に導いた。しかし、国内に取り残された先住民族は長い間、こうした「民族の自決権」の対象から疎外されてきた。国連で先住民族の権利への取り組みが本格化したのは一九八〇年代以降のことであり、その後、「世界の先住民の国際一〇年」（一九九五〜二〇〇四年）を経て、ようやく二〇〇七年に「先住民族の権利に関する国際連合宣言」が採択されるに至った。前文と四六の条文からなる「宣言」には、先住民族の持つ様々な権利が謳われている。その基盤となるのが、自己決定の権利（第三条）と自治の権利（第四条）である。これは植民地化した側の国家に対して、脱植民地化へ向けての責任を、国民国家としての独立付与とは異なる形で求めたものである。

●日本は植民地主義から脱却しなければならない

この植民地主義という視点から見た時、日本におけるアイヌ政策の根本的な問題点が浮かび上がってくる。日本政府は長い間アイヌを先住民族として認めてこなかった。政府が先住民族と認めたのは、二〇〇八年、衆参両院で「アイヌ民族を先住民族とすることを求める決議」が可決されたことを受けて発表された、内閣官房長官談話が初めてである。しかし、先住民族と認めるようになった今日でも、アイヌが抱える問題を日本の植民地主義と結びつけて捉えることは注意深く避けられている。現在進められているアイヌ政策の基になっているのは、二〇〇八年の国会決議を受け、政府が新たなアイヌ政策の推進に向けて設置した「アイヌ政策のあり方に関する有識者懇談会」の報告書であるが、この報告書では、「国連の権利宣言を参照」すると明記しながら、「権利」という言葉を一切避け、権利宣言の中核にある先述の「自己決定」や「自治」の権利についてはどこかに吹き飛ばされてしまっている。それは裏を返せば、アイヌへの植民地支配に対して、日本政府がいまだに正面から向き合おうとしていないことを意味する。植民地主義から真に脱却するには、日本政府が行ってきた歴史的不正義の非を政府自らが認め、アイヌから奪ってきたものを元に戻す、つまりは「謝罪」と「補償」という具体的な行為が必要であり、そこから始めることこそがアイヌの権利回復に向けての出発点なのだが、実際にはそうなっていない。

今日、日本における植民地主義の継続性を別の形で露わにしているのが、主に中国人や韓国・朝鮮人（とりわけ在日コリアン）、そしてアイヌを標的とする、聞くに堪えず見るに堪えないヘイトスピーチ（憎悪表現）である。差別的な嫌悪や憎しみを意味するヘイトの矛先が、日本がかつて植民地化した地域の人々に向けられていることは、決して偶然ではないだろう。日本政府の名で「かつての戦争への反省」について言及されることはあっても（それ自体、今やかなり危うくなっているが）、「かつての植民地支配への反省」が語られることはほとんどなかったのではないか。しかし、植民地支配への反省を伴わない戦争の反省は、支配された側から見れば、単に自国が散々な目に遭ったことへの「後悔」にすぎないと受け取られても仕方がない。植民地主義は形を変えて、今も生きている。「非戦の意思」を説得力のあるものにしていくためには、私たち自身も、自国の中にあるこの植民地主義と向き合うことが必要である。

四　ピープルの土壌を耕す――対話と学びを積み重ねながら

●「水俣宣言」を振り返る

一九八九年にＰＰ21が採択した国際的な「水俣宣言」は、残念ながら日本国内ではほとんど注目を集めることはなかった。しかし、三〇年近く経った今読み返してみても、私たちが立脚すべきもの、目指すべきものがしっかりと言葉にされている。簡単に、その内容を紹介してみたい。

「宣言」は、水俣（水銀汚染、一九五三年～）、ボパール（インド、有毒ガス汚染、一九八四年～）、チェルノブイリ（ウクライナ、放射能汚染、一九八六年～）という、「開発」がもたらした三つの大災禍を私たちの時代の指標として捉える。科学技術の「進歩」と、巨大企業や政府の進める「開発」が、人々に恐怖と病そして死をもたらすとともに、自然環境を著しく破壊した（今なら私たちはこの三つの大災禍に、迷うことなく福島を加えるだろう）。「進歩」と「開発」はまた、先住民族の土地や資源を収奪し、女性を抑圧し、「南」の貧しい人々の生存と生活と生産活動を脅かした。

さらに「進歩」と「開発」は、多様な人々の多様な価値観（多様性）を破壊し、民衆（ピープル）の創造性と能力と自己決定権を奪い、これらを巨大企業や政府の少数者に集中させ、かつて人々が手にしていた自治権、創造力、人間らしさを毀損していった。そして、殺戮の技術の発達によって「二〇世紀は、どの時代より多くの、そしてずっと残虐な戦争をもたらした」。

「宣言」は、こうした二〇世紀末までの状況を確認したうえで、水俣の方言である「じゃなかしゃば」（今のようでない世の中）という言葉を希望の合言葉として対置する。希望の根拠は、豊かな自然の内なるものたちの声、分断の構造を打破しようとする人々の意思、すでに世界のあらゆるところで出現している変革へ向けた人々の行動である。そして、希望のもう一つの根拠は、現在の構造それ自体が作り出している矛盾の中にある。「宣言」は言う。「経済はすでに、あまりにもばかげたところまできてしまったために、ますます多くの人びとがそれを自分とは無縁で空しいものだとしか感じなくなっている。世界のいたる所で、ますます多くの人びとが、時を同じくして、おたがいのあいだに、そして自然のあいだに調和のある別の生き方を探し求めている」。

「宣言」は、「民主主義」を自分たちの手に取り戻そうと呼びかける。国民国家に括り付けとなった「民主主義」、それを構成する諸制度を批判しつつ、今や国民国家の枠内だけでは解決不能な新たな状況——自分たちの生活に関わる決定が、自分たちの生活から遠く離れた外国政府、多国籍企業、国際機関などによって下される状況——に抵抗する新たな権利を打ち出す。「わたしたちはここに宣言する。抑圧されている人びとは、自分たちの生活を左右する決定の実施については、その決定がどこでくだされるにしろ、これを批判し、これに反対し、かつその実施を阻止する天賦のかつ普遍的権利があることを」。
最後に「宣言」は私たち自身が国民国家の枠を超え、様々な分断を乗り超えて行動する主体となることを、また、自分たち自身の二一世紀を力を合わせて作り出す「ピープル」となることを謳い上げる。

自由学校――ピープルが出会い、学び合い、力をつけ合う場

さっぽろ自由学校「遊」の設立から三〇年近い歳月が流れた。現在運営に関わっているメンバーには創設のきっかけとなったＰＰ21のことを直接知らない人たちも多い。しかし、ＰＰ21や「水俣宣言」の精神はしっかりと私たちの中に受け継がれていると思う。それは、民族、性別、国籍等、あらゆる属性にとらわれず、個々人が一人の「ピープル」として社会や世界に向き合おうとする精神である。

さっぽろ自由学校「遊」の講座風景（2017年１月）

自由学校の活動は、講座や学習会を中心に、札幌のまち中にある小さな教室でほぼ毎日行われている極めて日常的な取り組みだ。参加人数は、多くても三〇名、通常は一〇名前後の講座がほとんどである。学校と言っても、何かの資格が取れるわけではないし、誰かが誰かを「育てる」といった姿勢があるわけでもない。

しかし、この場では誰もが一人の市民であり、ピープルの一員である。講座のテーマやスタイルは様々だが、共通しているのは、ここではそれぞれの立場や地位とは関係なく、互いに自分の考えや疑問を自由に言い合えるということである。私たちはそこでの学び合いや対話、議論の中で互いにエンパワーされ（力をつけ合い）、世界や社会との向き合い方を少しずつ変えていく。ピープル同士が学び合い、自由に意見を交し合うこうした場こそ、「民

主主義」というものの土壌なのだと日々つくづく感じている。

もちろん、現実世界には様々な非対称の力関係があり、個々人を押しつぶす構造が立ちはだかっている。それは強固で動かしがたい壁にも見える。私たちはそうした構造の被害者であるとともに、ときに加害者でもある。だからこそ、私たちは互いに学び合う。小さな抵抗や小さな創造を積み重ねながら、ときには休んだり立ち止まったりしつつ、それぞれの場で少しずつ自分を変え、社会を変えていこうとする。こうした日々の営為を、私は「非戦」と呼びたい。

【私にとっての三冊】

花崎皋平『増補　アイデンティティと共生の哲学』（平凡社ライブラリー、二〇〇一）

さっぽろ自由学校「遊」の精神的支柱である哲学者、花崎皋平さんの主著の一つ。本稿で触れたPP21や世界先住民族会議の経験を踏まえながら、オルタナティブな社会のあり方を思索する。

C・ダグラス・ラミス『経済成長がなければ私たちは豊かになれないのだろうか』（平凡社、二〇〇〇）

世の中の本質を、平易に、ユーモアを含みながら表現してくれるのがラミスさんの真骨頂。「開発／発展（ディベロップメント）」という言葉の由来や意味を考えるうえで参考になる書。

パウロ・フレイレ／三砂ちづる訳『新訳 被抑圧者の教育学』（亜紀書房、二〇一一）

決して平易な本ではないが、「銀行型教育」と「問題解決（課題提起）型教育」というユニークな対比は、教育現場のみならず、あらゆる社会関係を考えるうえで大変参考になる。

Column14

アイヌと北海道

アイヌは、近世（一七〜一九世紀）においては現在の東北地方北部から北海道、サハリン（樺太）、クリル（千島）列島にかけての広い領域で生活を営んでいた民族であり、現在はその子孫が北海道を中心に日本の各地で生活している。その起源は諸説あるが、一般には、今から一〇〇〇年ほど前に北海道やその周辺地域を生活の場としていた「擦文文化」（同地域における土器時代終末期の文化）の担い手たちがアイヌの祖先と言われている。アイヌとは「人間、ひと」を意味し、カムイ（神）に対する人間を指す言葉である。

コタンという集落単位で社会を形成し、狩猟・漁撈、採集のほか農耕も生業とする一方で、海を越え他民族との交易を活発に行う「交易の民」でもあった。しかし、一五世紀の初め頃から和人（アイヌに対する日本人の自称）の侵入が相次ぎ、強い抑圧を受けはじめる。これに対する最初の抵抗がコシャマインの戦い（一四五七年）として知られている。江戸時代に入ると、松前藩がアイヌとの交易を独占し、和人との自由な交易を制限した。やがて和人商人がアイヌとの交易を請け負い（場所請負制）、商人たちはアイヌを使役し、過酷な労働を強いるようになった。クナシリ・メナシの戦い（一七八九年）は、非道な和人商人たちの抑圧に対するアイヌの最後の武装抵抗戦となった。

江戸時代は和人のアイヌに対する抑圧や搾取が激しい時代であったが、それでも現在の道南地方にあたる和人地を除く地域は蝦夷地、すなわちアイヌの地とされ、海岸部に設けられた「交易のための場所」を除けば、アイヌの生活空間は維持されていた。

ところが明治になると、日本政府はそれまでの蝦夷地を「北海道」と名付け、一方的に日本の領土に組み込んだ。北海道には開拓使という政府直轄の行政機関が設置され、本州から和人を入植させて産業振興を図る開拓・殖民政策が導入された。アイヌの生活空間であった広大な土地は国有地とされ、海を渡ってきた和人たち、とりわけ富裕層や企業家たちに有利な条件で払い下げられていった。これによりアイヌは、生業のシカ猟やサケ漁を取り上げられ、アイヌ固有の文化や風習は「野蛮」なものとして禁止されていく。一八九九（明治三二）年に制定された北海道旧土人保護法は、旧土人（アイヌに対する当時の呼称）の保護を名目としているが、実際にはアイヌの農民化、和人との同化を強要し、アイヌの社会と文化を一層破壊していくものとなった。

戦後の日本は、敗戦によって海外の植民地を失ったが、一方で国内には「日本人＝日本民族」という一つの民族しか存在しないという意識が暗黙の前提となり、法制度的に見てもいまだに多様な民族の存在を認めていない。一九九七年に北海道旧土人保護法の廃止とともに、アイヌ文化振興法（正称「アイヌ文化の振興並びにアイヌの伝統等に関する知識の普及及び啓発に関する法律」）が成立した。この法律はアイヌ文化の尊重を謳うものだが、基本的にはアイヌを「日本の多様な文化の一つ」として位置づけている点で同化政策あるいは植民地主義の延長にすぎない。

日本政府は、二〇〇八年にようやくアイヌを日本の先住民族として認める見解を示したが、現在進められているアイヌ政策は、やはり先住民族としての権利保障政策とは程遠いものと言えるだろう。

第10話

学び合い・大学・紛争予防・朝鮮半島

私の使命は何か

次世代とともに作り上げたいもの

金　敬黙
（日本国際ボランティアセンター［JVC］理事／一九七二年生まれ）

生まれた時から外国人。生まれた故郷が他郷という捻れ。幸いそれを強く感じずに今に至るのは、国際的でリベラルな大学キャンパス（非日本的な空間）で育つことができたからだ。小学でソウルに戻り、そこが祖国、故郷となった。民主化と高度経済成長の真っ只中、学生時代は「韓国人」として育成された。「自分はどこか違うのではないか」「早くこの国から離れたい」——何とも言えない違和感が毎日のように少年の私を襲った。日本でもう一度暮らしてみたい、そこで世界と自分の関係を見つめてみたい。この願望が私を東京の大学院へと誘った。NGO 研究の傍ら、紛争地ユーゴスラヴィアやアフガニスタンに赴き、地元の人々や NGO 仲間から現場主義の大切さを肌で学んだ。大学教員となった今、教育と活動、遊びと仕事の一体化を新たなスタイルで模索しつつ毎日を楽しく送っているが、Where are you from? の質問には、今も Tokyo と Korea とで常に返答に戸惑う自分がいる。

写真：JVC が行った旧ユーゴスラヴィアでの子どもワークショップ「折り鶴を通して考える、祈る平和と創る平和」（2001年）

一　日常の暮らしを軸に

●「普通」が普通じゃないこと

私は、日本で外国人として生まれた。逆説的に言えば、私は生まれた時からたくさんの「外国人」(=日本人)に囲まれていた。本来、子どもにとっては、国籍とか民族とかアイデンティティは何の意味もなさない。学校教育や家庭の文化を通じてそれを習得し、大人になる過程で構築されたアイデンティティが、社会で自己として他者に投影されるだけであるかもしれない。それでも、生まれた時から生まれた場所で外国人として位置づけられ、少数者として生きることは、「普通」ではない。国民国家システムでは、個人が国家の一員になるという枠組みを生み出すことから、それに綺麗に当てはまらない矛盾がしばしば生じてしまう。

それでも、私は自分の置かれた状況が特殊であるとはほとんど感じることなく幼少期を過ごせた。なぜならば、親が教鞭を執っていたという事情から、国際色豊かな東京・三鷹の大学キャンパス内で暮らすことができたからである。もう名前などはあまり覚えていないが、近所や幼児園の幼馴染みには肌の色が異なる友達がいて、アルバムには一緒に映っている友人たちの姿がある。私にとって「国際」は、その意味も知らない時から与えられた前提条件であった。生活空間そのものが、ある意味、非日本的な環境であり、国際的な雰囲気が漂っていた。それが自然な環境だと思っていた。人間にとって環境が与える影響は想像以上に大きいと感じる。私は本名で小学校に入学したが、たった一度だけ、入学後まもなく、「国へ帰れ」と同級生から言われたことがある。この時のことは、誰が、どこで、その言葉を口にしたのか、今もしっかりと目に焼き付いているが、その子はいつ、どこで、そして誰から、そんな言葉を教わったのだろうか。

格差と不平等に敏感な青春

小学校二年生の夏休みに家族の都合で韓国へ「帰国」した。民主化以前の一九八〇年の夏のことである。当時、韓国の政治は権威主義体制であり、経済的にも貧しい発展途上の国だった。当時の日本と韓国の格差は、肌感覚で三〇年近くのギャップがあったと言っても過言ではなく、韓国内での格差ともなれば、より深刻であった。そのような状況の中で私は韓国の私立小学校にいきなり投げ込まれ、日本からやって来た「半チョッパリ」（チョッパリは日本人に対する差別用語）と呼ばれながら、鮮烈な学校生活のデビューを果たすことになった。一九八〇年八月、今でもあの時の記憶は鮮明に残っている。最初に覚えた韓国語の文字は、学校の廊下の踊り場に掲げられた「祝、光復三五周年」（光復とは植民地支配からの解放や独立の意）という横断幕の言葉。転校した初日、休み時間のボール遊びでのこと、「チョッパリはアンデェ」（日本人はダメ）という声がどこからか聞こえてきた。仲間外れを意味するその言葉を知らず、ひたすらボールを追いかけていた。多くのクラスメイトのお弁当は、麦飯とインスタントコーヒーの空き瓶に詰められたキムチ一つ。貧しい子どもたちは、反日感情を露にしつつも私が持っていた日本製の鉛筆にはあこがれた。三年生の夏休み明け、教室に入ると隣の席の仲良し君がいなくなっていた。さびしかった。学費の高い私立小学校（年間五万ウォン［当時、約一万三三〇〇円］くらいだったか）を辞め、大通りを挟んだ公立小学校（年間五〇〇〇ウォンくらいだったか）に転校したという。経済格差がリアルに交錯する小学校生活、当時八～九歳だった私にとっても、日常的な格差には敏感にならざるを得なかった。

言葉のハンディも徐々になくなり、私は「普通」の韓国人になっていったが、それでもどこかで自分はみんなと違う気がした。実は今もそうだが、私は日本人でも韓国人でもないと思っている。一つに染まることは窮屈である、という自己感覚はそこからきているのではないか。

中学時代。朝鮮戦争休戦ラインの近くに「反共教育」の一環で訪れた統一公園にて。朝鮮半島は今も分断状態にある

中学・高校は地元の男子校へ通った。韓国の受験競争は日本以上で、私はといえば、一度も勉強のできるトップ・グループに入ることなく、せいぜい第二集団に何とかしがみつく程度の生徒だった。ある日知り合いから、カナダの全寮制高校に留学しないかという誘いを受けた。受験戦争から解放され、英語を話せる「グローバル人材」になれる！　なんとラッキーなんだろう、と喜んだ。だが、「何があっても韓国の大学に」という父の圧力に負けて、このお誘いは夢想に終わった。それでも運よくソウル市内の韓国外国語大学に現役合格し、憧れの大学生活を送ることとなった。一九九一年の春である。

一九九一年は、国際的には湾岸戦争が勃発し、旧ユーゴスラヴィアが解体した年である。この年の九月には南北コリアが同時に国連に加入した。当時の私は、数年後の自分が旧ユーゴスラヴィア問題や南北コリア問題に深く関わることになるとは想像すらしていなかった。韓国国内は最後の民主化闘争の時代であり、「盧泰愚《ノテウ》政権の退陣」＝民主化というゴールに向かって、学生たちはキャンパス周辺や街の広場で火炎瓶、ゲバ棒、鉄パイプを片手に、同世代の機動隊員たちと対峙していた。

●民主化闘争――現実と向き合うか、それとも逸らすか

一九九一年の韓国はいまだ軍事政権・権威主義体制の中にあり、学生運動がとても激しい時代であった。デモの鎮圧過程で大学生一人が犠牲となり、一〇人が焼身自殺し、一人が投身自殺、そして二人目の命が公権力によって

奪われた。「三八六世代」（当時三〇代で、八〇年代に大学に通う、六〇年代生まれの世代）の一員として私たち九〇年、九一年の入学世代がカウントされる背景には、こうした時代的な文脈がある。九一年六月には、母校の韓国外国語大学を特別講義で訪れた鄭元植《チョンウォンシク》総理内定者（当時）が生卵や小麦粉を投げつけられる「総理リンチ事件」が起き、大学近辺にいた学生数千人が機動隊によって無差別的に連行された。私も騒ぎのことはリアルタイムで知ったが、たまたまキャンパス周辺の外にいたため、難を逃れた。

大学学部卒業式の日、サークルの先輩後輩たちとの一枚（筆者右）。隣の後輩は学士将校候補生（ROTC）として、学部３・４年生をユニフォームで過ごした。徴兵制がある韓国の現実

　韓国の「三八六世代」は、日本の六〇・七〇年安保世代と「同時代性」を共有していると言えるだろう。日本の安保世代と同様、当時の私たちの立ち位置も、学生運動に徹底的に関わるか、あえてそこから距離を置くかで大きく二つに分かれていた。私は後者の立場を取った。運動目的に賛同しつつも、動員型の、過激な運動スタイルには違和感を覚えた。憧れの大学生活を送るはずが、現実は理想とあまりにも異なり、キャンパスの騒がしさに疲れた私は大学一年を終えて休学することにした。数カ国語を流暢に話す大学の先輩たちに日頃から刺激を受けていたので、高校時代に果たせなかったカナダ留学にチャレンジすることにしたのである。高校時代に留学を誘ってくれた方の義弟がトロントで牧師をしていた。そのご縁が大きかった。

　カナダは私が初めて体験した、日本や韓国以外の「世界」であった。二〇歳をカナダで迎えた私は、その自由かつ多文化の空気をひたすら楽しんだ。カナダのニュースは毎日のように旧ユーゴスラヴ

ィアの紛争を報じていたが、私にとってそれは一ミリの関心にもつながらなかった。今さらではあるが、無知や無関心とは実に恐ろしいものだと感じる。その後、韓国へ戻り、大学に復学し、何ら問題意識を持たぬまま「楽しい大学生活」を過ごした。キャンパスも一九九三年二月以降は、直接選挙によって金泳三《キムヨンサム》政権が文民政権として発足し、少しずつ落ち着きはじめていた。こうして大学を卒業し、一九九六年、私は日本留学の旅路に出た。子どもの時代を過ごした国に再び住みたいという思いと、やはり韓国から離れたいという感情が日本の大学院へと誘った。

二　私が抱く現実認識――「喪失の時代」をいかに生きるか

私にとっての研究と活動

ＮＧＯを学問として扱ってみたい――大学院で研究テーマを模索する中、頭でっかちな発想だけがあった。大学一年生の時、短い期間ではあったがサークル活動の一環として社会福祉関連のボランティア活動に参加し、様々な体験をした。また、脱冷戦時代に入って間もない当時、国際関係論を学ぶ上でＮＧＯの役割を知ることがいかに大切であるかもなんとなく見聞きしていた。これが、ＮＧＯをまじめに研究したいと思ったきっかけである。日本に留学した直後、坂本義和教授の『相対化の時代』（岩波新書、一九九七）を読んでいた。そこでは、ソ連崩壊や欧州連合（ＥＵ）統合などの「国民国家の相対化」に伴い、「市民社会」の存在が時代の担い手として強調されていた。これに触発されたのも、ＮＧＯ研究を選んだ理由の一つとなった（当時、「市民社会」の台頭が語られていながら、その重要な構成要素の一つであるＮＧＯについての学術的研究はあまりなされていなかった）。さらに、地雷禁止国際キャンペーン（ＩＣＢＬ）とその先導者ジョディ・ウィリアムズ氏が一九九七年にノーベル平和賞を共同受賞したことも、私にとっては大きな刺激となった。

修士論文を書いた一九九八年、机上の研究だけでなく、現場の視点もしっかりと知る必要を感じ、日本の老舗Ｎ

GO、シャプラニール＝市民による海外協力の会（通称シャプラニール）主催の「NGOカレッジ」に参加する機会を得た。ここでは同NGOの役員をしていた大橋正明さんと出会った。修士論文のテーマは「なぜ、日本のNGOは国交のない朝鮮民主主義人民共和国（［北］朝鮮）に対して人道支援を行うのか」であったが、そのための調査過程では、対（北）朝鮮人道支援キャンペーンの参加団体だったNGO、日本国際ボランティアセンター（JVC）に出入りするようになり、同NGOの当時の代表理事・熊岡路矢さんや事務局長・谷山博史さんに出会うことにもなった。その頃、トロントでお世話になった韓国系の牧師さんは、（北）朝鮮の食糧危機や開発援助に積極的に関わるため、カナダ国籍を取得して（北）朝鮮支援を始めていた。

一九九九年、旧ユーゴスラヴィアで再びエスニック衝突が発生し、北大西洋条約機構（NATO）軍による空爆が七八日間続いた。空爆後の七月、JVCによる人道支援活動の第一陣として現地入りしていた熊岡代表の後を追い、私はその第二陣の谷山事務局長に同行してセルビアのベオグラードに向かった。初めて戦場に足を運んだ。これが今の私の世界観に通じる最初の出来事となった。

二〇〇一年に起きたアメリカ同時多発襲撃事件（9・11事件）と米英有志連合軍によるアフガニスタンへの「報復空爆」（一〇月八日開始）は大きな衝撃であった。ところが、この出来事に対して、国際関係論を学んでいる政治学徒たちが想像以上に「冷静」というか「冷淡」であることに驚き、落胆もした。大学院に通いつつ週の半分以上をJVCの活動に費やしていた私は、「大学研究者」と「NGOワーカー」との極端な温度差に違和感を覚えながら、自分は研究者であるべきか、活動家であるべきか、自問の日々が続いた。

二〇〇二年五月、JVCから、アフガニスタンでの現地活動に二週間ほど参加してくれないかと打診を受けた。日本人スタッフの一人が一時帰国することになり、現地の日本人は女性看護師さん一人だけになってしまうからだという。当時のアフガニスタン情勢は、まだ、人道支援関係者への誘拐や殺害事件が顕在化する前であったが、それでも治安問題は命にもつながる。行きたい気持ちと、怖い気持ちが交差した。たしかに危ないかもしれない、で

JVC時代（2002年頃）の筆者（左）。「JAPAN-KOREA 平和ワークショップ」の会場にて（中央は韓国の仏教系NGOのイ・スンヨンさん、右は日本の人道支援NGOコリアこどもキャンペーンの筒井由紀子さん）

も誰かは行かなければならない。妻に相談した。意外とさらっとしていて、「行きたいなら行ってきてもいいよ」という返事が背中を押した。

アフガニスタン東部、ジャララバードでの二週間は、それまで博士論文が思うように書けずにいた私に大きな刺激を与えてくれた。なぜ生きるのか、なぜ研究するのか、そしてなぜ大学教員を目指すのか。仮にこのままＮＧＯ研究で博士号を取得してドクターと呼ばれても、アフガニスタンで活動する医師や看護師のように人命を救うことはできない。自称「ＮＧＯ学徒」の私にできることは何か。自問自答をジャララバードで二週間繰り返した。私は満三〇歳になっていた。二〇歳は北米で、三〇歳はアフガニスタンで、あとで触れるが四〇歳の誕生日もそうだったのだが、私の人生の節目はすべて海外であった。

アフガニスタンから日本へ戻ると、博士論文は驚くほどの勢いでまとめることができた。二〇〇二年の暮れ、恵泉女学園大学で教鞭を執っていた大橋さん（当時はシャプラニールの代表理事になっていた）から自宅宛に電話がかかってきた。「平和研究入門」という科目を教えてみないか、とのお誘いだった。これまでの蓄積を試せる、そう思うと素直にうれしかった。翌年には他大学の「現代人権論」という科目もご紹介いただいた。それでも大学の専任教員への道は狭い。あと何年辛抱すればいいのだろうか。不安は常につきまとった。安定的に喰っていく方法を探す必要があった。

二〇〇四年、大学院時代に知り合ったアメリカ在住の友人が、ニューヨークの自分の職場で一緒に働かないかと誘ってくれた。グローバル展開を視野に入れたアジアン・フードのマーケットだった。社長秘書室長として参画してほしいという甘い誘いに行く気満々となり、さっそく業務内容と給与条件の事前交渉をするために渡米の予定さえ組んだ。ニューヨークで数年修行し、国連機関にチャレンジしたい――気持ちはすでにニューヨーカー、であった。しかし、ちょうど同じ時期、志願していた名古屋の大学から「平和論」の専任教員として採用内定をもらうことにもなった。本命はニューヨークだったから、大学の採用面接には緊張せずに挑めたし、これが結果につながったのだろう。ニューヨークか、それとも名古屋か。周囲の仲間はニューヨークがカッコイイと言っていたが、結局、名古屋に行くことにした。理由はシンプル、やってきたことが続けられるからであった。

名古屋ではたくさんの経験を積むことができた。専任教員として七年ほど働いてから一年間、在外研究のチャンスもいただいた。東日本大震災・福島第一原発事故の翌年でもあり、日本で活動すべきか迷ったが、長い目で自分の成すべきことをと考えたすえ、私はこの四〇歳の年をオーストラリアで過ごすことにした。

オーストラリアでは、本国（北）朝鮮を逃れ、海外に「再移住」する脱北者たちの状況を調査した。かれらとこの問題について語り合う日々が多かった。韓国に移住したけれど、同じ言語を話す韓国人から差別され、それに耐えきれず、合法・非合法を問わない「難民」として第三国のオーストラリアへ再移住してきた（北）朝鮮の人たち。その実態に衝撃を覚えた。

ふと自分を振り返る。私の人生の節目はいつも外国。否、どこにいても私は、そこがホームであり、同時にアウェーである生き方をしているのかもしれない。状況や立場の違いはあれ、その点では脱北者も私も本質的には同じではないのか。そう思えた。オーストラリアでたくさんの刺激を受けた私は、真剣に自分の社会的役割なるものを模索し、一歩前に出て行動しようと覚悟した。そして、二〇一六年、東京に「戻って」きた。

◉「世界―生活空間―私」のつながりを模索する

今世界は大きく揺れ動いている。今この瞬間にも地球上のどこかで戦闘やテロが引き起こされている。その根本要因とされる政情不安や経済的な格差、貧困、差別が世界中に蔓延している。日本においても経済的・社会的不安は尽きず、学校でのイジメやケンカ、家庭・職場でのハラスメント、それに伴う自殺や殺人が跡を絶たない。

テレビやラジオ、新聞やインターネットなどのメディアに目を転じてみる。これらは「真実を伝える報道の義務」という名分のもと、世の中に生じるありとあらゆる事件・事故、争いと不幸を伝え続けるが、私たちの暮らし、世界の窮状は一向に改善しない。報道(情報)に接しても、解決の糸口さえ見えない事象ばかりがあふれると、私たちは現実感覚を失い、何が真実で何が虚構であるのかすら、よくわからなくなってしまう。

真実が意味や力を失ってしまう時代、いわゆる「ポスト・トゥルース」の時代が到来している。民意を形成する「世論」は、デモクラシーにおいて最も重要な要素の一つである。しかし、その世論が今、バイアスのかかったメディア権力によって操作されたり、意見を異にする民意同士の分断を助長する諸刃の剣となっている。

世界全体が混迷する中、私たちは希望を捨てず「平和裏」に生き延びることができるだろうか。そのための道を模索し、共に行動に移す仲間を増やし、連帯することはできるだろうか。さもなくば、微力な個々の人間はみな、自身の生き残りのみに専念するしか道はないのだろうか。

方向性をめぐるこの問いについて、私は未来を生きる若者たちとともに、大学という現場で深く考え続けていきたいと思っている。私が学生であった一九九〇年代(ポスト冷戦期の希望の時代)、しかも私がそこで過ごした韓国の民主化闘争時代とは時間も空間も異なり、私の経験や感覚がそのまま今の日本の若者との対話に活かされるとは思わないが、それでも一縷の希望を信じて、私の体験を通じた思いを少しでも若者たちに伝え、共有しうる価値を見出していきたいと考えている。

●「良きグローバル人材」

この混迷の時代、他方では「教養」「文化」へのまなざしを重視しようとする動きも始まっている。人間同士の亀裂、分断を乗り超え、いかに共生していくかは正しい知識と異文化尊重にかかっている、という視点を再評価する動きである。大学などの高等教育の現場でも、そうした視点に立つ「グローバル人材」の育成が謳われている。言うまでもなく、グローバル化は私たちの暮らしを便利にしてくれるポジティブな側面もあれば、格差や紛争の火種として作用するネガティブな側面もある。したがって、「グローバル人材」を語る時には、「グローバル化」それ自体の中身を明確にしておくことを忘れてはならない（人間を経済的資源の一つに見立てる「グローバル人材」という言葉には違和感がある。だからここではこの言葉を、「グローバル市民」に置き換えられる意味での概念として使用することにしたい）。

若者たちが世界や地域社会に羽ばたいていくためにも、ライバル同士がしのぎを削り合う「競争社会」の現実、グローバル化の荒波について、一定の自覚を持つことは必要だ、というのが私の視点である。要するに、「島国」だの「ガラパゴス化」だのに甘んじて殻に閉じこもっていては、競争力どころか、協調力や共生力すら身につけることができず、ましてや、世界平和や格差是正について考え、悩み、一歩踏み出す暇もなく、世界の荒波に呑み込まれてしまうのではないか、ということである。

「良きグローバル人材」か「悪しきグローバル人材」かと言えば当然、「良きグローバル人材」が求められるだろう。倫理や規範的な話はさておき、ここでは「良きグローバル人材」を「〈世界―生活空間―私〉の関係性をソウゾウ（想像かつ創造）できる人」と定義する。たとえば、名門大学を卒業し、安定した職業に就けただけでは、あるいはまた、欧米での生活体験があり英語やフランス語を流暢に話せるだけでは、「良きグローバル人材」になることはできまい。「世界」は別に、専門知識や技術、英語やフランス語といったハード面だけで動いているわけではない。むしろ、それらを「誰のために、何のために活かすのか」というソフト面、つまり中身が充実しなければ、十分に機能することはできない。その中身を良き方向へ向かわせようと努力する者が「良きグローバル人材」である。

「私」が地域（生活空間）や世界でどのように映り、そして「私」が地域（生活空間）や世界とどのように関わりを持つかをソウゾウするためには、「中心」ではなく、「辺境」や「境界」からのまなざしが必要になるだろう。そのまなざしは、メディアから流される「選択された」情報のようにいつでも見えたり感じ取れたりするものではない。そのまなざしは、たとえ目立たない小さな事柄にも、誰に促されるでもなく、「私」自身の方から、「私」の目と足で分け入り、感じ取るものである。そのまなざしはまた、『バナナと日本人』（岩波新書、一九八二）の鶴見良行や『エビと日本人』（岩波新書、一九八八）の村井吉敬をはじめとする先達たちによって、学問的実践においても社会的実践においても提起されてきたものでもある。

●理念の存在を〝自分の眼〟で感じること

「辺境」や「境界」へのまなざしとは、ある面では、異なる文化が持つ価値を尊重する文化相対主義的な視点を重視することである。他者とのつながりを模索し、相手の立場や意見に耳を傾け、声なき声や少数者の考え方にも他と同等の価値を認めるというフェアな視点である。

この視点を原動力に、行動へとつなげようとするのが社会運動であり、ＮＧＯやソーシャル・ベンチャーの活動である。最近、ＮＧＯやＮＰＯといった市民セクターを生計の手段として捉える若者が増えている。そうした意識と、組織や運動そのものの行動原理との間に生じるジレンマについても、注視していく必要があるだろう。たしかにバブル崩壊以降、一昔前のような手弁当、無報酬のボランティア理念だけでは、若者の参加や持続的活動を期待することは難しい。だからと言って、ＮＧＯや市民セクターが「食うための就職先」になってしまうことで、目的と手段の本末転倒が起きてもいけない。理念は目には見えない。けれども空気のように、それは確かに存在する。それを見失ってはならない。理念の存在を〝自分の眼〟で感じること――この感覚を育むことができない限り、「良きグローバル人材」としての感覚も身につけることはできないと私は考える。

三　私の現在の取り組み――「非戦」へ向けた対話のために

「問いかけの反復」と「問題意識の醸成」

名古屋の大学に勤めた十余年の間、私は「平和論」という科目を講義するにあたり、「教養」や「市民」の大切を伝えることを最大のメッセージとしてきた。ここでの「教養」とは平和をソウゾウする視点のことであり、「市民」とは平和をソウゾウする主体のことである。戦争（直接的暴力）のない状態、貧困・差別（構造的暴力）のない状態を目指すには、「平和とは何か」について、何よりもまず生活者（「市民」）である私たち自身の視点に立って考えること、そして、そこから平和研究のアプローチ（「教養」）を深め、世界とのつながりを模索していくこと、講義ではそこに力点を置いた。これもまたＪＶＣ時代に学んだ私のスタンスである。

最近の若者は社会問題に消極的と言われることが少なくない。かれらはバブル崩壊以降の生まれである。がんばってもがんばっても不安定な未来しか描けない時代状況が続く中では、冒険的な人生より身近な生活を重視し、堅実に生きることに幸福を求めても何ら不思議ではない。この「サトリ世代」に、「平和論」の授業で最初に出す質問がいくつかある。「なぜ、９・11事件は起きたのか」「なぜ『テロ』や『テロとの戦い』は止むことなく続いているのか」などである。

「これは難しい問題ですね」と学生たちは答える。たしかにそうだ。「テロ問題を『解決する』ためには防衛力なり、国力、権力、相互理解力なりが必要ですね」と、〇〇力を列挙する学生も少なくない。これは「解決策」を提示するための議論、「正解」を求めるための議論と言える。気になるのは、学生たちの多くが、「なぜテロが発生したのか」という根本要因へ向かう議論よりも、「解決策」や「正しい答え」の方に目を向けがちな傾向にあることである。

JVC時代。谷山さん（右。当時、事務局長）とのツーショット。東京・東上野にあったJVC事務所にて（1999年）

また、「国は…」「政治家は…」という風に、大きな力を主語とするケースが多く、「私は…」の視点が抜け落ちている。日常の暮らしを大事にする「私」と、その「私」の集合体である「世界」とをつなぐソウゾウの視点の大切さを、これからも学生に伝えていきたいと思っている。

平和研究者という使命の確立

先にも触れたが、私は二〇〇〇年代の初めにＪＶＣ関連の仕事を通じて「平和」というテーマと向き合うことになり、大学の「平和研究入門」科目を通じて大学教壇にデビューした。もちろん、初めから平和研究者としての自覚を十分身につけてスタートしたわけではない。私が平和研究を学問的なアイデンティティとして、また生きるうえでの哲学として捉えられるようになったのは、学生や研究仲間との学び、社会と向き合う様々な人々との出会いがあったからに他ならない。

名古屋の大学に着任してからの数年間は、一九六〇年代に立ち上げられた平和運動グループ「ベトナムに平和を！市民連合」（べ平連）に関する文献を読み漁り、運動に関わった方々とお会いする機会にも恵まれた。「もしも私が『かれら』と同じ状況に置かれていたら、同じ行動を取ることができたであろうか」と自問自答を繰り返していた時代である。「かれら」とは、ベトナム戦争における脱走米兵たちのことであり、また、小田実や高橋武智など「べ平連」や「ジャテック」（ＪＡＴＥＣ＝反戦脱走米兵援助日本技術委員会）で活動していた運動家たちのことである。ちょうどその頃、数人の仲間たちと、国際協力ＮＧＯの現状を考える勉強会を行っていた。国際協力ＮＧＯに「就職」して「生計」を立て、ＮＧＯの仕事を「人生のキャリアパス」に使う若者たちが増えている状況についても議論し合った。元「べ平連」の方々ともこの点について話をした。べ平連の時代、市民運動や社会運動は生計の手段ではなく、あくまで自分たちの意思に従い無償で行う自発的な活動であった。その点で、かれらは現状のNGOに対して冷ややかであったと記憶している。かれらの理念には私も大いに共感できた。ただ、時代の変化の中で、手弁当のみでは限界にきているのも事実だった。ソーシャル・ビジネスが拡大・成長するこの時代、NGOの発展のあり方が変化しつつあることを感じていた。

当時の私は、NGOの立ち位置をめぐって、「活動」と「研究」の両面から、若手の仲間たちと議論を続けていた。答えを見つけるというより、自分自身の進むべき方向について、自戒をこめて模索したかったのである。

今私は、やはり模索を続けながら、朝鮮半島と日本の関係をはじめとするアジア地域の平和研究に取り組んでいる。国や民族という固定化されたイメージを単位とせずに、移動や越境をグローバルな視座から見つめた時に初めて見えてくるものがある。自分の人生経験を生かしながら、これからもこの視点に立った平和研究を続けたいと思っている。

四　私の活動を支えるもの、立ちはだかる壁

●相互理解の「芽」を次世代と共に育む

「非戦」という言葉がある。この「戦に非らず」という語は、「反戦」「否戦」「不戦」などといった類似語とどのような点で重なり、また異なるのだろうか。「非戦」という理念を貫くために、また実践するために、異なる価値を持つ人々との対話は、どのような姿かたちを取るべきであろうか。

このような素朴な問いに向き合い、目の前の他者と意見を交し合うこと、互いの意見の違いについて認識し合うことが大切である。大学の教室一つを見ても、そこには常に多様な人々が「共存」していることがわかる。「平和」

について真剣に学びたい人、単純に単位が欲しい人、教員の考え方に引きつけられる人、反対に反発を覚える人…。そうした「共存」空間において、絶対的な正しさを追求したり、押し付け合ったりしても、何ら「相互理解」は得られないし、ましてや「互いに歩み寄る」ことなどはできない。

私は教員であるが、ときには様々な学生の一人になってみることもある。ある学生からAという意見が出れば、別の学生の立場に立ってBという意見を提示し、そこからCという視点が導き出されてきたら、今度はDという視点も存在しうることを提案してみる。スッキリと「正解」が得られる歯切れの良い回答を求めるのではなく、問題の核心や争点について徹底的に議論し、整理・分析していく。一般に、学生も教員も、大抵このアプローチに不満を持つことが多い。学生たちは「正解」が見つけられないことに不安を抱き、教員が答えを提示しないことに戸惑いを隠さない。拙速に「模範解答」を暗記する、昨今の利便型教育との決別が必要である。「正解」だけを求め、「正解」から漏れた無数の「ものの見方、考え方」をあたかもゴミのように捨ててしまうのは、自分を育ててくれる多様な「世界」との関係を自ら遮断してしまうに等しい。自分には気づかない、様々なものの見方、考え方がある。それが「私」の世界観、人生観を広げてくれる。遊び心のある、面白くて柔軟な、学びへの「欲望」を失ってはならない。

●他者にどうすれば受け入れてもらえるか

とはいえ、いくら面白く、いくら遊び心があっても、「対話」そのものを拒否する相手と相互理解を図ることはなかなか難しい。かく言う私も、ときにはそうした状態に陥ることがある。どこかに自分中心の、自己正当化的な、優越願望のようなものが残っているのだろう。そこから解放されなければならない。難民や移民を受け入れることに不安を抱く人々に対して、「あなたは差別主義者だ、極右的だ」などと言ったりするのは暴言の何ものでもない。自衛のための武装化によって安心が買えると思っている人たちに、「先に武器を捨てれば相手も攻めてこない」など言っても、聞く相手にとっては何の保証にもならない。「対話」の可能性を広げるには、違う視点が必要である。二〇一七年夏以降の、(北)朝鮮による度重なる核・ミサイル実験に対する私たちの主張をめぐっても、同じことが言える。「リベラル派」による「非戦」メッセージの繰り返しだけでは、それが真っ当な主張であっても、もはや人々の心に届かなくなっている印象すらある。俗に言う、「レッドラインを越えた」状態、すなわち日本が軍拡競争や戦時的体制に突入しかねない懸念がある現在、こうした状況は、対話の重要性を一層強く感じさせるものがある。

私は、サイレント・マジョリティ(沈黙した多数派)あるいは中道的な立場の人々の支持と参加を得ることが、市民社会を軸にしたポリティクスの真髄であると捉えている。その点で、NGOを含む「リベラル派」市民が発信してきたこれまでの古典的なメッセージ、たとえば「(北)朝鮮の一連の行動は自衛のための叫びであり、悪いのはアメリカ、日本、韓国側の軍事的・経済的な脅威、圧力である」といった言説のみで人々の共感を得ることは容易ではないと感じている。非戦のメッセージを送る側にも一段階上のレトリックやパフォーマンスが必要ではないかと私は悩んでいるが、果たしてこの悩みをNGOや「リベラル派」市民とどれだけ共有できるか、確固たる自信を持てない心境でもある。

カナダ時代にお世話になった韓国系の牧師さんが、「何らかの容疑」で(北)朝鮮当局に逮捕され、一〇年ほどの労働刑を言い渡されたという。そして三一カ月間にわたり抑留された後、この夏(二〇一七年八月)、無事カナダへ戻ることができたと聞いた。食糧支援や開発支援を通じて(北)朝鮮の人々のために献身的な活動を続けてきた人だけに、大きな衝撃を受けた。彼が(北)朝鮮の人々に捧げてきた情熱と愛は、なぜ、政府当局には伝わらなかったのか。このような不条理や矛盾が生じる原因はどこにあるのか。「正解」は一つではないだろう。「正解」探しに陥ってはならない。まずは自分と意見を異にする人に、自分のような考えを持つ者が存在することを受け入れてもらう必要がある。そうでなければ何事も始まらない。こちらから対話を求め、相手の話に耳を傾けること。相手を排除することも、相手から排除されることもない存在になるための生き方を模索し続けること。なかなか難しいことではあるが、これが状況打開の鍵だと私は信じたい。

五　自分の現場を持つこと、そして現場に関わり続けること

私は自らをNGO学徒であると自負してきた。しかし、私には、多くのNGOの先輩や仲間たちのように、誰よりもその地を歩き、誰よりもその地に関わってきたと言える「現場」がない。旧ユーゴスラヴィアもアフガニスタンも、そして博士論文のテーマであったカンボジアや二〇年近く関わってきた（北）朝鮮も、たしかに私を育ててくれた「フィールド」ではあるけれども、誰よりも情熱的に関わってきた「現場」とは言えない。私は（北）朝鮮問題に取り組んできたと言いながら、（北）朝鮮を訪れたことすらない。東日本大震災の現場に通うことはあっても、そこに拠点を作り出すことはなかった。よく言えば、様々な「現場」を俯瞰しながら「全体状況」を見つめ続けてきたと言えなくもないが、人々の現場に何度も足を運び、人々の声に耳を傾けるという支援の姿勢に勝るものはない。

しかしある日、私の「現場」は、私の「生活空間」「教室」「旅先」であることに気づいた。もともと私は、どこがホームでどこがアウェーなのか、わからない人生を送ってきたのだ。移住と定住を国内外で繰り返してきた。それによって「辺境」や「境界」からものごとを捉えるまなざしを自分のものとしてきた。

現在の私の「主現場」は大学である。大学を拠点に、学びを行動に昇華させる「新しい学び」の空間づくりを学生や仲間たちとともに模索している（Column 15参照）。それほど遠くない将来、私は次なる「現場」と出合うために再び移住を試み、やはり辺境からのまなざしで「新しい学び」を続けているかもしれない。おそらくそうなっているだろうと、漠然ながらソウゾウしてみる。

五〇歳と六〇歳、私はその時、果たしてどこを「現場」にしているだろうか。そこで何を考え、何に悩んでいるだろうか。あなたの「現場」はどこですか。

【私にとっての三冊】

小田実『何でも見てやろう』（河出書房新社、一九六一）。
世界一日一ドル旅行。半世紀以上も前に書かれたとは思えないほど、「同時代性」を感じさせてくれる本だ。当時の若者たちを動かしたバイブル的な一冊。複数のバージョンの文庫本がある。

小田博志『エスノグラフィー入門』（春秋社、二〇〇九）。
現場で問いを見つける。フィールド・レポートから論文まで、あるいは民族誌から紀行文まで、「現場」体験を活かし記録したいと思っている人には、極めて刺激的かつ有効と思える一冊。

村上春樹『中国行きのスロウ・ボート』（中公文庫、一九九七）。
本稿のテーマに照らせば意外に思われる一冊かもしれないが、この短編小説は、「辺境」や「境界」について考えてきた私に、自己と他者の問題を「孤独」の視点からより深く考える契機を与えてくれた。著者のデビュー作『風の歌を聴け』（第二二回群像新人文学賞受賞、一九七九）にもこの種の「孤独」が感じ取れる。

Column15

新しい学び

グローバル化の波は、「グローバルな競争」として日本の大学経営、大学教育の現場にも押し寄せている。留学生の積極的誘致、教授陣の多国籍化、英語中心の外国語学習の強化、交換留学や海外研修の積極的展開、クォーター制（四学期制度）の導入等々、大学の現場では数多くの施策が次々と導入されている。目的は、「世界大学ランキング」等の評価で苦戦している日本の大学レベルの底上げにある。大学側は、このような計量的評価指標が持つ限界を認識しつつも、受験生の獲得や社会的評判という経営上の問題を無視することもできず、結果、近年では大学改革の名の下に、どんな学問であるかすらわからない名称の学部や学科も次々と新設されている。

しかし、制度面での「改革」が続いても、中身が伴わなければ効果はほとんどで期待できないだろう。学力向上のための方法論や、学生獲得のための口当たりのよいキャッチフレーズだけでは、単なるブームやアリバイづくりに終わってしまうだろう。中身を伴うものにするには、学生自身が「世界」とのつながりを体験ベースで学ぶことのできる教育環境づくりや、問題意識、批判精神を培うことのできる学問環境づくりが何よりも重要となる。これは大学内部だけでなく、社会全体で取り組むべき課題である。

こうした状況を反映して、最近増えつつあるのが、ボランティア活動などを取り入れた体験型の学びである。体験型学習は、他者を知り、自分を知る絶好の機会となる。問題意識を持って「現場」を訪れた学生は、そこで「問いの立て方」を学ぶ。自分で問いを立てることができれば、その問いに対して自ら積極的に、批判精神を持って向き合うことができる。

これまでの大学教育は、往々にして「技」としての方法論（計量分析だの、社会調査方法だの、史資料分析だの）に力を入れがちであったが、問題意識や批判精神を持たず「技」だけが先行すると、その「技」自体が目的化し、中身を伴わない、無味乾燥な研究や学びに終わってしまうことが多い。まさに本末転倒である。

体験型の学びは、ときに孤独を味わったり（自己を知る）、ゆったりとした時間を味わったり（人生を生きる）、様々な出会いに遭遇したり（他者を知る）と、「旅」の要素をたくさん含んでいる。その意味で、体験型の学びは、自らを他者化・周辺化してくれる学びでもある。日頃から私は学生たちに「旅に出ろ」と言っている。私自身が「旅」に支えられてきたように。

第11話

非戦の理念・グローバル経済・グローバル市民社会

いのちか、利潤か

人間的な経済と暮らしが平和をつくる

内田聖子
（アジア太平洋資料センター［ＰＡＲＣ］共同代表／一九七〇年生まれ）

いのちを大事にできない社会。過去30年間に進行した経済のグローバル化は、世界中をそうした状況に陥れていった。私が育ったのはその真っ只中の時代である。私にとって平和とは、単に戦争や紛争がない状態ではない。人間的な暮らし、仕事、コミュニティに支えられて初めて、一人の人間の「平和」は保障されるのだと思う。経済中心主義の世界は、貧困、格差、差別、排除を生み、人間から平和を奪う。今や先進国にもそれは広がる。根本的な原因とは何か、どうすれば解決できるのか。市民・民衆の視点からこれを社会に発信するのが私たちNGOの役割である。現状を変えるためには、「いのちか、利潤か」という大きな問いに取り組まなければならない。

写真：国際的に広がるTrade Justice（貿易に正義を！）運動。2013年、イギリスで行われたデモ（写真提供：War on Want）

一　自分のいのち、子どものいのち、未来世代のいのち

いのちが大切にされない時代

子どもを産むと、世界がそれまでと違って見えてくるとか、人生観が変わるとよく言われる。私はつい三年半ほど前に出産し、母親になった。たしかに私の世界は一変し、想像もできなかった感覚や、決していいことだけではない悩みや苦しみにも直面する。同時に、自分の生きてきた過程を振り返る時、それまで認識していた記憶が、子どもを持ったことで違う意味を帯びてくるような実感がある。様々な経験や体験が、母親になるということに収斂されていく、と言ったら大げさだろうか。子どもを産み育てるということは、まさにいのちと全面的に向き合うことだ。

子どもを産んで以降、私は日本国内の貧困、とりわけ子どもの貧困（親の貧困であるのだが）について深く考えるようになった。日本の子どもの貧困率は実に六人に一人。給食費が払えない、三食まともに食べられない子どもたちは増加し、地域での「子ども食堂」の数は毎年二倍、三倍となっているという。

全国で次々と起こる悲しいニュースを聞くたびに、平常心ではいられない。たとえば、真冬の夜、貧困家庭の小学生の兄弟が、自動販売機の裏側に寄り添っていたところを保護された、という出来事があった。「なぜ家にいなかったのか」と思う人がいるだろう。しかし彼らの家は電気料金を支払えず送電を止められていて、母親はダブルワークで夜中まで帰ってこない。だから彼らは、自動販売機の裏側で動くモーターから出てくるわずかな温風にあたるために、外で何時間も過ごしていたのだ。

別の例に、シングルマザーの女性が中学生の娘を殺害した事件がある。二〇一四年九月二四日、千葉県銚子市の県営住宅で起こった「銚子愛娘殺人事件」として知られる。母親は娘が小さい頃から自分の家が貧困状態であることを気づかせないように必要以上のモノや洋服を借金を重ねてまで買うようにしてきた。しかしそのような生活も限界を迎え、家賃を滞納していたため県営住宅から立ち退きを迫られ、強制収用の期日となった日、娘を失望させないようにと、自らの手で娘を絞殺したのだ。母親は、生活保護を受ける相談のため市役所を訪れていたこともあったが、担当者からは申請しても無理だと追い返されていたという。

これほどに残酷で、追い詰められた状況にいる人たちは、私たちの身近にいる。そしてこうした状況に多くの人が無関心であり、有効な政策もなかなか講じられない。

20代の終わり頃、アジア太平洋資料センター（PARC）のメンバーたちと初めて国際会議で訪れたフィリピン・マニラ（筆者右）

●高度経済成長期からグローバリゼーションの時代に生きる

なぜこのような状況になったのか。その分析は戦後日本の高度経済成長期以降の長い歴史を振り返る必要があるのだろうが、ここでは私の生きてきた時代と重ね、私に見えていた日本と世界の姿から考えてみたい。

私が思春期を過ごしたのは一九八〇年代。日本社会においては、高度成長期が終わりバブル時代、そしてバブル崩壊後の「失われた二〇年」と呼ばれる時代に一〇代、二〇代を過ごした。個人的な記憶を辿れば、私の見てきたこれら時代は、装飾されたフィクションが崩れ、剝き出しの廃墟に変わったような印象だ。

一九九〇年代初めのバブル崩壊後、就職活動を行う中で私は企業社会の大きな矛盾に触れた。男女雇用機会均等法ができて一〇年が過ぎた当時だったが、基本的には女性の四大卒の就職は難を極めた。当時は「総合職」と名付けられた職種も、実際には「男性並みに働ける名誉女性」のことであり、入社してみれば「ガラスの天井」と言われる見えない壁にぶち当たるのが現実だった。こうした中で私は企業への就職をやめ、半年ばかり旅行をしたりふらふらとした生活を送ったのだった。企業に就職した同級生たちとは話も合わず疎遠になっていく。その時抱いた疎外感は今でも忘れない。自分はどこにも居場所がない、どこからも誰からも必要とされていない、ちっぽけな無意味な存在だ――今から思えばあまりに視野が狭くナイーヴなのだが、ともかく人は社会の中で承認されて初めて自分でいられる。現在、様々な問題の当事者や差別や排除に遭っている人たちを最も不安にさせているのはこのことではないだろうか。

●声を上げる人たちの中で育って

もう少し時代を遡った小・中学校時代に、今の私にとってとても重要な意味を持つ二つの事柄があったことを思い出す。

一つは一九八六年二月に自殺した一人の少年の事件だ。東京都中野富士見中学校の生徒だった鹿川裕史君（一三歳）が、岩手県・盛岡駅ビルのショッピングセンターのトイレで首を吊り、いのちを絶った。彼は学校でいじめに遭い「葬式ごっこ」などという言い方で標的にされ、ひどい仕打ちを受けていた。しかも教員もいじめに加担していたことが後に発覚している。

当時高校一年生だった私は、彼の死を他人事とは思えなかった。管理教育が全国に広がり、同時にいじめも社会現象化していた時代だ。多くの子どもたちがいじめられ、またいじめた経験を共有していたと思う。「死んでいたのは自分かもしれない」と、心の中でつぶやいた。あの重苦しい空気は何だったのだろう。戦後の高度成長期を経て豊かになったはずの日本で、管理教育といじめが蔓延していた。「大人の社会は、何を幸せや豊かさの価値基準にしているのだろう？　私たちは全然幸せじゃないよ」と感じていた。その後もいじめはなくならず、つい先日、福島第一原発事故（二〇一一年三月一一日＝3・11）の避難者の子どもへのいじめも発覚した。こうした事件を見るたびに、当時の自分の心がずきずきと痛む。自分の子どもがそうなったら、と思うと恐怖を感じる。そして、今多くの子どもたちが苦しい状況に置かれているのだと想像すると涙が出てくる。

もう一つは、原発である。日本が世界でも例を見ないほどの原発大国であり、原発推進の方針が一九八〇年代、九〇年代になっても変更されなかったことが、今回の福島第一原発事故の背景にある。

私は大分県別府市で生まれ、高校生までを過ごした。最も近い原発は、愛媛県の伊方原発である。伊方原発一号機（初号機）は、一九七二年一一月に原子炉設置許可を受け七七年九月に運転を開始している。七〇年代、八〇年代には、世界でも大きな原発事故が続いた。七九年三月二八日、アメリカ・ペンシルバニア州スリーマイル島にて第二原発プラントで事故が発生。八六年四月二六日にはウクライナ（当時はウクライナ・ソビエト社会主義共和国）にあるチェルノブイリ原発四号炉で爆発事故が起こった。これら事故の被害は三〇年以上経った現在でも続いていることは指摘するまでもない。

当時の日本では、これらの事故を受け大規模な原発反対運動が全国的に起こっていた。しかもそれは、限られた活動家の間だけでなく、女性たち、親たちが立ち上がり、消費者運動や環境運動とも結びつきながら展開されていった。3・11後の運動の広がりとも通底するものがあるかもしれない。自分のいのち、子どものいのち、未来世代のいのちを守らなければならないと、母親たちは声を上げたのだ。

小・中学校時代の親友の家族が、まさにこの運動の中心的人物だった。東京で学生運動に没頭し郷里に戻って来たその親たちが、地元で反原発運動を精力的に行っていたのだ。詳しい中身や原発事故について当時の私はよく理解できなかったのだが、毎晩のように大勢の人が集まり、集会やデモの準備をしたり難しい議論を延々としているその家に入り浸り、何かとても面白かったという記憶がある。伊方原発の差止のために別府からフェリーで向かう大人たちに連れられ、現場に行ったこともある。原発反対を訴え自転車で全国を回っているという高校生が別府にも来たこともあり、私はこんなことをやってのける少年がいることに驚いた。何か大きな問題に対して、声を上げる人たちがいる、とその時は漠然に感じていたが、後になって、こうした運動の波が当時の日本のどういう位置に存在していたのかを知った。こうした体験の一つひとつが、今の私の原点になっている。二〇一一年の福島第一原発事故の後、京都大学原子力研究所助手（当時）の小出浩章さんをお招きしシンポジウムを開催した。終了後の交流会で、伊方原発に行ったことがあるとお伝えすると、小出さんは「私も何回も通ったんですよ。会っていたかもしれないですね」と。時間が三〇年も前に逆戻りし、その間ずっと原発をなくすために闘ってきた人たちが確実にいると実感した。

いのちを大事にできない社会、経済成長と便利さを追い求めることに何の呵責もなく突き進んだ時代のちょうど真ん中にいたのかもしれない。あの当時、大きな転換をしていれば、今日のような状況は回避できたのではないか、とつくづくと思う。

二　経済が社会を呑み込み、貧困が戦争・テロの温床となる時代

●貿易が人を殺す時代

それから三〇年以上が経った今、社会はよりよくなってきたのだろうか。もちろん改善された点はあろうが、少なくとも私たちのいのちや暮らしという面では悪化したように思う。原発事故があっても原発をやめようとしない国、憲法違反の安保法制とわかっていても海外派兵する国、環太平洋戦略的経済連携協定（ＴＰＰ（後述））にし

がみつき批准を押し通した国、労働者の三分の二が不安定な非正規雇用、子どもの六人に一人が貧困状態、「女性活躍」と言いながら保育園はまったく足りない現状、高齢者医療費の自己負担、ヘイトスピーチ（憎悪表現）、ブラック企業…このようにグロテスクなまでに人を大切にしない社会が先進国で他にあるだろうか。

現在の日本そして世界は、貧困と格差が人々を絶望に追いやっている。「経済」という言葉の語源はギリシャ語の「*οικονομία*」（オイコノミア）で、「オイコス」（家）＋「ノモス」（法、ルール）という組み合わせであり、家族や仲間、国や地域などのコミュニティのあり方を考えるという意味だ。つまり「エコノミー」（Economy）＝「経済」とは自分だけの幸せを考えるのではなくて、「どのように生きたら世の中のみんなが幸せになれるか」を考えることに他ならない。もともとは人々を幸せにするためにあるはずの経済が、今人々を最も不安にさせ、苦しめてしまう装置となっている。

「平和」という状態とは何か？と考えた時にも、経済と密接に関わってくる。ＮＧＯとして様々な国や地域の状況に触れる中で感じるのは、平和とは、ただ単に「戦争や紛争がない状態」だけを示しているわけではないということだ。多くの国で、戦争や紛争が終わり、政治的独立を果たした後に人々が直面してきたのは、経済の問題、すなわち貧困である。

たとえばアジア太平洋資料センター（ＰＡＲＣ（後述））が長らく関わり、二〇〇二年にインドネシアからの「独立」を果たした東ティモールでは、長年の植民地支配から解放され、主権国家として自立していくための産業基盤が独立当時はほとんどない状態だった。法律や社会システムも未整備の中で、若者の失業問題は深刻化し、経済的にはインドネシアに依存する状態がしばらく続いてきた。もちろんだからといって他国に支配される状態がよいなどとは決して思わないが、人が生きるために必要な生業やそれを支える社会的基盤が整わない限り、本当の意味での「平和」は訪れないのだ、と痛感したことがある。経済的な安定は、平和にとっての基本的条件なのだ。

私がそれを実感したのは、独立後の二〇〇六年頃、東ティモールで騒乱が起こったことだ。主には政治的な対立に端を発した事件だったが、当時は独立をしても国内には産業も仕事もなく多くの若者が失業していた。かれらは生きる意味を失い、行き所のない不満を、独立を実現させた上の世代の活動家たちにぶつけた。実際、私たちのよく知る活動家が、ひと回り以上も下の世代の若者から矢でうたれて大怪我をした。彼は涙ぐみ、「まさか同じティモール人同士で、しかも年下世代の人から攻撃されるなんて。何のために独立をしたのだろうか」と話していた。

一九七〇年代以降、世界は「グローバル化」の時代に入った。モノや人の移動は国境を越え、インターネットなどの技術も格段に進歩する。それに伴い企業や投資家の経済活動も、従来の「国家」という枠組みを超えて、世界中に進出するようになった。八〇年代当時、経済政策として提示されたのは新自由主義だ。関税など貿易障壁を撤廃し、規制緩和を行い民営化や市場化を進めることで国家の経済的役割を徹底的に弱めれば、企業や投資家は今まで以上に自由を謳歌できる。その結果、富裕層はさらに富を手にし、やがてはそれが中間層や貧困層にも回ってくる、という考え方だ。この「トリクル・ダウン」効果を多くの経済学者が唱え、レーガン、サッチャー米英両政権に代表される先進国政府も採用した。

それから三〇年以上が経った現在、トリクル・ダウンは実証されなかったことが広く確認されている。それどころか、新自由主義政策こそが途上国・先進国を問わず貧富の格差を広げてきた元凶であると、経済協力開発機構（OECD）や世界銀行ですら認めている。二〇一六年のアメリカ大統領選で、至上最悪の候補者であるドナルド・トランプ氏が勝利したのも、長らく新自由主義政策を国内外に進めてきたアメリカそれ自身の矛盾や軋みを如実に表している。製造業では大企業が次々と海外移転をし、マイクロソフトのコールセンターはインドやシンガポールに設置される時代だ。国内産業は荒《すさ》み、雇用は失われ、人々は極度の不安とやり場のない怒りにあふれている。かれらは自身の苦境の打開を、リベラルの代表であるヒラリー・クリントンにではなく、トランプに託した。それほどまでにアメリカ社会は傷んでいる。

私自身は貿易や投資が引き起こす問題を、先進国政府や大企業の側からでなく、各国・地域の人々の視点から調査し、批判的検証をする活動にこの間取り組んでいる。つくづくと思うのは、「経済政策や貿易協定が、人々のいのちをも奪う」という事実だ。大量破壊兵器や戦闘機、ミサイルや銃などなくとも、貿易協定一つで、人を死に至らしめることが可能なのだ。

貿易・投資協定によって苦しめられてきた人々

三つの例を挙げよう。

私がこの問題に直面した最初のきっかけは、インドにおける大量の農民の自殺だった。インドでは「緑の革命」（一九六〇～八〇年代、高収量品種の開発・導入を目的に進められた途上国の農業技術革新）以降、アメリカの大手化学資本モンサント社による遺伝子組み換え綿花（Ｂｔコットン）が普及された。どの国も多かれ少なかれ、それまでの小規模で種子の自家採取を基本とするような農業から、大規模で機械化された農業へと変容を迫られる。その中で遺伝子組み換え企業は大躍進し、かつてベトナム戦争で枯葉剤を開発したモンサント社は、遺伝子組み換え作物と種子を世界中に普及させていく。インドの綿花農民は、モンサント社の遺伝子組み換え綿花の種を購入し、それに合わせて農薬や農機具も購入する。しかしそうやって生産した綿花も、膨大な額の補助金を付けられてできた安いアメリカ産の綿花との競争には勝てない。作っても作っても現金収入は増えず、翌年の種を買うには借金をするしかない。悪循環は雪だるま式に大きくなり、最後はなけなしの金で自分に保険金をかけ、農薬を飲んで自殺する。このあまりに悲惨な状況は、決して特別な人たちの事例ではない。インドではこれまで二〇万人以上の農民が自殺をしている。

もう一つの例はアフリカでのＨＩＶ／エイズ治療薬の問題だ。一九九〇年代、アフリカではＨＩＶ／エイズが猛威を振るい、一日に数千人がいのちを落としていた。九六年に抗レトロウイルス薬（ＡＲＶ）三種混合剤がＨＩＶの増殖抑制に効果的であると判明すると、先進国のＨＩＶ／エイズ患者には一気に生きる希望が広がった。しかし

貿易協定で最難関課題となっている医薬品アクセス。アフリカではHIV／エイズが蔓延した際、特許で守られた高額な薬が入手できず多くの人がいのちを落とした（写真提供：ドキュメンタリー映画『薬は誰のものか』［原題 *fire in the blood*］）

当時、世界貿易機関（ＷＴＯ）の知的財産権貿易関連側面に関する協定（ＴＲＩＰｓ《トリップス》協定）で規定された知的所有権に保護され、ファイザー（本社アメリカ）やグラクソ・スミスクライン（本社イギリス）といった欧米先進国の大手製薬会社が作る治療薬は、一人当たり一年で一〇〇万円以上の価格だった。当然、アフリカの貧困層には絶対に手が届かない。安価なジェネリック医薬品（後発医薬品）も存在していたが、薬の特許権によってアフリカ各国での製造も販売も輸入も禁じられていた。南アフリカをはじめ途上国では大手製薬企業の特許権の濫用への批判が高まり、アメリカのＨＩＶ／エイズ活動家や「国境なき医師団」などのＮＧＯ、国連など国際機関も含め、グローバル市民社会は医薬品の特許権緩和を求めた。かろうじて、ドーハ宣言によってＴＲＩＰｓ協定の例外的緩和措置として強制実施権発動という形を獲得できたものの、大企業は特許で守られた利潤を簡単には手放さない。こうした攻防の中で、一九九六年から二〇〇四年までの間、アフリカでは実に一〇〇〇万人ものいのちが失われた。治療可能な薬があるのに、貿易協定によって決められた知的所有権（特許権）という壁が、医薬品アクセスを阻むのだ。ノーベル経済学者のジョゼフ・Ｅ・スティグリッツ氏は、「ＴＲＩＰｓ協定は、先進国政府と大手製薬企業のためのものであり、途上国の人々への『死刑宣告』だ」と語っている。

　三つ目は、ＴＰＰの交渉過程でもクローズアップされた投資家・国家間の紛争解決条項（ＩＳＤＳ）だ。これが今、途上国の人々の暮らしの脅威となっている。ＩＳＤＳとは、投資先の政府の法律改正や規制強化によって、投資家が当初見込んでいた利益を損ねたと思えば、相手国政府を訴えることができるという制度だ。すでに多くの貿易・投資協定の中に盛り込まれており、投資家保護の大きな条項となっている。南米・エクアドルはこれまでに二二件もの提訴を企業や投資家から起こされ、その賠償金が国家財政を危機に陥れている。現在、一兆円もの損害賠償請求を起こされており、これは国家財政の実に三分の一に当たる。すでにエクアドルではＩＳＤＳ訴訟賠償金の支出によって社会保障費に充てる財源がなくなり、貧困層向けの直接支給プログラムが大幅にカットされた。

三　自由貿易は私たちを幸せにするのか？

グローバル市民社会の取り組みと日本の私たちの活動

私たちはまさに、貿易や投資によっていのちや暮らしが奪われかねない時代に生きている。先の三つの事例はいずれも、国家と国家が経済発展のために結んだ貿易協定であるという建前であるが、実は人々にその恩恵が行き届いていないケースも多い。ところが協定推進者は、医薬品の特許権にしろＩＳＤＳにしろ、これらは貿易協定の中で互いに「合意」して作られたメカニズムであるから、どのような結果がもたらされようが仕方がない、と主張する。「医薬品が貧困層に届かなくても、そもそも特許権は必要なものであって、ＴＲＩＰｓ協定で決められているのだから守るべきだ」「ＩＳＤＳで国家が訴えられても、それは投資家に与えられた当然の権利だ」というような具合にである。

しかし、現在、グローバル市民社会はこの不公正なしくみ自体に大きく異議を唱えている。ここで言う「グローバル市民社会」とは、人権や環境、差別撤廃、社会正義などに基本的な価値を置く多様なセクター、担い手からなる諸団体・個人を指す。貿易や投資の範囲が広がるに伴い、その影響も実に広範囲に及ぶため、対応する主体もまた、労働組合やＮＧＯ、消費者団体、公共サービスの担い手、農民団体など広がりを持つようになっている。人々が問うているのは、「決められたルールの下で、何十万人、何百万人もの人々が死んでいくのだとしたら、そのルール自体に問題がないのか?」あるいは、「多くの人が死にゆく現状を、『貿易協定で決められたルールだから』と見過ごしていいのか?」ということだ。

世界を見渡せば、貿易や投資のあり方が根本から問われていることを実感する。それを決定的に裏付けたのが、アメリカ大統領選でのトランプ候補の勝利だったという皮肉な結果も指摘できるだろう。この勝利により、TPP交渉の主導権を握ってきたアメリカ自身がTPPを「悪しき協定」と呼び撤退したのである。また、アメリカとヨーロッパ連合(EU)の間の環大西洋貿易投資協定(TTIP)は、ヨーロッパ市民社会の激しい反発に遭って、すでに二〇一六年のうちに頓挫しかかっていた。なぜか。現在の自由貿易協定の最も重要な部分は、農産物の関税撤廃や自動車など工業製品の関税撤廃といった個々の条件整備というよりも、むしろ各国が独自に持つ法律や制度をグローバルに統一していくこと、つまり「ルールの書き換え」にあるからだ。統一と言えば聞こえはいいが、結局は貿易や投資の主役である大企業や投資家にとって有利なように、規制緩和がなされ、徹底的に自由化される方向に変化させられる、ということだ。たとえば、労働者を守る法規制は、自由に雇用と解雇を行いたい企業にとっては「邪魔な障壁」となることもある。あるいは食の安心・安全に関わる規制(残留農薬の基準や遺伝子組み換え食品の規制など)は、国によってバラバラであるが、それではグローバルなアグリビジネスにとっては都合が悪い。この三〇年間に行われてきた企業と市民社会の貿易協定における攻防は、まさにこの点についてである。すなわち、「企業の利益なのか、私たちを守る規制と主権なのか」という対立だ。

貿易に正義を

主権というと大きな話に聞こえるが、ヨーロッパにおいてアメリカとの自由貿易協定への批判が一気に一般の人々に広がったきっかけは、「アメリカからの塩素漬けチキン」の輸入がTTIPで認められてしまうという具体的な事例だった。EUの食品安全基準では、もちろんそれは認められていない。しかしアメリカではOKだ。異な

アメリカでのTPP反対運動（2015年）。「気候変動」「農業」「労働者の権利」「食の安心・安全」「公共（コモンズ）」「医薬品アクセス」を、企業の利益よりも優先せよ、とアピール（写真提供：flush the TPP）

る基準が、より危険な水準に低められてしまうことに、人々は心の底から脅威を抱いた。町には小さな子どもを持つ親や、養鶏農家、レストランのシェフなどが「塩素チキンはいらない！」とのデモンストレーションを行い、ＴＴＩＰへの批判の輪は水道民営化など公共サービスの市場化への反発や、個人情報を守るＥＵ法が侵害される危険への抗議というように次々と広がり、ベルリンだけで二〇万人、ウィーンでも一五万人規模のデモへと発展していった。こうした声はＥＵ議会へも届けられ、とうとうＴＴＩＰをこれ以上の交渉の目途が立たないほどのところまで追い詰めたのだ。

一方、アメリカでの自由貿易協定に対する反対運動は、まさに大統領選の中に完全に組み込まれつつ展開した。二〇一五年一〇月、ＴＰＰ交渉会合がアメリカ・アトランタで行われた際、私は現地で他の参加国のＮＧＯとともに情報収集を行った。南部アトランタには黒人が多く、貧困層や失業者も多い。こうした人たちが労働組合に日常的に組織化され、ＴＰＰ交渉会合の会場である高級ホテルの前で大きなデモを繰り広げた。「仕事を奪うな」「利益よりも人々の暮らしを」などと書かれたバナーが掲げられ、何時間もデモは続いた。しかもこれは、民主党候補バーニー・サンダースの予備選挙戦の延長線上にあったものだ。トランプ大統領が登場する一年以上も前から、アメリカではこのような運動の高まりがあったということである。

現在、国際的に貿易問題に取り組む私たちＮＧＯの間では、「Trade Justice」（貿易に正義を）という言葉が共通のスローガンになっている。戦争も貿易も、強者にとっての「正義」という名の下で進められている。そこで犠牲になるのは普通の人々だ。このメカニズムを変えて、経済を民主化しない限り世界から貧困は決してなくならない。

戦争や紛争の解決が困難であると同時に、貿易のあり方を変えていくこともまた非常に難しい。この数年、世界中で起こっている紛争や「テロ」の背景には、必ずと言っていいほど貧困と、そして差別がある。衣食住が足りていて、一人の人間として他者から、そしてコミュニティから尊重されているという実感を多くの人が持てる社会では、おそらく憎しみの連鎖はどこかで食い止めることができるのだろう。経済的な貧困は社会的な排除とつながる。多くの人が追い詰められるそうした社会では、寛容性が失われ、経済的な貧困は差別やヘイトクライム（差別によって生じる犯罪）の温床となる。貧困がなくなればすべてが解決するとは思わないが、少なくとも今よりは平和で穏やかな世界が現れるだろう、と確信する。貧困の解決には、先述の通り一国の経済政策ではもはや有効ではなく、グローバルな貿易や投資のあり方を変えていかなければならない。理屈ではこのように整理されるのだが、変革を実現するには、実際の活動においては気の遠くなるような積み重ねを日々続けるしかない。

四　現在の活動を支えるもの

人々を生きづらくしている社会

今世界で多くの人たちが、貿易や経済のあり方を変えようと努力を重ねている。それは抽象的で観念的な動機からでも、単なる正義感からでもない。このままの経済、現在の貿易や投資の仕組みでは、自分も含む多くの人々が生きていけない、と実感するからだ。世界ではこの三〇年間に亢進したグローバル経済による規制緩和、貧困と格差の増大に対して、大きな批判が沸き起こっている。

ところが日本では残念ながら政府や政策に対するチェックや批判が弱く、現在の制度や政策によって最も苦しめられ、貧困に追いやられているような人たちが、声を上げられない、上げていないという状態ではないだろうか。ひと昔前なら、「貧困」とはどこか遠い途上国の問題として扱われてきたが、今や日本に住む多くの人たちにとっても切実な問題となっている。現在の私の課題は、かつての「南北問題」という枠組みを超えて、どの国にも広がる貧困と格差の原因を突き止め、これを多くの人々に可視化していくことだ。

私は二〇〇〇年以降、アジア太平洋資料センター（ＰＡＲＣ）というＮＧＯで働いているが、当時せいぜい国内の社会問題のいくつかしか知らない私にとって、ＰＡＲＣで出会った人や歴史は見たこともない世界だった。アジアと日本の結びつきを「はだしの研究者」として、バナナやナマコを素材に描き出した鶴見良行さん（当時はすでに故人）、国際通貨基金（ＩＭＦ）や世界銀行、ＷＴＯという巨大な国際機関を相手に、途上国の側に立って政策を変えようと果敢に取り組んだ北沢洋子さん、ほかにも小田実さん、吉川勇一さん、村井吉敬さん、武藤一羊さんなど、錚々たるＰＡＲＣのメンバーに私は大きな影響を受けた。

日本におけるＰＡＲＣの活動を戦後日本の社会運動史の中に位置づけるならば、非常に稀有な存在であったと言えるだろう。小田さんはじめ、一九六〇年代に日本で起こった反戦運動「ベトナムに平和を！市民連合」（ベ平連）の主要メンバーが、日本の市民運動・社会運動を海外に発信するために英文雑誌「ＡＭＰＯ」を創刊した（六九年）。これがＰＡＲＣの原点だ（ＰＡＲＣの設立は七三年）。この雑誌を通じて、ＰＡＲＣは、沖縄反基地運動や三里塚闘争、消費者運動、水俣の運動など、当時世界に知られていなかった日本の運動実践を海外に伝えた。また逆に、アジアの国々で起こっている民主化闘争や軍事支配の実態を日本社会に伝えた。以来、日本企業のアジア進出とその問題点、政府開発援助（ＯＤＡ）による環境破壊や住民立ち退きの問題など、日本と世界の関係性を問うてきた。

ＰＡＲＣは特定のイシュー（課題）に限定せず、幅広い分野の問題に適宜取り組んできたが、特に一九八〇年代以降は「経済のグローバル化」の問題に焦点を当ててきた。途上国の債務問題やＷＴＯ絡みの問題などが代表的であるが、そこで常に伝えてきたのは、一体この仕組みの下で誰が苦しめられているのか、という当事者の姿だ。私たち日本社会に生きる者が変わること、それが世界の構造的な課題の解決につながるというのが、ＰＡＲＣの理念の一つだ。途上国で生じている貧困や戦争・紛争という課題は、決して私たちの暮らしと無関係には存在していない。だから単に外側から援助をしたり、問題を声高に叫んでみても事態は変わらない。私たち自身がどんな社会を描きたいのか、世界の人々とどのように共存していくのか、この二つは不可分なのだ。

五　次世代へのメッセージ／何が大事か

いのちと生活を守り合う思考

貿易や投資の問題をＮＧＯとして見つめてきた経験から痛感するのは、多くの人が「貿易問題は難しい」「自分の暮らしと関係あるとは思えない」と感じていることだ。しかしこれだけ国境を越えた経済活動が活発になっている今、貿易や投資が直接的に私たちの暮らしとつながっていることは明らかである。

たとえば頓挫してしまった貿易協定であるＴＰＰ。

ここでは農産物の関税が基本的にすべて撤廃されるという内容が決まった。日本にとってこの内容は、「農業の死」を意味する。現在でも食糧自給率が三九％程度と、先進国でも最低レベルであるが、ＴＰＰのような貿易協定が成立したならばさらに悪化する。それはすなわち、私たち消費者が国産の農産物を食べたいと思っても手に入れられなくなる、ということを意味する。果たして、それでいいのだろうか、という問題である。

マスメディアはこのことを、「農業の問題」と矮小化し続けてきたが、TPPによって食の安心・安全も後退することが明らかになっている。政府は「問題ない」と言うが、協定文の分析によって見えてきたのは、遺伝子組み換え食品などがさらに日本に入りやすくなる危険性だ。付言すれば、日本政府はTPPなど発効しなくても、すでに遺伝子組み換え作物の承認を次々と推進している。

もう一つ、TPPのような貿易協定によって現在、最も焦点となっている分野は医薬品特許の問題である。先述の通り、医薬品の特許権が強化されることで、私たちの医薬品アクセスは困難となる。格差の拡がる先進国においても、処方薬を購入できる人の割合は年々減少している。日本の国民皆保険制度は、財政的な面から継続困難な様相を呈しつつあるが、アメリカなどの保険会社は、日本で皆保険制度がなくなった末には、民間保険を完全に市場参入させ、利益を得ようと長年狙っている。

当たり前のように存在してきた私たちの暮らしを守る制度や法律が（もちろん、それは今後も「当たり前」であるべきものだが）、条約である貿易協定によって変更されたり、廃止されたりすることも十分あり得るのだ。もっと多くの人たちとこうしたつながりを学び合い、何が自分たちのいのちや暮らしを支えていて、何を守り合っていかなければならないのかを自覚しなければならない、とつくづく思う。

そうした学び合い、守り合いの思考を多くの人々と共に紡いでいきたい。私たちNGOとしては、発信する内容もさることながら、それを伝える方法や語り方も問われてくるだろう。難しい言葉で特定の層にだけ発信していても、問題は広く伝えられない。右顧左眄のマスメディアはほとんど私たちのような視点から記事を書いてくれることはないし、場合によっては真逆の情報や論理を書く。私たちには、あふれる情報を読み解き、批判精神を涵養するためのリテラシーも求められている。

日本国内でのTPP批准阻止運動（筆者前列左、2016年）。

大きなシステムから降りていくこと

ＴＰＰの問題にこの六年間取り組む中で、いつも感じてきたことがある。食の安全の後退も、国民皆保険の実質的な解体にしても、実はＴＰＰなどなくても静かに、誰も気が付かないうちに進行している。そのことを考えた時、私たちは、とても根源的な問いを突きつけられているのだと思う。つまり、「食べ物とは何か」「いのちを守り、育むとは何か」ということだ。食べ物を構成しているのは、水や種や土や、それら自然の循環、農業という営みによる。その恩恵をいただいて生きているという原点に、もう一度私たちは立ち戻るべきではないだろうか。食品表示や輸出入のルールも重要だが、実はそこには本質的な問題から遠ざかっていくという落とし穴がある。たとえば自分で食べ物を作れるのならば、ラベルも輸出のルールも必要がない。信頼できる親しい農家から仕入れる場合も同じだろう。食べ物をはじめ、様々なモノを自ら作ることができなくなったからこそ、賞味期限や添加物規制、残留農薬規制、遺伝子組み換え食品の表示や規制が必要となり、それが今私たちの目の前の課題となっている。

身近なコミュニティの中で食材を調達できるシステムと信用があれば、そんなにひどいことは起こらないはずだ。そのような本来の〝安心〟のあり方からいかに私たちが遠くなってしまったか。いかに私たちが単なる「モノを買う」だけの消費者になってしまったか。私たち一人ひとりが、経済優先のやり方に代わる、いのちや暮らしに視点を置いたオルタナティブな方法を見つけて、効率でものを決めていくような今のシステムからは降りていくこと。それが行き過ぎたグローバリズムへの一番の対抗策であり、人間らしい暮らしを取り戻す最短の方法ではないだろうか。
その実践はすでに日本でも世界でもあちこちにある。多くの場合、女性たちがその主体となって活躍していることに私はいつも励まされる。地産地消の取り組みやフェアトレード（公正貿易）、社会的企業など多様な形の「連帯経済」（Column 16参照）が存在する。また暴力的な市場原理主義の横行に対して、身体を張って奮闘する女性たちの運動もある。アメリカでは若い母親たちがフェイスブックやツイッターでつながり、遺伝子組み換え（GM）食品反対運動を全米規模に拡大させている。彼女たちは地域のレストランに通い、「ここで食材を買えばNon GMO（非遺伝子組み換え作物）のメニューが作れますよ」と食材調達リストを提案する。また数万人の署名を集めてテレビ局に掛け合い、「GMOの危険を伝える番組を放送してくれたら、これだけの人が必ず見ます」と提案する。問題指摘だけでなく、解決のための具体策を示すことが重要だと気づかされる。

【私にとっての三冊】

Paul Kingsnorth, *One No, Many Yeses: A Journey to the Heart of the Global Resistance Movement*, Simon & Schuster UK, London, 2003.
世界各国・各地域での反グローバリズム運動や草の根民主主義を求める運動を描いたルポルタージュ。「反対の声は一つだが、対案は多様にある」というタイトルが魅力的。

小田実『「難死」の思想』（岩波書店、一九六九）
PARCの創設者の一人、小田さんの本の中でも好きな一冊。特に「デモ行進とピラミッド」の章はPARC自由学校で行った「活動家養成講座」の中でテキストとしたことも。

北沢洋子『利潤か人間か―グローバル化の実態と新しい社会運動』（コモンズ、二〇〇三）
二〇一五年に亡くなった北沢洋子さん。PARCで様々な活動をご一緒した。彼女の捉えた第三世界、そしてグローバル経済の矛盾、貿易・投資の自由化の弊害についての告発は今の私の原点でもある。

Column16

連帯経済とは

「連帯経済」とは、二一世紀における経済のグローバル化の進展に対応して市民社会運動の側から提起された、〝市場経済の「失敗」チェック〟の概念および実践を言う。この用語は二〇〇一年以降、グローバル市民社会が毎年開催している「世界社会フォーラム」で用いられ、中南米、EUを中心にして国際的に急速に広がっている。

経済のグローバル化は、世界のごく少数に富を一極集中させる反面、随所で貧困層を増やし、人権を蹂躙し、環境破壊を生み出している。市場経済化、自由化、開放経済化、そして「小さな政府」化の流れを押し進めながら、世界大で「市場の失敗」と呼ばれるような格差を拡大させ、地域経済を沈下させ、天災や異常気象を絶えず引き起こしている。これら経済社会の歪みは下へ下へと降りてゆき、小さき者／弱き者にさらなる負担を押しつけ、そこから戦争も紛争も絶えず引き起こされている。まことに世界は残念ながら、平和からほど遠い状況にある。

こうした状況に対して市民社会の側から提起されたのが「連帯経済」である。「連帯経済」は、政府や企業の透明性、説明責任を監視し、政府には公共政策、企業には社会的責任の実行を促している。他方で、市民社会自身は、協同組合や社会的企業、コミュニティ事業、フェアトレード、非営利活動（NPO）、市民金融、地域通貨、環境保全等の経済社会活動と地域社会の民主化を通じて、地元の地域再生、雇用創出、人材育成、ジェンダー平等、そしてグローバル化時代に増大する外国人や「弱者」とされた人々の社会的包摂、人権強化等の担い手として、幅広い展開を続けている。

日本をはじめ、アジアでは歴史的・文化的に見て「助け合い」に基づく経済活動が強く、「結《ゆい》」や「講」は、まさにアジア的連帯経済のルーツとも言えるものだろう。近年、世界各地には多種多様な「連帯経済」が存在するが、その根っこにあるのはいずれも、「助け合い」に基づく経済活動なのである。

第12話 私が非戦な訳

学生運動・インド・人道支援・ODA・非戦の理念

理想主義こそ現実を拓く

大橋正明
（シャプラニール＝市民による海外協力の会元代表理事／一九五三年生まれ）

剣道→学生運動→インド→ NGO →大学教員。この５つで私が歩んだ64年間の人生の大半を語ることができる。が、その道は時に暗く、所々に茨が生えていた。特に学生運動の時代、内ゲバや警察の暴力で２人の友を失った。「自分たちは絶対正しい」「組織の命令には背けない」、という理由で人は暴力を振るい、振るわれる。結果、若者の未来が無残に損なわれた。一歩間違えれば自分も、という思いを強く抱く。自分自身、他者に正義を振りかざしがちな人間だったからだ。人間は弱い生き物だ。だから、私の「非権力」はアルコール中毒患者の断酒・禁酒に近い。この断と禁が、私をインドへと誘った。インドや南アジアでの様々な体験を通じてやっと目覚め、NGO 活動と勉学に身を投じて日本の「市民社会」のために働こうと決めた。権力におもねりも屈服もせず、掲げた理想を曲げることなく、友の勇気を得て歩み続ける。それが最後に現実を拓く。

写真：ネパール大地震で倒壊した家屋の前にて。発災時にバングラデシュに滞在していたので、いち早く現地に駆けつけることができた（2015年４月）

一　戦争に反対する市民として――正義は命を奪う

●学生自治会が学生の命を奪う

中学から高校まで、部活で剣道に熱中していた。運動神経はあまり良くないのだが、幸い良い仲間に恵まれ、高校では東京都大会でそれなりの戦績を挙げることができた。

私が剣道に打ち込んでいた一九六六年から七二年は、ベトナム戦争が激化した時代だった。若い米兵が五〇四人もの無辜の村人を殺したソンミ村虐殺事件、空爆から必死で逃げ惑う幼い子どもや村人たち、抗議の焼身自殺をする何人もの仏教僧侶たち、私と同年輩の若いスパイ容疑者が路上で銃殺される様子などを、私は毎晩のように自宅のテレビニュースで観ていた。その度に、こんな大きな不正義がこのアジアで起きているのに、自分は行動しなくていいのか、という熱い思いが強くなっていった。だから私にとって、非戦や平和のための活動に参加することは当然だった。もっと言うと、そうしたものに参加しない人の方が不思議だった。

だから剣道部を引退した高校三年後半頃から、付属高校で受験勉強の必要がなかったことを幸いに、「ベトナムに平和を！市民連合」（ベ平連）の反戦集会やデモにしばしば参加するようになった。東京・赤坂の清水谷公園で行われることが多かったベ平連の集会には、「詩のベ平連」、「三菱重工反戦株主会」、公害反対運動のグループ、労働組合の人たち、ヘルメットにマスク姿で公園の一角で別集会をしている小集団、緑色の人民服を着た毛沢東主義の人たち、ギターやタンバリンを持った髪の長い音楽集団、「デモに誰でも入れます」と書かれた幟を立てた小グループなどが雑多に集っており、どことなく自由な雰囲気が感じられて私には好ましかった。

ベ平連は、当時は三〇~四〇代で元気だった作家の小田実や哲学者の鶴見俊輔、政治学者の高畠通敏などの呼びかけで一九六五年に結成された。戦後日本の社会運動の大半は、共産党や社会党、あるいは日本労働組合総評議会(総評)のような労働組合の大連合などが主導し、参加者を組織的に動員して行われてきた。しかしベ平連は、反戦なり反米なりの問題意識を共有する個人が自発的に集まって形成した、今では当たり前の、しかしその当時はとてもユニークな市民の非暴力運動であった。アメーバーのようなこの運動体には法人組織も規約も代表者も存在しなかったが、活動の拠点として、神楽坂に事務所があった。

一九七二年に早稲田大学の学生になると同時に、ベ平連の集会で声を掛けてくれた髪の長い女子高校生の誘いに乗って、同系列の「武蔵野・三鷹ベトナム反戦ちょうちんデモの会」に足繁く通いはじめた。この会は、月に二回吉祥寺から三鷹まで提灯を掲げたベトナム反戦デモなどの活動を行っていた。東京の吉祥寺にあったその事務所には、全共闘運動が終わって手持無沙汰な髪の長い学生、サラリーマンや学校教師、元気な高校生などが出入りしていた。私はこうした仲間たちと一緒に、ベ平連の集会やデモに加えて三里塚の成田空港建設反対運動、水俣病のチッソの本社での抗議行動、米軍の相模原補給廠からベトナムに送られる戦車の搬出阻止闘争などに喜んで参加した。こうした市民活動こそ、自分が関わりたいと望んでいたものだったからだ。

一方入学した大学には、あまり通わなかった。ちょうちんデモの会が楽しかったこともあるが、大学の雰囲気がとても重苦しかったからだ。この当時「日本革命的共産主義者同盟革命的マルクス主義派」(革マル派)という新左翼の党派がこの大学の学生自治会を支配していて、この党派が数年前に終わった全共闘運動時代に他の党派を暴力的に追い出しただけでなく、大学のベ平連組織も潰していたのだ。革マル派の学生自治会幹部による学生への暴力は、今では想像できないだろうが、当時は日常茶飯事だった。講義に出席していた私も、自治会幹部から呼び止められ、「ベ平連がどうなったか知っているだろう。自治会のクラス委員選出の選挙を妨害するなよ」と数回脅迫された。

早稲田大学２年生だった1973年５月８日、川口君虐殺糾弾闘争の中で村井資長総長（当時、右）との団交が行われ、司会（左）を務めた（学生新聞「早稲田キャンパス」1973年５月10日号、撮影者不明）

そんな雰囲気のキャンパスで、文学部二年生の川口大三郎君が、一九七二年一一月八日に革マル派と対立する中核派のスパイだという言いがかりで拉致され、キャンパス内の自治会室で凄惨なリンチを受けて殺された。この結果、怒りに燃えた川口君の同級生たちを先頭に、極めて多数の学生が自発的に弾劾闘争を起こし、私は自然にその大きなうねりの中に身を置き積極的に活動した。

事件直後の一一月中旬は連日学生自治会幹部への糾弾集会を組み、ある時は朝までの完徹だった。しかし壇上の革マル派の自治会幹部は、「徹底的に自己批判し、深く反省する」とは言うものの、組織としては「革命的暴力を行使している中での不幸な出来事」という認識を変えなかった。この厚顔無恥な発言は、党は誤りを犯すことなく大衆を正しく指導すると考えるマルクス主義の無謬性という考え方を前提に、「自己変革」を成し遂げた党員による革命的暴力の行使、という認識に基づくものだ。当時、マルクス主義を掲げる政党や集団のほとんどは、外部の者に対してこうした態度を取っている。私自身がこの手の正義を振りかざしがちな性格だったがゆえに、川口君の事件はその誤謬に気づかせ、権力や正義への嫌悪と、暴力を受ける側に立つことの肝要さを私の心に刻んでくれた。

ところで当時の私たちは、川口君事件の本当の責任は他の左翼系の学生活動を抑えるために革マル派の暴力を長い間放置した大学当局にある、と考えた。それゆえ私たちは、大学の総責任者である総長との「団交」を要求した。しかし大学当局は、学内に警察機動隊を導入して私たちの活動を規制するようになった。一方、革マル派も次第に勢いを取り戻し、鉄パイプを片手に学内外で無防備の私たちを襲撃するようになり、私たちは次第に窮地に追い詰められていった。

この形勢を逆転するための大作戦が、授業中の大学総長を連れ出して団交の席に着かせることだった。翌一九七三年五月にこの作戦は成功し、数時間に及んだ学生団交が持たれた。その最後に、総長は二週間後に誠意をもって再度話し合いに応じることを確約した。

しかし、その直後から革マル派による私たちへの暴力的な攻撃が執拗に続く一方、大学は約束を簡単に反故にした。さらに総長の逮捕監禁という容疑で私に逮捕状が出たので、以降は潜伏を余儀なくされた。こうしてこの闘争は敗北に向かった。

私は同年一一月に逮捕され、新宿警察署の留置所に入れられたのだが、ここで極めて貴重な経験をした。私が入ったのは七～八人の雑居房で、そうした房が扇状にいくつも並んで、そのかなめに監視役の警察官が座っていた。黙秘していたせいか私への取り調べは少なく、同房の若い常習窃盗犯や薬中毒の中年ヤクザ、廃品回収業のおじいさんなどとお喋りをしていることが多かった。

今でもそうだが、活動家が逮捕されると「文書接見禁止」となり、逮捕中は読書や家族・知人との面会はできなかった。ところが昼食後の雑居房には、同房者たちのために厚手の漫画雑誌がドサドサと投げ込まれる。私はその一冊を手に取って、何気なく小さな声で読んでいた。すると初めは同房者から、続いて周りの房からも、「もっと大きな声で読んでくれ」という声が寄せられたのだ。監視役の若い警官は苦笑いして、「本当はダメだけどいいよ」と言う。結局、漫画雑誌の記事の私の朗読を、留置されていた人の多くが真剣に聴き入ってくれた。というのは、そこにいる多くの人は、字を読むのが面倒だったのだ。つまり非識字の問題が、この時代の日本に存在していたのだ。ちなみに警察は私の容疑を立件できず、私は三週間後に釈放された。

しかし大学では学生自治会を牛耳る革マル派が再び支配を確立し、私たちは近づくことができなかった。このため私は、釈放された翌年、大学三年の年に休学し、インドへ行くことを決めた。心配していた父が、自分の知り合いがいるインドを勧めたことがきっかけだった。

ガンディー主義者が開設した被差別カーストの子どもたちのための全寮制学校（インド・ビハール州農村部）を、1993年に再訪（筆者中央）

●インドに惚れ込む

一九七四年後半、私はインド最貧地域の一つであるビハール州の農村を訪れ、最下層のカーストの子ども約一〇〇人が学ぶ全寮制の小・中学校で半年を過ごした。マハトマ・ガンディーの高弟が主導した民間版農地改革運動によって小さな農地を入手したこの学校（貧しい農民の子弟が対象）で、子どもたちは勉強の傍ら毎日数時間自給のための農作業を行い、卒業後は村に帰って意識の高い自作農になることが期待されていた。当時私は英語もヒンディー語も片言しか喋れなかったので、そこで何かの活動を手伝うこともなく、子どもたちと朝から晩まで一緒に過ごした。そこでの食事は、私にとっては極めて簡素だった。ところがここの生徒たちのほとんどは、この質素な菜食でも毎日三回食べられる学校の方が、そうでない自宅よりずっと良いと言う。実際、訪問した生徒の自宅には家具らしいものはほとんどなく、両親がいたのに夕食時に料理されることもなく、生徒の幼い弟は畑から採った生の豆を齧っていた。

インドで私が見聞したことは、自分のそれまでの世界と大きく異なっていた。貧困の実際を肌で感じたせいか、インドが汚くて嫌だという感じではなく、人間ってこんなに異なった環境でも生きていけるのだ、という関心の方がはるかに強かったため、インドに惚れ込んでいった。

●警察が青年の命を奪う

インドから帰国して以降は以前のような活動には戻らず、大学に復帰して卒業を目指す一方、惚れ込んだインドとの関係を保つために、ヒンディー語の勉強を夜学に通って続けた。それでも時々、以前のような社会活動に積極的に参加しないことへの後ろめたさもあって、ちょうちんデモに参加したり、その仲間と他のデモや集会に行ったりしていた。そうして参加した成田空港建設に反対する三里塚闘争の支援活動で、偶然私は、市民活動家の東山薫さんが機動隊の新型催涙ガス銃で殺された事件の一部始終を、極めて間近で目撃した。

一九七七年五月八日の三里塚での集会の際、会場近くの農家の庭先を拠点に、闘争で負傷した仲間のための救護所が設営され、私は「救急車」の運転手として医師や看護師とともにそこに配置された。まもなくその目の前で、支援者と警察機動隊との間で投石と催涙ガス弾による激しい応酬が始まった。私たちは赤十字マークが描かれたヘルメットとジャケットを着用して、その拠点である救護所を守るために路上に面してスクラムを組んでいた。その瞬間、私の鼻先のほんの数センチ先を機動隊の方から何かが横切り、その途端に右隣にいた人が倒れ込んだ。すぐに彼を抱きかかえて後方へと運んだが、医師は一目見るなり顔色を変えて、「瀕死状態だ」と宣告した。その日に初めて使用されたという強力な催涙ガス銃からガス弾が水平に発射され、ヘルメットを被っていなかった東山さんの左側頭部を直撃したのだ。東山さんは二日後に亡くなった。

東山さんのご両親は、警察を相手に裁判を起こした。私はこの事件の目撃者として、検察官や裁判官の前で何度も証言した。最終的に民事裁判では、実行犯の特定はしなかったものの警察の非を認め、賠償請求を認めたが、刑事告訴での罪は、ついに問われなかった。多数の警察官が居合わせた場で起きた白昼の殺人事件だったにもかかわらず、その実行犯は特定されず、私の目撃証言は信憑性を理由に裁判で簡単に退けられた。この体験を通じて、私は自らの無力さを強く感じるとともに、あらゆる権威・権力への不信を一層強めた。川口君を殺した革マル派も、東山さんを殺した日本の国家権力も、いずれも無謬性の主張に終始し、自らの明々白々な過ちを認めなかったからだ。

●NGOの虜に

大学を出て一年余りサラリーマン生活を送ったが、インドへの想いは断ち切れず、ヒンディー語を習い続けていた。その先生の推薦で、インド政府の奨学金を得て退職。一九七九年夏から一年間、デリーのヒンディー語専門学校での留学は、楽しくてあっと言う間に終わった。

インドのエリートは英語を使うので、ヒンディー語をマスターしただけでは、なかなか職に就くことはできない。しかし惚れ込んだインドかその近くの国で、もう少し暮らしたかった。私にとって、その手段となったのがNGOである。つまり私はまったく利己的な理由で、NGOの世界に入ることになった。大学時代の友人に誘われて顔を出したのが、バングラデシュで活動する「シャプラニール＝市民による海外協力の会」（通称シャプラニール）という日本のNGOであった。一九八〇年六月、私はこのNGOの駐在員を引き受け、留学先のデリーから隣国バングラデシュの首都ダッカに引っ越した。

当時シャプラニールが取り組んでいたのは、農村の貧困層の人たちへの支援で、ブラジルの教育学者パウロ・フレイレが提唱する識字教育の活動を入口として社会的エンパワーメント（力づけ）を強め、貧農の組織化や社会的意識の向上を目指す活動であった。私にとっては学生時代の活動に重なることが多かったので、すんなりと取り組めた。学生時代のような熱い議論を日本の同僚や現地のバングラデシュ人スタッフと何度も交わす中で、いつのまにか私はこの活動に、本格的に取り組むようになっていた。

一九八二年末に帰国してから五年間はシャプラニールの事務局長として、組織拡大や広報強化、資金作り、フェアトレード活動などに夢中で取り組んだ。八〇年代初めに起きたインドシナ難民問題がきっかけで、日本でも難民支援のNGOが生まれはじめた時期であり、NGOに対する関心が次第に高まり、その先頭にいたシャプラニールは社会からよく注目された。お陰でそれまで個人負担・無償労働をしていた日本人メンバーに、航空券や給与などを支給できるようになった。また時代的背景から、政府開発援助（ODA）の問題やNGOの活動内容などに関して、公的な発言を求められることが増えていった。

1981年頃、シャプラニールのバングラデシュ駐在員として、北部のジャマルプール県で現地NGOに自転車を供与（筆者上段右）

この五年間でシャプラニールは会員組織として順調に成長したが、仲間の何人かからは、私のやり方は独断的で仲間を生かしていない、といった批判が繰り返された。一方、開発援助について専門的に勉強したことがないために、自分の公的発言の内容に自信が持てなかった。それで一九八七年にシャプラニールを離れ、勉強の機会を探った。

当時日本のODA予算は急増中でまもなく世界一になるのだが、国際開発学を学ぶ大学院は当時の日本にはなく、日本政府はこの分野の専門家を急ぎ養成する必要性に直面していた。そのために作られた外務省の奨学金を、私は幸運にも受けることができた。そして一九八八年から家族と一緒に、アメリカの大学に二年間留学し、国際開発学を本格的に学んだ。一つのことに取り掛かると夢中になる私の性格がここでもうまく活かされ、多くを学ぶ充実した二年間を過ごすことができた。

留学後の一九九〇年九月、私は各国の赤十字社やイスラム主義国の赤新月社の連合体である「国際赤十字・赤新月社連盟」、および「日本赤十字社」のバングラデシュ駐在員になり、家族とバングラデシュに赴任した。私の主な仕事はサイクロン（台風）災害対策で、ハティア島など遠隔の湾岸地域に建てたサイクロンシェルター（避難所）の利用促進や災害後の緊急救援、農村やスラムの医療保健活動がその中心だった。貧困層だけを支援対象とするシャプラニールの活動とは異なり、有力者を含む村人全体と、農村コミュニティ全体を支援する場合が多かった。

赴任翌年の一九九一年は、疾風怒濤の一年だった。まず四月末に沿岸部を襲ったサイクロンが一晩で一三万人の命を呑み込み、広大な地域の家屋や田畑、道路などを破壊した。被災の翌日から現場に飛び出した私は、それから二カ月間、朝から晩まで救援活動に没頭した。この活動がひと段落した一二月末には、東隣ビルマ（ミャンマー）からロヒンギャ難民の流入が始まり、最終的に一七万人に上った難民への食糧配給を数カ月間にわたって支援した。

このほか、献血のための採血用器具の提供、スラムや農村での保健医療プロジェクトなどにも携わりつつ、国際赤十字・赤新月社連盟の代表代行として、バングラデシュ赤新月社やジュネーブの連盟本部、他の国際機関との交渉など、幅広い経験を得ることができた。こうした仕事に没頭した三年目に、大学教員への転職が決まった。

大学教員として学び活動するスタイルへ

一九九三年から私は、恵泉女学園大学の教員として勤めることになった。「平和学」と「園芸実習」が全員必修、というユニークな大学だった。一般に「平和」という言葉は戦争や紛争といった直接的暴力がない状態を指して使われることが多いが、この大学では平和学主流の考え方に沿って、貧困や差別などの構造的暴力がない状態を「積極的平和」と定義していた。昨今安倍首相が唱える「積極的平和主義」とはまったく非なる考え方だ。大学は私のＮＧＯ活動を平和学の実践と評価し、平和学を担当させてくれた。

その後移る聖心女子大学を含めた二四年間の大学教員生活は、ＮＧＯで活動する時間的・金銭的余裕を保証してくれた。本来なら研究に充てるべき時間を、私は国際協力NGOの活動に費やした。その後NGO全体を代表する立場にもなり（二〇〇七～一五年、国際協力NGOセンター［JANIC］理事長）、外務省との定期協議やG8サミット（主要先進八カ国首脳会議）、国連などの国際会議に向けて政策提言（アドボカシー）を積極的に行ったり、アジアをはじめ世界各国のNGOネットワークとの関係構築に取り組んだりした。

研究熱心とは言えないかもしれないが、世界各地の貧しい人や故郷を追われた人を、他人ではなく自分のことと感じてほしいと願い、講義では世界の格差の現実やNGOの活動について語り、学生を毎年のようにバングラデシュや他のアジア地域に連れて行くことに務めている。大学教育の目的の一つは、批判的思考ができる学生を育てることにある。その意味で大学教育は、自立した市民によるNGO活動と共通する部分がある。この仕事に携われたお陰で、私は、権力を持つものに対して批判的であろうとする自身の姿勢を貫くことができた。

二　グローバリズムとナショナリズムの狭間

一九九〇年代初頭に訪れた東西冷戦の終焉以降、アメリカとそれを含むG7諸国（主要先進七カ国）を基軸とした「経済のグローバル化」が進行し、カネ、モノ、情報は国境を越えて物凄いスピードで往来するようになった。このグローバル化する経済の自国への浸蝕に危機感を抱き、自分の国のアイデンティティを強く意識した、ナショナリスティックな言動が日本を含めグローバルに強まっている。最近大量発生したシリア難民の受け入れの是非や過激派武装集団イスラム国（IS）などによるテロへの恐怖から、ヨーロッパでこの傾向はますます強くなり（レイシズム［人種差別主義］を伴う）、日本を含め各国の政治勢力地図にも影を落としている。こうした状況の中で自国第一主義を唱えるアメリカのトランプ大統領が登場したことで、環太平洋戦略的経済連携協定（TPP）に代表される「経済のグローバル化」には急ブレーキが掛かったようにも見える。

しかし資本がより大きな市場を求めるのは必然である。おそらく今後はアメリカに加えて新興の大国などが基軸となり、より複雑な構図の下での「経済のグローバル化」、あるいはTPPに代わる経済のブロック化が進んでいくものと予想される。どのような「経済のグローバル化」であれ、日本の独占禁止法や公正取引委員会のような公正さを軸とした多国間ガバナンス（統治）の形成には程遠く、大国とその企業群、あるいは富裕層だけが有利となることが強く懸念される。このブロック経済間の争いが下手に激化すると、第二次大戦がそうであったように、大規模な争いや地球規模の環境破壊にもつながりかねない。

第二次大戦後の世界そして日本は、二度の世界大戦への反省から国際連合（国連）憲章や日本国憲法などに示された平和を基調とする普遍的理想を、どうにか掲げてきた。しかし現実には様々な矛盾を孕みつつ、今も紆余曲折の中にある。「経済のグローバル化」が孕む問題も、世界のほとんどの国が参加する世界貿易機関（WTO）の議題にも取り上げられはしたが、結局座礁してしまった。戦後歩んできたこの世界平和への道が再び軍事と資本の力を梃子に幾重にも分断され、その狭間で、小国や貧しい人々がこれまで以上に苦しみ続けることになる、という予感は杞憂だろうか？

さらに不安なのは、中東のある国のように、国家が自国民を守らないどころか迫害や攻撃の対象としていることである。このため国外難民や国内避難民が急増し、国連難民高等弁務官事務所（UNHCR）によれば、その数は世界全体で戦後最高水準となっている（二〇一六年末現在）。自分が属する国家やその権力者に対して異を唱える権利、あるいは平和的に分離独立を求める権利、そしてそれを主張する人々の安全を、どのようにしたら保証できるのだろうか？　国の連合体でしかない国連も、内政不干渉という建前のもと、それ以上は進めない（もっともアメリカ、ロシア等の大国は、時々堂々と内政干渉するが、それは相手の国の人々のためではなく自国の国益のためである）。

この「内政不干渉」によって生じる問題は、私自身が赤十字の一員として、一九九一年にはミャンマー政府の弾圧でバングラデシュに逃れたロヒンギャ難民の現実を、また九九年にはセルビア共和国からの分離独立を求めたが故に故郷を追われたコソヴォ難民の現実を見たきただけに、極めて切実なものと認識している。「主権国家の不可侵性」という国連の原則を変更できる、世界共通の制度が必要ではないのか。それを非暴力的な手段で公正かつ安全に実施する仕組みを持たない限り、武力紛争は激化し、難民や避難民は増え続けよう。

現在の経済の仕組みに対して、有効かつ現実的なオルタナティブが見出せていないことも苦しい。世界が北欧型の社会民主主義的な政策によって手厚い社会保障を提供し、個々人の人権を重視する方向で転換していく以外、もはや今日のむき出しの資本主義経済を抑制する道はないのではなかろうか。

三 「グローバル市民」と「社会のグローバル化」の必要性

このままだと「経済のグローバル化」が複雑に進化しながら、高揚する排他的な国家ナショナリズムやそれを内包した地域間ブロック主義が国家間・地域間の壁を一層高くし、その内側では公的権力や大資本、最悪の場合は軍が弱い立場に追いやられた内外の人々に暴力を振るい、格差を拡大させ、環境を破壊し続ける可能が高い。

これに有効に対抗できる一つの道筋は、「グローバル市民」が世界各地で増殖し、互いに結ばれることだ。ここで言う「グローバル市民」とは、この地球を人類共通の財産と見なし、その持続可能性に向けた普遍的なガバナンスを共に作り出そうとする、「国境を越えた人々の意思の集合体」を指す（この点で、「市民」とは、自分の住む地域を地域住民共通の財産と見なし、その持続可能性に向けた普遍的なガバナンスを共に作り出そうとする、「住民の意思の集合体」と言える）。インド－パキスタン、あるいはイスラエル－パレスチナなど、たとえ国家レベルで厳しい対立が続く地域間であっても、市民社会組織がしっかり根付いているケースでは、両者の市民同士が対話を重ね、相互理解を深めてきている。

いわゆる市民活動とは異なるが、こうした流れの小さな成功モデルは国際赤十字運動だろう。たとえ各国の主義主張が異なっても、各国は国際人道法を尊重し、戦争や紛争の現場では国家から独立した国際赤十字の中立的な人道的活動を妨害してはならない。日本政府もこれまで、朝鮮民主主義人民共和国（北朝鮮）との関係が悪化した場合には、たびたび国際赤十字のパイプを通じた対話を試みてきた。つまり国家にとっても、このような非国家的存在は不可欠なのだ（もっとも、紛争当事者として最近立ち現れてきたＩＳやアル・カーイダのような非国家主体は、国際人道法に関与していないので、この仕組みが当てはまらないから厄介だ）。一方、世界を見渡すと、強権的な政権は、国際赤十字に対するのとは異なり、自立した市民社会やＮＧＯによる人道的活動を反政府的と見なして敵視する場合が多い。特にマルクス主義的な傾向の強い政権は、自らを民衆全体の要求を満たす無謬な存在として規定するので、人々の代弁者たらんとする他の存在を認めない場合が多い。また、認めたとしても、党傘下の大衆組織のような半官半民のものに限っていて、厳しい監視下に置いている。

市民社会やＮＧＯについての普遍的定義は存在しないので、国や社会によってはそれらの捉え方もかなり異なる。「市民」や「ＮＧＯ」といった用語、概念そのものを受け入れにくい社会もある。その典型がインドだ。

二〇年ほど前、インドでＮＧＯ事情を調査したことがある。この時、現地の人々から次のような批判をしばしば受けた。「『市民』は欧米由来の概念である」「インドでは、政府がない時代から自発的な活動があった。『非政府』という否定形で始まるＮＧＯという語は適切でない」と。実際、インドの二つの代表的なＮＧＯネットワークは、今もその名称にＮＧＯではなく「ボランティア団体」を掲げている。

また、インドでは一般的に、外国の政府や市民からの援助で活動する団体を批判的に見る傾向が強いので、外国資金を受け取らないＮＧＯが少なくない。私の親友であるリベラルなインド人活動家も、「経済的に追い詰められた時に、外国の市民かインド政府か、いずれかの資金を選べと言われたら、後者を選ぶ」と断言した。長い植民地時代を民族運動で独立に導いた経験と誇りが、国際的な市民連帯よりも自国内での解決手段を選ばせるのだという。

植民地時代の屈辱の記憶は、インドの人々の中に今も強く埋め込まれているのである。植民地化した側はその事実を忘却しがちであるが、やった側は忘れても、やられた側は決して忘れない。このことを私たちは、強く肝に命じなければならない。

それでも私は、「国民」である前に「市民」であること（少なくとも国民と同等に市民であること）を共通軸とするグローバル市民が、国内外で多様に連帯し、その輪を広げていく重要性に注目したい。この存在こそが、主権国家からなる国際社会に望ましい方向性を与えるものと信じている。実際、その存在によって地雷を禁止することができたし、ジェンダーの概念が国際化されてきたし、国際的な有機農業団体や開発協力ＮＧＯのネットワークが誕生した。二〇一五年九月の国連総会で採択された「持続可能な開発目標」（ＳＤＧｓ）の「ゴール17：パートナーシップで目標を達成しよう」もその一つである。ＳＤＧｓには、各国政府がＮＧＯなど市民組織と積極的に連携することの必要性が明文化されている。とは言え、まだ核兵器も原発も止めらないし、武力紛争も続いているのが現実である。「グローバルな市民の力」が一層求められている。

「経済のグローバル化」という言葉はよく使われるが、「社会のグローバル化」という言葉はほとんど耳にすることがない。後者のアプローチは国際社会において軽視あるいは無視されてきた。貿易はどこでも自由化に向かっているのに、人の国境往来にはパスポートやビザといった国の通行手形が付きものである。利益を生む資本は国境を跨いで自由に往来しているのに、ＮＧＯの資金の往来には今も多くの国で規制がかけられている。貧困や福祉のために使われるＮＧＯ資金が直接その国の人々に届かず、その国の政府当局の管理下に置かれているのはおかしい、とインドの代表的なＮＧＯネットワークの一つ、Voluntary Agency Network in India（ＶＡＮＩ）はかねてからこのグローバル化時代のアンバランスを指摘してきた。

グローバル化のアンバランスには理由がある。「経済のグローバル化」を牽引するのは国際資本や多国籍資本である。これらは弱肉強食、利潤第一を原理とする。したがって、これらが好む海外進出先は、規制の緩い地域に集中しがちになる。つまり、最低賃金制やストライキ権、安全基準や環境基準、あるいは児童労働・セクシャルハラスメントといった人権基準の緩い地域がまずその対象となる。これがグローバル化のアンバランスを生んでいるのである。もし「社会」がしっかりグローバル化していれば（「社会のグローバル化」の昂進）、これらの権利や基準は世界共通のものになり、地域差がなくなるはずだ。この場合、「国民経済」が依然存在することを前提にすれば、資本を誘発させるのはもはや物価水準の違いが生み出すコスト（労賃を含む）の差だけになる。

二〇一三年四月にバングラデシュで発生した「ラナプラザの悲劇」は、まさに経済と社会のグローバル化のアンバランスが極端な形で表れた惨事と言える。八階建てのラナプラザビルは、安全基準を満たさない違法建築ビルであった。このビルには、先進工業国向けの衣料品を縫い上げる複数の民間工場が入り、若い女性を中心に四〇〇〇人近くの工場労働者が働いていた。事故前日には、建物倒壊の危険を指摘した声があったが、工場主がそれを無視して操業を強行した。結果、翌日にビルは一瞬にして倒壊し、一一三四人が犠牲となった。

バングラデシュなどの建築基準や安全管理は、先進工業国のそれより緩い。そのうえ、汚職・腐敗などにより不適切に適用されている。よって、労賃を含むコストも安くなる。世界の多くの資本や多国籍企業がこうした国々に生産基地を求める由縁である。一カ月一万円にも満たない低賃金で働く労働者たちが、先進工業国ではあり得ないような労働環境下で命を落とした。そんなことを許していいのだろうか？「社会のグローバル化」が同時に進行していれば、こうした悲劇は防止できたはずだし、万一事故が起きても適切な補償がなされていただろう。

命や社会を第一とする改革が進められなければならない。そのための土壌が「グローバル市民」と「社会のグローバル化」なのである。

四　今こそ、理想主義が大切

昨今の日本では、「非武装中立主義」は現実に沿わない理想主義と見なされているようだ。非武装を大原則に掲げた国家の最高法規、日本国憲法を「国防軍を持てるように変えよう」と叫んでいる人たちがいる。その一人が、その法を守るべき行政府の長、内閣総理大臣なのである。根本が狂っている、と私は心から思う。

「国防のためでない軍」（つまり侵略のための軍）を持つ国は、世界のどこにもない。それでも侵略戦争が絶えないのはなぜか。答えは単純だ。どの国も、「自国を防衛する」名目で軍事行動を正当化するからだ。アメリカによるアフガニスタン侵略も、アメリカによれば国際的テロに対する「防衛のための戦い」だった。北朝鮮の他国海域へ向けたミサイル発射も、理由は「防衛」だ。

軍事力が戦争抑止力を持つことは、論理的には成り立つ。しかし、現実はそうではない。結局は軍拡に歯止めが利かなくなり、国全体が「国防中毒」状態に陥る。一方、世界には中米・コスタリカのような非武装の国（これにはいくつかの異論が出されている）や、バングラデシュ、ネパールのような最低限度の自衛軍しか保持しない（できない）国が、いくつもしっかり存在している。

人々の生活や福祉を放置したまま、ひたすら軍事費に膨大な国家予算を費し、挙句、「国防」という名の侵略戦争に加担することなどどうして許容できようか。日本政治では、冷戦期を通じて旧日本社会党だけが、非武装中立主義を掲げていた。北朝鮮に友好的だったがゆえに信頼を失ったこの党が解散し（一部は社会民主党が継承）、その後、中国の台頭もあり、今やこの主義を掲げる政党はほとんどない。しかし、あくまで理想を理想として押し進めることが重要である。現実路線と一旦妥協してしまえば、その流れに歯止めを掛けることは極めて困難になるからだ。そこでは、かつての新左翼がそうであったように、勇ましい言説ばかりが幅を利かせることになるだろう。

理想主義と言われ続けてきた非武装中立主義、非暴力主義は、「グローバル市民」が積極的に共有すべき理念の一つである。私自身は、この理想主義の復権が今こそ必要だと固く信じている。

自衛隊も国防軍もいらないと言うと、「日本が軍事侵略されたらお前はどうするのか」と問われる。私は間髪入れずに答える。国民国家は近代の産物にすぎない、それでも現在、その代替機構が見つかっていない以上、侵略者の理不尽な「命令」に対しては、自らの自由や尊厳を守るために、必死に、非暴力で、抵抗するだけであると。この場合の非暴力とは、インド独立の父ガンディーがそうしたように、決して暴力は振るわないが、権力による強引な「命令＝法律や規則」にも従うものではない、という意味での積極的な平和活動を意味する。

五　今後はご意見番！

これまで夢中でやってきたNGO活動だが、徐々に世代交代が進んでおり、私が果たすべき役割も今後は少しずつ変わってくるだろう。この先どうなるかやってみないとわからないが、おそらくアドバイザー的な立場で、日本のNGOに意見をしていく「嫌なオヤジ」になるのだろう。

現在の日本のNGOは、ややもすると問題の構造やその根本に迫ることなく、「サービス提供」の方向に傾きがちになっている。この背景には、日本社会における寄付文化の不十分さがある。このゆえに、日本のNGOは、市民からの会費や寄付といった自己資金の不足に悩み、結果的に外務省や国際協力機構（JICA）などの公的資金に依存し、そうした官庁からの理解が得られやすい、国策寄りのプロジェクトを優先しがちになるという仕組みに嵌っている。市民活動の基本は、市民の資金を中心に行われるべきだ。もちろん政府の金も私たちが払う税金なので、これを市民活動に使ってならないという謂れはない。しかし、公的資金を活用するには、政府の民主化なり、ODAの民主化なりが前提となる。

日本政府は二〇一五年、それまでの「ＯＤＡ大綱」を「開発協力大綱」に変更した。これにより外務省やＪＩＣＡは、相手国の貧しい人々への息の長い支援よりも、目前の「国益」ありきの援助にはっきりと舵を切るようになり、一層短期的な視点・狭い視野でしか外交や国際協力を見られなくなっている。日本のＮＧＯは、こうした状況へのチェック機能も高めていく必要がある（Column 17参照）。

国際協力60周年を記念して2014年11月に開催された公開シンポジウム「日本は世界の開発問題とどうかかわってきたか――ODA60年の歴史の振り返りとポスト2015年開発アジェンダ」（主催 JICA研究所）。シンポジストとして発言（右から２人目）

私は、二〇一四年前半に開催された「外務省政府開発援助（ＯＤＡ）大綱見直しに関する有識者懇談会」に、唯一ＮＧＯの代表として参加した。そこで大議論を交わしたのだが、八人からなる参加者のほとんどは企業や各分野の研究者で、「市民」の側に立って意見を述べる者はほとんどいなかった。議事録に残らないここでの議論の多くは、ＯＤＡは台頭する近隣大国にどう対抗すべきかや、ＯＤＡは日本企業の利益に直接どうつなげるべきかといった内容がほとんどだった。この「大綱見直し」後、ＯＤＡ予算額はいくらか増加に転じたが、その額は政府の一般予算総額のわずか〇・五％を占める程度にすぎない。これを、巨大な経済力を持つ近隣大国への対抗手段とするのは、私にすれば愚の骨頂だ。むしろ「平和国家日本」を謳う憲法を尊重し、人道主義に基づく諸事業や、市民社会の発展に関わる長期的な事業など、他国には容易に真似のできない国際協力に力を注ぐべきではないのか！　今のような国益本位の国際協力を続けるなら「国家百年の計」を失いかねないと、国士ではない私が心配しているのも滑稽な話である。

四三年前にインドを初めて訪れて以来、私は南アジアやイスラムの人たちからたくさんのことを学んできた。かれらがいたから、今の自分がある。その点で南アジアやイスラムの人たちには深く感謝している。かれらは私たちと何ら変わりのない人たちである、という感覚を私は強く持っている。私が大好きな南アジアの人たちや、最近嫌がれることの多いイスラムの人たちと、一層仲良くするような活動を今後も続けたい。二〇一七年、私が勤務する聖心女子大学では「グローバル共生研究所」を開設した。所長として私は、そこを拠点に、「グローバルな共生」の実現に微力を注ぎたい。

【私にとっての三冊】

ロバート・チェンバース／穂積智夫・甲斐田万智子訳『第三世界の農村開発』（明石書店、一九九五）

農村開発に関わる外部者が自分の無知や物理的制約、あるいは傲慢さやその裏返しとしての恐怖から、農村調査の偏りに陥っていく現実に鋭くメスを入れた古典的快著にして戒著。

スーザン・ジョージ／小南祐一郎・谷口真里子訳『なぜ世界の半分が飢えるのか—食糧危機の構造』（朝日選書、一九八四）

「南」が食糧生産不足で飢えているわけでない、「北」がそれを消費しすぎているのだ、という明白な事実を明らかにしてくれた衝撃の古典的名著。

パウロ・フレイレ／三砂ちづる訳『被抑圧者の教育学—新訳』（亜紀書房、二〇一一）

本稿でも触れたパウロ・フレイレが、ブラジルのスラムでの実践を通じて築き上げた教育学。自分の暮らしや生き方を変える「意識化」によって「自分の言葉」を獲得していくプロセスが、手に取るように記述されている。エンパワーメントという概念はここから生まれた。この教育実践は、一九七〇年代後半から世界各地の成人識字教育にも取り入れられた。

Column17

国際協力機構（ＪＩＣＡ）スタッフへの問いかけ

医療には高い専門性が必要であるように、ある国、ある地域の開発やそのための国際開発援助にも高い専門性が必要とされる。どちらも人の命を守る活動なので、当然のことだ。しかし私たちの政府は、残念ながらこの専門性を十分認識せずに、外務省が主管する外交の一部門、より正確には、自国の短期的な政治的・経済的利益を実現する外交手段の一つとして扱う傾向が強い。欧米の援助先進国と呼ばれた国々は、「外交」と「政府開発援助」（ＯＤＡ）とを切り離し、後者はジェンダー、環境、人権、貧困といった普遍的な課題解決に取り組み、ＯＤＡ実施機関の自立性をその組織面でも重んじてきた。しかし最近の世界経済の悪化で、こうした国々の多くも、自国の短期的利益の手段としてＯＤＡを道具化しはじめていることは残念至極だ。

日本では「ＯＤＡ大綱」が「開発協力大綱」に変わった二〇一五年以降、一層その傾向が強まっている。この大綱見直しの翌年度から自民党政権は、久々にＯＤＡ予算を微増させはじめた。右の事情をカモフラージュする術策であったことが透けて見える。

独立行政法人・国際協力機構（ＪＩＣＡ）のスタッフは、まさに開発援助の専門家である。かれらの多くは、途上国のために役立ちたいという熱い思いを抱いて、その専門機関に入職したのだと思う。ところが現実は、その思いとは逆の方向にどんどんと進んでしまっているのではないか？　アジアの大国に対抗するため、あるいは大規模な経済インフラを建設するため、そして日本の中小企業の海外進出を後押しするため、日本のＯＤＡは相手国の貧しい人々への貢献とは無関係に使われてしまっている。

　ＯＤＡの政策官庁である外務省の役人の大半は大変頭脳明晰で、良い人たちだ。しかし開発援助の本来的な理念への関心や、途上国の人々への想像力は往々にして乏しい。一方、ＪＩＣＡはその外務省の傘下にある実施組織であるがゆえに、政策的論議を外務省と対等に交わすことができにくい立場にある。ＪＩＣＡスタッフは臍を噛む思いを抱くことも少なくないだろう。もっとも、近年ではＮＧＯでさえ、受け取る公的資金が増えるほどにＯＤＡの政策への配慮や「忖度」が働き、官の受けの良い活動に偏る傾向にあるから、他人事ではないのだが。

　いずれにせよ、国際開発援助の専門家がこんな有様で良いのだろうか？　普遍的な人道主義的価値を追求していくのが、開発や援助に携わる専門家の本筋ではないのか？　本来その存在理由をＮＧＯと共有しているはずのＯＤＡも、この理想を追求すべきだ。

「普遍的な価値」の実現のために、どう声を上げ、どう日本の政策を変えていくのか。援助関係者が胸襟を開いて真剣に議論する場が必要である。それを飲み屋以外に作る時期がとっくに来ている、と思うのは私だけであろうか？

おわりに

この「おわりに」の執筆段階で、二〇一七年のノーベル平和賞が国際的なＮＧＯの連合体「核兵器廃絶国際キャンペーン」（ＩＣＡＮ）に贈られる、という飛び切り嬉しいニュースが飛び込んできた（二〇一七年一〇月六日）。授賞理由の一つは、同年七月に国連で採択された核兵器禁止条約の策定に関する多国間交渉に、このＮＧＯが積極的に関わったことだ。核兵器をめぐる国際政治の舞台裏で、核兵器廃絶を主張するＮＧＯの役割が世界的に高く評価されたことは、非戦を主張するＮＧＯの私たちや、ＩＣＡＮ以前から非核を地道に訴えてきた広島と長崎の人々の運動を鼓舞してくれる、極めて大きな出来事となった。しかし同時に、私たちの「非戦」が試されるのはこれからだということも、肝に命じなければならないだろう。

特定秘密保護法や安保法制、「共謀罪」法などが、国会で次々と可決された。ミサイル発射実験を繰り返す朝鮮民主主義人民共和国（北朝鮮）と、日本や韓国に多くの軍事基地を擁する軍事大国アメリカとの間では、現在も激しい応酬が続けられている。いつ戦争が現実のものになるかわからない、もしかしたら日本も攻撃対象になり、私たちの生命や日常生活が破壊されるかもしれない…。こうした不安感を、私たちはいつの間にか抱え込まされてしまった。そして、その不安感を下支えにして、大義なき解散で迎えた二〇一七年一〇月衆院総選挙での重要争点の一つは、安倍首相の悲願だった憲法九条改訂の是非へといっきに突き進んだ。

本書を通じて私たちが唱えてきた非戦の意思は、中国の台頭やアメリカの衰退（あるいは日米安保体制に対するアメリカの突然の裏切り）といった現実を見ない単なる理想論、と非難されることが多い。しかし、本当に現実を見ていないのは私たちだろうか？　多くの人々は、戦争の現実がどのようなものか、イメージできないでいるのではないか。あるいは私たちの両親や祖父母たちが背負った歴史、アジア・太平洋戦争という辛酸の記憶を忘れて、安易に「防衛（戦争）のできる日本」という勇ましい言辞に惹かれてしまっているように見える。

仮に近隣東アジアで戦争が始まれば、私たちの手の届く場所で瞬く間に多数の無辜の命が失われるか、無残に傷つき、女性、子ども、老人、そして避難民の人権が真っ先に、しかも私たちの目前で蹂躙され、人々の生活基盤は雪崩のごとく崩壊する。核戦争ともなれば、地球全体が修復不能となってしまうだろう。そんな状態に至ってから非戦や反核を叫んでも、すべてはあとの祭りである。

「戦争を抑止し、『平和と安全』を維持するためには、『防衛（戦争）のできる日本』が必要だ」――そういう議論が大手を振っている。本当にそれが現実的だろうか？　私たちは、こうした議論を疑う必要がある。「防衛（戦争）のできる国」が世界に増えることが、どうしてアジアや世界の「平和と安全」を強化できるだろうか？　それこそ非現実的な空想論だ、と私たちは声を大にして言いたい。

実際、北朝鮮は、防衛のため、自国の「平和と安全」のためと主張して、ミサイルや核爆弾を開発しているが、この論理で行けば、「平和と安全」のためにはあらゆる国が軍備を強化しなければならなくなる。また、軍事費を増やせば、貧困や格差といった経済問題、健康や教育などの社会問題は必ず取り残される、あるいは悪化することになる。さらに、そうした間隙から、イスラム国（ＩＳ）やアル・カーイダなどのような武装した非国家主体が勢力を増すことになる。

今回国連で採択された核兵器禁止条約に対して、日米政府は、道筋が定かでない非現実的な条約だとして決議に参加しなかった。しかし核拡散が続く今、ノーベル平和賞委員会はＩＣＡＮを選定することで、広島・長崎の被爆者の方々をはじめとする世界の市民がこの流れに歯止めをかけ、国家を動かす重要な主体となっている事実を改めて示してくれたと言える。

＊　＊　＊

本書を編むことになったきっかけは、もちろん二〇一五年七月の「ＮＧＯ非戦ネット」（第二次）の結成である。そのことを報じた新聞記事を見た新評論の山田編集長から、安保法制成立（二〇一五年九月一九日）の六日後、私の元に「今こそＮＧＯの非戦の考えをまとめた本を出すべきだ」という熱のこもった封書が届いた。それを受けて、同年一〇月に山田編集長、日本国際ボランティアセンター（ＪＶＣ）の谷山代表、非戦ネットの白川徹さん（ＪＶＣ）、大橋の四人でまず話し合い、その後他の非戦ネットのメンバーにもこの出版企画への参加の呼びかけを続け、合計四回の準備会合を持った。そして企画に賛同した今回の六人の編者と山田編集長とで、二〇一六年二月に初会合を持ち、以来二〇一七年一〇月までの二一カ月間に一三回もの編集会議を重ねてきた。

企画段階では、山田編集長の提案（ＮＧＯの非戦の意思を社会的共有物として認知してもらうための本の構成案）を軸に話し合いを行った。その結果本書にあるように、それぞれの執筆者が若い時代にどのような体験を経て非戦を自身のものとしていったのか、それぞれが現状をどのように認識し、現在どういった活動を行い、どのような壁にぶち当たり、今後をどう展望し、読者と何を共有したいのか、これらを丁寧に描くことになった。また編者六人だけではＮＧＯ活動あるいは市民活動の幅広い領域をカバーし切れないことから、同様の志を持って各地・各分野で活躍する非戦ネットのさらに六人のメンバーを共著者としてお誘いし、お招きした。この際、活動の分野、年代、地域性においては特にバラエティーを確保するよう配慮した。六人の共著者の各人には六人の編者のいずれかが主担当編者と副担当編者として配置された。

完成した各原稿には、山田編集長の懇切丁寧な助言やコメントが真っ赤に書き込まれて、各執筆者および担当編者に送り返された。書き込まれた赤字と赤線の量を見て、驚かない人はいない。それや担当編者からの助言などを参考に、再度執筆者それぞれが原稿に向き合うという作業が二度、三度と繰り返された。他の出版社からも本を出すことの多い私は、この山田編集長のこのやり方が新評論で本を出すことの醍醐味である、と固く信じている。というのは彼の助言やコメントは、書き手の想いに変更を求めるものではなく、その想いを読者によりよく伝えるためという視点で貫かれているからだ。しかしこうしたプロセスには、相応の時間が費やされた。その間、政治情勢はどんどん変わり出した。そのため、最後はみんなで力を合わせて急いで完成に向かった。

＊　＊　＊

個人的には、この本の執筆者の中で私が最年長になっていることに戸惑いを覚えてきた。私は学生運動には遅れた世代だが、その時代の雰囲気や正負の遺産について多少は知っている世代だ。それゆえ私の稿では、そうしたことに多くのページを割き、恥を忍んで書き残しておくべきことを書き記した。

私たちの間で共通している志は、戦争を許さないこと、軍備や武器の保持を許さないこと、また一方では、特定のイデオロギー集団（つまり一つの宗教や政治的主義を信奉する団体）には与しないことであろう。それゆえ、仮に今後日本が極右的になっても極左的になっても、私たちと私たちの活動の大半は、いずれの政治勢力からも常に嫌われる存在になるだろうと自認している。

それにしても非戦や反戦の活動は、以前ならもっと左側の人たちが牽引してきたものであった。いつの間にか、そうした人たちの影がとても薄くなっていることに、本書の編集過程やその間の見聞を通じて改めて気づかされた。だからと言って、私は失望も絶望もしていない。むしろ近年のそれは、権力志向を有した、前衛と呼ばれる一部エリート層によって作られた大衆扇動型の平和運動とはまったく異なり、より個として確立した市民による、横へ横へと広がる、「自発的連帯」の幕開けを告げる「自然発生的な現象」として素直に喜びたい。楽ではないけれど、自分の信念に正直であるという自負を持ち続けながら、私もその「自発的連帯」に加わる一市民として、一歩ずつ前に進んでいくだけである。本書が、そうした仲間を一人でも増やしてくれることを願いつつ。

二〇一七年一〇月二〇日『きけわだつみのこえ』（一九四九年）刊行の日に

編著者を代表して　大橋正明

NGO
非戦ネット
NGO "NO WAR"network

NGO 非戦ネット声明

共滅の危機を平和と共生の未来に変えるために

2017年8月15日

NGO 非戦ネットは日本が戦争をする国に向かっていることに危機感を抱く NGO 有志によって、2015年7月2日、安保法制の国会審議のさなかに発足しました。私たち NGO は、国境を越えた市民による交流・協力と地域における非軍事の対話・共生の取り組みを通して日本国憲法の平和主義を実践してきました。

NGO 非戦ネットが活動を始めた２年前と比べても、「共謀罪（テロ等準備罪）」法の成立に見られるように、日本を戦争ができる国にするための動きは急速に進んでいます。国が戦争をしようとする時、市民の活動は真っ先に規制され、政府に対する批判は監視と捜査の対象となります。沖縄の辺野古や高江の米軍新基地建設の反対運動に対する政府の暴力による排除に見られるように、市民社会の平和に生きる権利を訴える活動も有形・無形の圧力にさらされています。私たちはこうした市民への監視、規制、排除に強く反対します。

今日、平和憲法70周年の終戦記念日にあたって、今こそ非戦の理念を高く掲げ、平和憲法を守り実践することの大切さを訴えたいと思います。

9.11以後の世界は、途上国のみならず先進国でも進行する貧困、格差と不平等の拡大、気候変動、そして「テロ」と「対テロ戦争」、憎悪、復讐、暴力の悪循環など、状況は厳しさを増しており、武力によって平和をつくることができないことを示しています。

このことは世界の市民の間で広く共有されるようになっています。安保法制に反対する NGO 非戦ネットの国際共同声明に参加したアフガニスタンの NGO の連合体であるアフガニスタン NGO 調整事務所（ANCB）は、武力による解決方法は40年前からの紛争に苦しんでいるアフガニスタンのような状況を招くとして、「世界中の市民は、武力によらない平和的な解決方法を取るべきである」と訴えています。

今年7月7日に採択された「核兵器禁止条約」は、世界の希望に向けた動きの一つです。この条約では、核兵器禁止に加えて、「国際平和と安全の確立と維持は、世界の人的、経済的資源を極力軍備に回さないことで促進される」とし、国も人々もそのために努力をするよう訴えています。

私たちは日本と各国政府に対して、平和をつくる動きを阻害するのではなく互いに協力し、地球規模の問題解決には、軍事力ではなく対話と共存の道を追求するよう強く求めます。それが世界を危機から救い、すべての人にとってより良い社会をつくる唯一の方法だと信じるからです。

NGO 非戦ネット呼びかけ人一同

らず、国会答弁で、稲田朋美防衛大臣が「南スーダンに紛争当事者はいない」（2017年２月20日衆院予算委員会）と発言したことである。また昨年７月の戦闘の模様を詳しく記録した自衛隊南スーダン駐留部隊の日報について、政府は国会答弁において破棄したとしながら、自衛隊新部隊の派遣後にその存在を認めたことである。これは、戦闘が発生したこと、紛争当事者が存在したこと、停戦合意が崩壊したことを認めれば、PKO５原則に抵触してしまうからだと考えざるを得ない。南スーダンの和平において、日本はサルバ・キール大領領率いる南スーダン政府のみ後押ししてきたことも、上記のような日本政府のスタンスが関係していると思われる。

さらには、350万人もの難民・国内避難民が発生し、国民の半数が食糧不足に直面している状況に対応して支援を行おうとする日本のNGOに対して、政府は日本人スタッフを同国から退去させるとととともに、渡航にすら厳しい規制を課してきたことも重大な問題である。

日本政府は、自衛隊の派遣という政治目的先にありきで事を進めたため、南スーダン現地の実情を正確に受け止められず、南スーダン和平のため自衛隊の派遣以外の方法で日本がなしうる貢献を逃した、と断じざるを得ない。ところが自衛隊の南スーダンからの撤退を機に、こうした問題があいまいになり、さらに、今や世界でも最も深刻な人道危機の一つである南スーダンの状況に対し、日本政府当局者の関心が薄れることが危惧される。人道危機に対する支援において、受益者たる現地の人々の生命や安全よりも、政府の政策や思惑が優先されることはあってはならないと、私たちNGO活動に従事する者として考える。よって、自衛隊南スーダン撤退を機に、私たちは以下、提言する。

１）自衛隊派遣を最優先し、南スーダン情勢をめぐる日本政府の見解に混乱が生じていたことを認め、検証すること。
２）今後、紛争地への日本としての人道支援において、自衛隊派遣ありきではなく、何が本当に求められ、最も効果的な貢献であるかを、慎重に検討すること。
３）南スーダンでの「国民対話」に、反大統領派も参加させるよう、また対話は南スーダン国内ではなく、第三国で行うことを、日本政府として、南スーダン政府に求めるなど、真の和平の進展のために力を尽くすこと。
４）南スーダンの国民の約３分の１が国内外での避難生活を余儀なくされ、国民の約半数が食糧危機に苦しむ状況を鑑み、日本政府は国連やNGOと連携して、必要な支援を積極的に行うこと。

以上。

原由利子（反差別国際運動事務局長）
飛田雄一（公益財団法人神戸学生青年センター館長）
藤井あや子（NPO 法人 WE21ジャパン代表理事）
本田徹（NPO 法人シェア＝国際保健協力市民の会代表理事）
保野尚子（公益財団法人日本 YWCA 会長）
丸谷士都子（NPO 法人地球の木理事長）
村井雅清（被災地 NGO 恊働センター顧問）
満田夏花（NPO 法人 FoE Japan 理事）
レシャード・カレッド（NPO 法人カレーズの会理事長）
渡辺美奈（アクティブ・ミュージアム「女たちの戦争と平和資料館」事務局長）
和田信明（NPO 法人ムラのミライ海外事業統）

2017年9月29日現在
呼びかけ人　43人
賛同団体　77団体
賛同人（NGO 職員・役員）　290人
賛同人（NGO 会員）　93人
賛同人（一般）　209人

NGO 非戦ネット

南スーダン派遣自衛隊の撤退を受けての声明

2017年4月21日

政府は、南スーダンに派遣している自衛隊を今月19日から段階的に撤退させることを決定した。私たちは紛争状況にある南スーダンにおいて自衛隊の駐留と安保法制の新任務付与が PKO 法と憲法に違反するためこの派遣に一貫して反対してきた。

今回の自衛隊の南スーダン派遣にあたり、政府は国際貢献を強調してきたが、現実には以下のような多くの問題が露呈した。したがって、自衛隊の撤退をもって問題が解決するものではなく、安保法制の運用に関して今後に向けて教訓を残すために南スーダン PKO への自衛隊派遣の検証を行う必要があると考える。

まず、昨年末、国連安全保障理事会での対南スーダン武器禁輸決議案で、日本が賛成しなかった理由の一つとして自衛隊の安全確保のためであったことが、アメリカのサマンサ・パワー国連大使（当時）から指摘されたことである。

次に、南スーダン各地で、同国政府軍と反政府勢力が戦闘を続けているにもかかわ

NGO
非戦ネット
NGO "NO WAR" network

NGO 非戦ネット呼びかけ人（2015年9月現在） ＊所属・肩書は当時

秋山眞兄（NPO 法人 APLA 共同代表）
市川斉（公益社団法人シャンティ国際ボランティア会常務理事）
伊藤和子（NPO 法人ヒューマンライツ・ナウ事務局長）
今田克司（一般財団法人 CSO ネットワーク代表理事）
岩附由香（NPO 法人 ACE 代表）
内田聖子（NPO 法人アジア太平洋資料センター事務局長・理事）
大橋正明（NPO 法人シャプラニール＝市民による海外協力の会評議員、NPO 法人 CWSJapan 理事、NPO 法人国際協力 NGO センター理事、NPO 法人ヒューマンライツ・ナウ理事、NPO 法人アーユス仏教国際協力ネットワーク理事）
小山内美江子（JHP・学校をつくる会代表理事／脚本家）
小俣典之（NPO 法人横浜 NGO 連絡会）
甲斐田万智子（NPO 法人国際子ども権利センター代表理事）
鎌田實（NPO 法人日本チェルノブイリ連帯基金理事長、NPO 法人日本イラク医療支援ネットワーク代表）
神田浩史（NPO 法人 AM ネット理事）
熊岡路矢（カンボジア市民フォーラム共同代表世話人）
小泉雅弘（北海道 NGO ネットワーク協議会理事、NPO 法人さっぽろ自由学校「遊」事務局・理事）
小松豊明（NPO 法人シャプラニール＝市民による海外協力の会事務局長）
佐藤聡（NPO 法人 DPI 日本会議事務局長）
佐藤真紀（NPO 法人日本イラク医療支援ネットワーク事務局長）
茂田真澄（NPO 法人アーユス仏教国際協力ネットワーク理事長）
志葉玲（イラク戦争の検証を求めるネットワーク事務局長）
島田茂（公益財団法人日本 YMCA 同盟総主事）
清水俊弘（NPO 法人地雷廃絶日本キャンペーン理事）
下澤嶽（ジュマ・ネット共同代表）
清家弘久（NPO 法人関西 NGO 協議会代表理事）
高橋清貴（ODA 改革ネットワーク世話人）
高橋良輔（NPO 法人 NGO 福岡ネットワーク副代表）
田坂興亜（学校法人アジア学院理事）
谷山博史（NPO 法人日本国際ボランティアセンター代表理事）
田中優（未来バンク事業組合理事長）
中村絵乃（NPO 法人開発教育協会事務局長）
西井和裕（NPO 法人名古屋 NGO センター理事長）
野平晋作（ピースボート共同代表）
早瀬昇（NPO 法人日本 NPO センター代表理事）
畑野研太郎（公益社団法人日本キリスト教海外医療協力会会長）

NGO
非戦ネット
NGO "NO WAR" network

NGO 非戦ネット声明

安全保障関連法制採決に抗議する

2015年9月18日

私たち NGO 非戦ネットは、国際協力活動、国際交流活動に携わる団体として、この度行われた安全保障関連法制の採決に対して抗議します。

NGO 非戦ネットは国内 NGO74団体、NGO 職員ら547人が賛同している NGO のネットワークです。今年７月に安全保障関連法制に異議を唱える NGO 関係者が呼びかけ人となり発足しました。今年９月10日には国内外約360団体が署名する「安保法制に対する NGO 国際共同声明」を発表し、安保法制の廃案を求めました。

私たち NGO は、政府から独立し、紛争地での人道支援や、紛争の原因となる貧困や、差別、人権問題などに取り組んできました。法案が成立すれば、アメリカをはじめ他国が行うどのような戦争にも政府の判断次第で参加が可能になり、イラク戦争のような侵略戦争にさえ、軍事的手段を持って加担することになり得ます。

また、NGO に対し、「駆けつけ警護」と称して武器を使用し武装勢力と交戦する事態となれば、NGO の中立性までが疑われ、取り返しのつかない犠牲を生み出すことを私たちは訴え法案に反対してきました。

しかしながら、結論ありきで審議を進め、強硬採決に及んだ政府の行為はとうてい容認されるものではありません。

私たち国際協力 NGO は、第二次世界大戦の反省に立って獲得した日本国憲法が、全世界の人々の平和的生存権を非軍事的な手段によって達成すると宣言したことに誇りを持ち、その精神に守られて活動してきました。こうした日本の武力によらない姿勢に基づく地道な活動は、国際社会、特に世界各地の市民社会から高く評価され、現実に平和を生み出す役割も果たしてきました。政府は多くの国民の意思や世界各地の市民社会からの要請に反し、世界に向けて誓約した「不戦の誓い」を破ったのです。

安保関連法案は平和主義国家としての日本のイメージを一変させ、紛争に対する中立国としての「日本ブランド」はもはや通用しなくなります。こうしたなか、NGO の活動環境は著しく危険なものに変わることは明らかであり、NGO 職員や現地協力者が紛争当事者から攻撃され、「テロ」の標的となる危険性は格段に高まります。

私たち NGO 非戦ネットは、憲法に反する安保法案に、強い意志をもって反対します。そして、今後も諦めることなく、思いを同じくする日本と世界の各界、各層と連帯し、安全保障関連法の見直し、廃止、運用停止に向けて活動を続けることを宣言します。

NGO 非戦ネット呼びかけ人一同

地域に及び、日本が殺戮の加担者になることにも私たちは強く反対します。

5　私たちは、紛争やいわゆるテロの温床となっている貧困、格差、差別、人権抑圧といった構造的な暴力を解決せずしては世界から紛争はなくならないと考えています。この根本的な問題に目を向けず、軍事力に頼って世界の公正な秩序を作ることはできません。今軍事化・暴力化する世界の中でこそ「国際紛争を武力によって解決しない」という日本の平和主義は不完全とはいえ国際平和に向けた一つのオルタナティブなのです。この平和主義を国際社会全体で補い合い、広げていく努力をしていかなければなりません。

私たちはここに改めて今日本の国会で審議されている安保法制は国際市民社会の希望に逆行するものとして反対の意思を表明します。

NGO 非戦ネット
NGO "NO WAR" network

「国際共同声明」とは？

今回発表する国際共同声明は、NGO 非戦ネットの呼びかけ人、賛同団体が活動をしている各国現地カウンターパートや各国で活動する NGO に呼びかけることで実現しました。国内団体107、海外団体254団体から声明に対して賛同が寄せられています。普段から日本の NGO と接点のある現地団体においても、平和国家としての日本のイメージは、活動において欠くことのできない重要なファクターです。海外からも日本の集団的自衛権参加、PKO 法改正など、安保法制に対して強い危惧が寄せられています。

国際共同声明賛同団体

日本（107団体）
アジア（183団体）
北米（27団体）
ヨーロッパ（15団体）
中東／中央アジア／アフリカ（19団体）
インターナショナル（10団体）
………………………………………………
合計37カ国（361団体）

今世界中で平和と公正を求める市民の声が広がっています。私たちもこうした動きとつながり、軍事化・暴力化する世界をねばり強く変えていく必要があります。そのために、私たちは声上げて、現在安倍政権が推し進めている安保法制に反対します。そして政府や国連にだけ平和や安全保障の責任を預けるのではなく、国境を越えた交流・協力、地域における平和・共生の運動を網の目のように無数に張りめぐらせ、市民の手で市民の安全保障のオルタナティブを築いていくことを目指します。

NGO 非戦ネット呼びかけ人一同

NGO
非戦ネット
NGO "NO WAR" network

NGO 非戦ネットが呼びかけた「安保法制に反対する NGO 国際共同声明」

NGO 共同声明　安全保障法制に反対する

2015年9月10日

私たち下記に署名したNGOは、現在日本で進んでいる、安全保障法制制定の動きに対し、強い警戒心を表明し、これに反対します。

1　日本は、アジア太平洋地域に対する植民地支配と侵略戦争により、多大な人命の犠牲と人権侵害を引き起こし、その傷は今も癒えることはありません。日本は70年前の敗戦にあたり、自らの起こした戦争による甚大な犠牲に対する深い反省のもと、軍国主義と決別することを決意し、日本国憲法９条に基づき、戦争放棄を世界に向けて誓約しました。この「不戦の誓い」のもと、この70年間、少なくとも日本が海外で戦闘行為に参加することはありませんでした。

2　現在、日本で審議が続いている安全保障法制は、日本がアメリカその他密接な関係を有する国に対する武力攻撃があった場合に、他国間の戦争に自ら参戦し海外で武力行使をする、集団的自衛権の行使を容認しようとするものです。このほか、国際平和協力の名のもとに、他国の紛争において弾薬の輸送を含む、武力行使と一体となった兵站活動を広く認めようとしています。法案では、こうした日本が参加する武力紛争、軍兵站活動には何ら地理的限定がなく、広くアジア、中東、アフリカまでが射程に入ります。

3　日本では、憲法学者の多くがこうした法制は憲法９条に反すると意見表明し、国民の多数がこの法制に反対しています。にもかかわらず、衆議院では十分な審議もなされないまま、今年7月に法案が採択され、法案は、参議院での審議に入っています。

4　アジア太平洋地域において、日本の戦争行為によって、再び人々が殺し殺される関係に立つこと、アジア太平洋地域が再び悲惨な戦争の惨禍にみまわれることに、私たちは強く反対します。また、日本の戦争行為が中東、アフリカなど戦禍に苦しむを対話に変える努力を積み重ねなくてはなりません。国家間の平等な対話の実現は非対称な関係が続く限り難しくとも、市民と市民、地域と地域の間であれば実現することを私たちたちは現場で学んできました。信頼し合える関係性があってこそ、安心して共に生きる社会が築けます。NGO 非戦ネットは、武力で平和は作れないという信念のもと、NGO だからこそ発信できる声を市民に届け、市民が広く結集できるネットワークを目指します。

2002年7月4日、私たちは最初の「NGO 非戦ネット」を作りました。9.11事件以降世界を席巻した対テロ戦争と、対テロの名のもとでの市民的な自由の規制に危機感を持った NGO 有志が集まりました。そのときアメリカはイラクに対する戦争の準備を進めており、日本では有事立法が国会で審議されていました。「NGO 非戦ネット」は「真の平和と安全保障を」と題する声明やイラク戦争に反対する声明を発表するとともに、各種イベント開催、平和デモへの参加、海外の対テロ戦争についての情報発信などを行いました。その後一旦組織を整理し解散しましたが、現在の国際情勢と日本で急速に進められている戦争に加担する政策や法整備の動きを黙って見過ごすことはできないと考え、最初の「NGO 非戦ネット」の趣旨を受け継いで新たに NGO による非戦の動きを作ることしました。

NGO は国境を越えて市民同士が協力し合い、国の利害を超えて貧困、環境、人権、紛争といった地球規模の問題の解決に取り組んできました。時には戦争の被害に苦しむ人々、貧しく抑圧された人々を直接支援しながら、かれらの声を国際社会に伝えることで不公正な政治、経済のあり方を問いただしてきました。また一方で、自然と共生し、独自の文化・価値観のもとで安心して暮らす人々の生活に触れ、「豊かさ」のあり方を共に学び合う交流の場を築いてきました。日本国憲法とその9条が全世界の人々の平和的生存権を非軍事的な手段によって達成すると宣言したことを重く受け止めています。私たちは国際的な市民社会の連帯を基調とする NGO の立場から、非戦の思いを市民と政府に届け、今日本の各界各層に広がる戦争法制に反対する動きと力を合わせていきたいと思います。今黙っていて将来に悔いを残すよりは、たとえどんな小さな運動でも、思いを同じくする人が力を合わせて今できることをしたいと思います。

NGO 非戦の誓い

日本は過去の戦争で、アジア諸国に加害者として深い傷跡を負わせました。そして私たちは広島・長崎の原爆や沖縄戦の悲劇を経験しました。戦争で犠牲になるのは常に一般の市民でした。特に沖縄では「捕虜になるより死を」との命令を守ったために、多くの人々が集団自決しました。かれらは米軍との戦争で殺されただけではなく、日本の戦争体制に殺されたのです。日本の平和憲法はこうした経験に立って二度と戦争を起こさず、国際紛争を武力によらずに解決することを誓うものでした。この平和憲法と非戦の思想は日本が世界の平和に貢献する比類ない資源であり財産であり得たのです。しかし、私たちはこの財産を活用して平和づくりの実践を積み上げていくことを怠っていました。政府のみならず私たち NGO も市民の立場でもう一度非戦の理念に立った平和づくりに取り組まなければなりません。

付録1 NGO非戦ネットからの呼びかけ

NGO非戦ネットとは？　＊2015年7月2日、発足時のアピール文より

私たちは、現在国会で審議されている安全保障関連法案と、この法案を中心とした日本を戦争ができる国にしようとする動きに反対します。NGO非戦ネットは、現場で国際協力活動・交流活動を行うNGOの有志が集う緩やかなネットワークです。2002年にも同じ名前の「NGO非戦ネット」が立ち上がり、現場で活動するNGOの立場からイラク戦争と、それに伴う日本政府の有事法制に反対の声を上げました。その後一旦ネットワークを整理・解散しましたが、現在の国際情勢と現場の状況を顧みない戦争法制を黙って見過ごすことができないと考え、最初の「NGO非戦ネット」の主旨を受け継ぎ、新たにNGOによる非戦のネットワークを作りました。今後は、現場で活動する人間の立場から、声を上げ、イベントや情報発信を行っていきます。

❖問い合わせ先
E-mail：info@ngo-nowar.net
TEL：03-3834-2388（日本国際ボランティアセンター「JVC」気付）

NGO非戦ネット2015趣意書

2015年7月2日

私たちは、国際協力・交流活動に取り組むNGOや市民の立場から、現在国会で審議されている安全保障関連法案とこの法案を中心とした日本を戦争ができる国にしようとする動きに反対します。私たちは、戦争が起こるカラクリや、人間としての当たり前の権利を奪われた人々の絶望と反発がテロの温床になっている現実を見つめてきました。世界各地での活動経験から、貧困や飢えから解放され、当たり前の権利を享受できてこそ、平和で安全な社会が導かれると確信しています。そのためには、対立

日本のNGOに関する出来事	日本・世界の出来事
5月、核兵器禁止条約のためのヒロシマ共同行動実行委員会結成 8月、NGO非戦ネット声明「共滅の危機を平和と共生の未来に変えるために」 9月、安倍9条改憲NO！　全国市民アクション設立 9月、声明「東北アジアの平和は武力では実現できない」(JVC、アーユス仏教国際協力ネットワーク)	の核実験（初実験は2006年10月） 10月6日、国際NGOネットワーク、核兵器廃絶国際キャンペーン（ICAN）ノーベル平和賞受賞

日本のNGOに関する出来事

共同声明」(NGO80団体の賛同)、「ODA大綱４原則における『非軍事主義』理念の堅持を求める市民声明」(NGO49団体の連名)

９月、「国際協力NGOによるODA大綱見直し10の提言」発表（9のNGOネットワーク）

12月、戦争させない・９条壊すな！　総がかり行動実行委員会設立

日本・世界の出来事

調査、開始

日本のNGOに関する出来事

2015　３月、「辺野古新基地建設に反対するNGO緊急共同声明」(国内外のNGO31団体の賛同)、その後、国際署名運動を展開（210団体、個人１万573人［22カ国］の賛同）

３月、福島ブックレット委員会により「福島10の教訓」が５言語で発行（その後14言語に）

５月、自由と民主主義のための学生緊急行動（SEALDs）結成（～2016. ８月）

７月、第２次NGO非戦ネット発足

８月、「辺野古・高江を守ろう！ NGOネットワーク」設立

８月、KOREAこどもキャンペーン戦後70年に寄せる市民からの声明「今こそ歴史を真摯に受けとめ、市民同士がつながり、東北アジアの平和をつくっていきましょう」

９月、NGO非戦ネット「安保法制に反対するNGO国際共同声明」(361団体の連名［37カ国］)

９月、NGO非戦ネット声明「安全保障関連法制採決に抗議する」(74団体、547人の連名)

９月、「市民社会・ビジネスセクター共同声明」、ニューヨークで発表【「2030アジェンダ」採択に対応】

11月、「TPP交渉及び審議・検討における透明性」の要請（市民と政府のTPP意見交換会・全国実行委員会はじめ115団体の署名）

11月、「広島・長崎被爆70周年　核のない未来を！世界核被害者フォーラム」開催（広島）

12月、武器輸出反対ネットワーク（NAJAT）設立

日本・世界の出来事

2015　１～２月、ISにより日本人２名が「処刑」される

２月10日、ODA大綱、「開発協力大綱」に改訂

３月18日、第３回国連防災世界会議（仙台）で、原発災害等の人的被害を新たな対象に加えた「仙台行動枠組み」採択

７月、外務省「安全保障技術研究推進制度」に基づく公募開始【同年10月発足の防衛装備庁所管とする。大学・企業・研究機関を対象に公募し、「武器」の基礎研究に資金提供をする制度】

８月30日、安全保障関連諸法（安保法制）反対デモ、国会前に12万人の市民が集結

９月19日、集団的自衛権行使を可能とする安全保障関連諸法（安保法制）成立

９月27日、国連総会にて「持続可能な開発のための2030アジェンダ」採択【SDGsを含む)】

10月１日、防衛装備庁発足

日本のNGOに関する出来事

2016　１月、シリア和平ネットワーク設立

４月、国際要請書「JBICはインドネシア・中ジャワ州バタン石炭火力発電所への融資を拒否すべき」提出（NGO230団体［42カ国］の署名）

４月　SDGs市民社会ネットワーク発足（翌年の「動く→動かす」解散後、その事業を引き継ぐ）

５月、要請書「日本はあらゆる化石燃料への投融資停止を公約すべき」提出（NGO80団体［39カ国］の署名）

８月、共同声明「やんばるの森と住民の生活を守れ！」発表（155団体、5681人［37カ国］の賛同）

８月、「３カ国市民社会によるプロサバンナ事業に関する共同抗議声明・公開質問　～政府文書の公開を受けて～」(３カ国NGO49団体の署名、世界各国NGO36団体の賛同)

日本・世界の出来事

2016　７月、米軍北部訓練場内のヘリパッド新設工事、強行的に着工。６都府県から警察機動隊が沖縄に派遣される

10月、TPPの交渉、大筋合意

11月、日本政府、安保法制に基づき南スーダンに派遣している自衛隊に「駆けつけ警護」等の新任務を付与（2017. ４月より段階的撤退）

12月22日、米軍北部訓練場返還式典【復帰後最大の4010ヘクタールが返還】、翁長雄志沖縄県知事は欠席

日本のNGOに関する出来事

2017　４月、NGO非戦ネット「南スーダン派遣自衛隊の撤退を受けての声明」

５月、共同声明「市民社会を抑圧する『共謀罪』法案に反対」(NGO254団体［日本＋18カ国］の連名)

日本・世界の出来事

2017　６月15日、改正組織的犯罪処罰法（共謀罪［テロ等準備罪］を含む）成立

７月７日、国連、核兵器禁止条約採択（日本不参加）

９月３日、朝鮮民主主義人民共和国（北朝鮮）、６回目

日本のNGOに関する出来事	日本・世界の出来事
	提出、共産党・社民党を除く賛成多数で可決、成立 イラク復興支援特別措置法成立【自衛隊の「非戦闘地域」での活動開始】 自衛隊イラク派遣開始
2004 自衛隊イラク派兵差止訴訟の会発足	2004 イラクで日本人誘拐・殺害事件発生、「自己責任論」高まる
2005 ホワイトバンド・キャンペーン【国際的な貧困削減運動、オックスファムなどが主導。日本では「ほっとけない世界の貧しさキャンペーン」として開始】	2005 気候変動に関する国際連合枠組条約、「京都議定書」発効
2006 「JBIC［国際協力銀行］解体・ODA一元化議論に関する国際協力NGOの共同提言」（JANICほか4のNGOネットワーク） 劣化ウラン兵器禁止を訴える国際大会（広島）	2006 教育基本法、「改正」
2007 2008年G8サミットNGOフォーラム結成	2007 先住民族の権利に関する国際連合宣言採択
2008 「9条世界会議」開催（千葉・幕張メッセ）【地球市民として、世界の人たちとともに憲法9条を守り9条の理念にアプローチしていくことを目的に、42カ国・地域から3日間で延べ1万8800人が参加】	2008 自衛隊イラク派兵差止訴訟、名古屋高裁で判決【平和的生存権がすべての基本的人権の基礎を為す権利と認知】 「アイヌ民族を先住民族とすることを求める決議」衆参両院で可決 G8北海道・洞爺湖サミット JBIC（国際協力銀行）と統合した新JICA（国際協力機構）誕生 クラスター弾禁止条約（オスロ条約）調印
2009 「パレスチナ・ガザ地区における武力行為の即時停止を求める声明」（JANIC） 「動く→動かす」発足【2005年に始まる国際的な貧困削減運動の日本版】（〜2017. 3月） イラク戦争の検証を求めるネットワーク設立【イラク戦争に対する日本政府の関与について、その法的、政策的、倫理的な検証を日本政府に求めるNGOと市民によるネットワーク】	
2010 核兵器廃絶日本NGO連絡会結成	2010 民主党政権成立（〜2012. 12月） 市民社会組織（CSO）の開発効果に関する「イスタンブール宣言」採択 アラブの春【アフリカ・中東における民主化運動の高揚】
2011 「原発問題と持続可能な社会に関するJANICの考え方」発表	2011 3月、東日本大震災、東京電力福島第一原発事故・災害
2012 サダーカ発足【シリア難民の救済と紛争解決を目的】 市民と政府の環太平洋戦略的経済連携協定（TPP）意見交換会・全国実行委員会設立 「TPP協議に関する情報公開と市民参加に向けての申し入れ」発表（NGO114団体の賛同）	2012 1月、日本政府、PKOの一環として南スーダンに自衛隊第1陣を派遣 6月、国連持続可能な開発会議（リオ＋20）で持続可能な開発目標（SDGs）設定が議論される 6月、福井・大飯原発再稼働反対デモ、首相官邸前に20万人の市民が結集 12月、第2次安倍晋三内閣発足（第1次、2006. 9月〜2007. 8月）
	2013 12月、特定秘密保護法成立。安倍内閣、「国家安全保障戦略」を閣議決定
2014 2月、2015防災世界会議日本CSOネットワーク（JCC2015）発足（104団体）【原発災害を国際防災枠組みの対象とする政策提言活動を開始】。2015年、防災・減災日本CSOネットワーク（JCC-DRR）に改組。 4月、秘密保護法NGOアクションネットワーク（NANSL）設立【特定秘密保護法の運用の監視・提言と、影響を受けるNGOへの支援を目的とした全国8つのネットワークNGOによるネットワーク組織】 4月、「途上国の開発と貧困・格差の解消に非軍事的手段で貢献するODAを＝ODA大綱見直しに関するNGO	2014 3月28日、外務省、ODA大綱の見直しと、そのための有識者懇談会発足を発表 4月1日、安倍内閣、「防衛装備移転三原則」を閣議決定【武器輸出三原則の撤廃と防衛装備品［武器］の共同開発・移転［輸出］】 6月29日、過激派武装集団イスラム国（IS）、イラク・モスルで「建国宣言」 7月1日、安倍内閣、集団的自衛権閣議決定【自衛隊による海外での武力行使を容認】 8月、辺野古・米軍新基地建設のための海底ボーリング

日本の NGO に関する出来事	日本・世界の出来事
	国際 NGO ネットワーク、地雷禁止国際キャンペーン（ICBL）発足
	1992 ユーゴスラヴィア解体、新ユーゴ創設で内戦が泥沼化 地球サミット（国連環境開発会議、リオデジャネイロ）開催 国際平和協力法（PKO 協力法）成立、自衛隊の海外派遣開始（カンボジア）
1993 カンボジア市民フォーラム設立 アフリカ開発会議の日本開催に合わせてアフリカと日本の NGO による並行会議開催。この実行委員会を基にアフリカ日本協議会設立 福岡 NGO ネットワーク設立 メコン・ウォッチ・ネットワーク設立【ODA を監視する NGO ネットワークとして発足】	**1993** 化学兵器禁止条約調印 環境庁、地球環境基金を設置【NGO 支援】 アフリカ開発会議（TICAD）日本で初開催
1994 日本イラク医療支援ネットワーク（JIM-Net）設立	**1994** ルワンダ大虐殺
1995 「NGO 関係者有志による『戦後50年』声明」（64団体、225名の賛同） 国際刑事裁判所を求める NGO 連合（～98）、世界の NGO と連携 名古屋 NGO センター設立	**1995** 阪神・淡路大震災 国連社会開発サミット（コペンハーゲン）、国連世界女性会議（北京）開催 米海兵隊による少女暴行事件（沖縄）、県民総決起大会に約８万5000人が参加 沖縄に関する日米特別行動委員会（SACO）最終報告
1996 ODA を改革するための市民・NGO 連絡協議会（ODA 連絡会）発足。その後、ODA 改革ネットワークに改称	**1996** 包括的核実験禁止条約（CTBT）採択
1997 地雷廃絶日本キャンペーン委員会（JCBL）設立、地雷禁止国際キャンペーン（ICBL）と連携	**1997** 国際協力事業団（現、国際協力機構［JICA］）、NGO との連携強化 対人地雷全面禁止条約（オタワ条約）調印 ICBL、コーディネーターの J・ウィリアムズとともにノーベル平和賞共同受賞 **1990年代後半** 外務省（96）、大蔵省（97）、JICA（98）が NGO との定期協議を開始
1998 債務帳消し日本キャンペーン実行委員会発足	**1998** 特定非営利活動促進法（NPO 法）施行
1999 「NATO 軍による（コソヴォ）空爆の即時停止を求める NGO の声明」（NGO55団体の賛同）	**1999** ユーゴスラヴィア、内戦激化。北大西洋条約機構（NATO）軍によるコソヴォ空爆 ハーグ平和アピール（世界の NGO が結集） 周辺事態安全確保法（周辺事態法）成立 世界貿易機関（WTO）第３回閣僚会議（シアトル）、「彼らは８人、私たちは60億人」のスローガンで全世界30万人の市民が反グローバル化運動で結集 国際 NGO、国境なき医師団ノーベル平和賞受賞
2000 ATTAC ジャパン［首都圏］（アタック／市民を支援するために金融取引への課税を求める協会）設立 ジャパン・プラットフォーム（JPF）発足【政府・企業と連携する NGO の連合体】	**2000** 国連ミレニアム・サミットにて「国連ミレニアム宣言」採択 債務帳消し国際キャンペーン（ジュビリー2000）運動
2001 CHANCE!（平和を創る人々のネットワーク）発足【個人がインターネットを通じて結集。従来の「デモ」の代わりに「ピースウォーク」の用語を定着させる】	**2001** ９・11事件（アメリカ同時多発襲撃事件） 国連、ミレニアム開発目標（MDGs）を発表 米英有志連合軍、アフガニスタンへの「報復攻撃」 小泉内閣、「対テロ戦争」の後方支援のためインド洋に自衛隊艦船を派遣
2002 **第１次 NGO 非戦ネット発足** 非暴力平和隊、設立総会【非暴力平和隊・日本、ピースボート、日本山妙法寺の３団体を含む世界68団体が参加。インド・デリー】	**2002** 小泉内閣、歴代内閣で初めて有事法制策定に着手 持続可能な開発のための世界首脳会議（ヨハネスブルク）
2003 「イラクへの軍事攻撃」に対する緊急声明（JVC） ODA 大綱見直しに関する NGO からの共同意見書（JANIC、ODA 改革ネットワーク他呼びかけ団体13団体）	**2003** 第３回世界社会フォーラム（ポルト・アレグレ）、世界から市民10万人が参加 米英豪軍、イラクへ軍事攻撃 小泉首相、「武力攻撃事態対処法案」「自衛隊法改正案」「安全保障会議設置法改正案」の有事関連三法案を国会に

日本の NGO に関する出来事	日本・世界の出来事
1967　日本クリスチャンアカデミー・関西セミナーハウス設立【開発教育、地球市民教育の嚆矢】	1968　核拡散防止条約調印 水俣病、公認病に認定【この年まで続いたチッソの工場排水を水俣病の原因とする政府統一見解発表、及び水俣病を公害病と認定】 学生紛争激化（〜69）
1970　アムネスティ・インターナショナル日本支部設立【人権侵害防止のための市民運動体】	1970　70年安保闘争
1972　シャプラニール＝市民による海外協力の会の前身、ヘルプ・バングラデシュ・コミュニティ設立【「南」の人々の生活向上を目的とする国際協力】	1972　沖縄、「本土復帰」
1973　アジア学院（ARI）設立【途上国の農村指導者養成】 アジア太平洋資料センター（PARC）設立【政策提言［アドボカシー］型 NGO 第１号】 売買春問題ととりくむ会設立【女性の人権回復を目指して立ち上がった NGO の始まり】	1973　第４次中東戦争勃発 第１次石油ショック 1977　福田内閣、有事法制の研究会発足【非法制化を前提】 **1970年代後半**　カンボジア紛争激化。ベトナム、カンボジア難民大量流失
1979　難民を助ける会設立	1979　第２次石油ショック ソ連軍、アフガニスタン侵攻
1980　日本国際ボランティアセンター（JVC）設立【東南アジア、アフリカ地域の難民救援、緊急援助を開始】 シャンティ国際ボランティア会（SVA）の前身、曹洞宗東南アジア難民救済会議（JSRC）設立 FoE JAPAN（旧称、地球の友ジャパン）設立【環境問題に取り組む NGO の登場】 アジア保健研修所（AHI）設立	1980　イラン・イラク戦争（〜88） 1981　中国残留日本人孤児、初来日 敦賀原発（福井）、放射能漏れ事故
1982　開発教育協会（DEAR）の前身、開発教育協議会設立	1982　全国の中学・高校、校内暴力激化 核兵器廃絶の市民運動の高まり（ニューヨーク100万人、東京40万人、広島19万人）
1983　シェア＝国際保健協力市民の会（SHARE）設立 ピースボート設立【世界一周のクルーズを通して国際協力活動や政策提言活動を行う新しいタイプの NGO の登場】 ペシャワール会設立【パキスタン北西辺境州の医療・農業支援】	1984　アフリカ、食糧危機深刻化（飢餓１億5000万人、餓死50万人） 1985　砂糖の国際価格が暴落。フィリピン・ネグロス島で飢餓発生
1986　日本ネグロス・キャンペーン委員会（JCNC）設立【フィリピン・ネグロス島の飢餓対策支援】。2008年、APLA に改組 セーブ・ザ・チルドレン・ジャパン（SCJ）設立	1986　チェルノブイリ原発事故（ウクライナ）
1987　関西 NGO 協議会の前身、関西国際協力協議会設立 国際協力 NGO センター（JANIC）の前身、NGO 活動推進センター設立【日本初の全国的な NGO ネットワーク組織】	1987　外務省「ODA 白書」、NGO との連携を示唆 1988　「ODA 白書」、NGO との連携強化を明記 ソ連軍、アフガニスタン撤退
1989　ANT-Hiroshima の前身、アジアの友と手をつなぐ広島市民の会設立	1989　外務省、NGO 事業助成金制度の発足とともに、草の根無償資金協力を開始。日本の ODA 拠出額世界一に 世界先住民族会議開催（北海道） ベルリンの壁崩壊 児童の権利に関する条約（子どもの権利条約）国連採択
1990　さっぽろ自由学校「遊」設立	1991　湾岸戦争勃発（イラク・クウェート） ピナツボ火山噴火（フィリピン） ソ連消滅 カンボジア紛争の包括的政治解決に関する協定（パリ和平協定）締結

付録2 本書関連NGO年表

日本のNGOに関する出来事

1877　博愛社創設【西南戦争の死傷者救済。日本赤十字の前身】

1886　博愛社、日本赤十字に改称

1938　関西地方のキリスト教系医療従事者、中国大陸へ難民救済施療班を派遣【戦後創設の「日本キリスト者医科連盟＝JCMA」の母体】

1955　日本アジア連帯委員会（現、日本アジア・アフリカ・ラテンアメリカ連帯委員会［JAALA］）設立
　第１回原水爆禁止世界大会、広島で開催

1960　日本キリスト教海外医療協力会（JOCS）設立

1965　ベトナムに平和を！市民連合（ベ平連）結成（〜74）

日本・世界の出来事

1861　アメリカ、南北戦争始まる

1864　国際協力組織、赤十字社創設【戦時における傷病者・捕虜の保護。本部ジュネーブ】

1868　明治時代始まる【天皇、政権獲得。王政復古】

1872　琉球処分（〜79）【琉球王国、明治政府の武力的威圧により併合、沖縄県となる】

1899　第１回ハーグ平和会議開催
　北海道旧土人保護法制定

1900　治安警察法公布【集会・結社・大衆運動の取締り】

1910　大逆事件
　日本、韓国を併合

1914　第１次世界大戦始まる（〜18）

1918　米騒動（富山）、全国に飛び火

1923　関東大震災、朝鮮人虐殺

1925　治安維持法公布【国体に反する結社・個人の行為への罰則を規定】

1931　満州事変始まる【関東軍、中国東北部侵略開始】

1935　「世界文化」創刊。反戦・反ファシズムで知識人が結集

1941　日本軍、ハワイ真珠湾を攻撃。アジア・太平洋戦争始まる

1942　世界最大のNGO、オックスファムの前身、オックスフォード飢餓救済委員会設立

1945　広島・長崎原爆投下
　第２次世界大戦終結（39〜）

1950　朝鮮戦争勃発（〜53）

1951　サンフランシスコ条約（対日講和条約）、日米安全保障条約調印

1954　アメリカの水爆実験で第五福竜丸乗組員が被爆。東京・杉並の主婦ら、原水爆禁止のアピール行動
　自衛隊創設、再軍備本格化【保安隊［警察予備隊の後身］・警備隊［海上警備隊の後身］を改組】

1955　東京・立川基地拡張反対運動で砂川町民が警官隊と激しく衝突（〜56）

1957　茨城・東海村、日米技術者により実験用原子炉が臨界に達す。日本、インドに次いでアジアで２番目の原子力（核）保有国となる

1959　60年安保闘争（〜60）

1960　日米新安保条約、国会自然承認
　経済成長率10%超え。高度経済成長時代突入
　ベトナム戦争（第２次インドシナ戦争）勃発（〜75）

1966　三里塚闘争始まる【成田空港の建設に反対する地元農民、支援の学生・労働者の共闘】

谷山博史（たにやま・ひろし） 1958年、東京都生まれ。日本国際ボランティアセンター（JVC）代表理事、国際協力NGOセンター（JANIC）理事長、「NGO非戦ネット」呼びかけ人兼運営委員、秘密保護法NGOアクションネットワーク（NANSL）共同代表。1986年からJVCのスタッフとしてタイ・カンボジア国境の難民キャンプに赴任したのを皮切りに、ラオス、カンボジア、アフガニスタンでの12年の現場駐在を経て2006年から現職。『「積極的平和主義」は、紛争地になにをもたらすか?!』（編著、合同出版、2015）、『福島と生きる』（共著、新評論、2012）他。……**第１話**

田村雅文（たむら・まさふみ） 1979年、三重県生まれ。シリア支援団体サダーカ代表。シリア和平ネットワーク発起人メンバー。国際乾燥地農業研究センター（ICARDA）能力開発部門オフィサーとしてカイロ事務所勤務。2005年より青年海外協力隊の環境教育分野でシリアに２年間赴任。その後民間企業やコンサルタントを経て、2012年より国際協力機構（JICA）シリア事務所に３年間、2015年から2017年６月までICARDAアンマン事務所に２年間勤務。現在、エジプトの首都カイロ在住。……**第６話**

中村絵乃（なかむら・えの） 1970年、神奈川県横浜市生まれ。開発教育協会（DEAR）事務局長、国際協力NGOセンター（JANIC）理事。『子どもとできる創造的な対立解決―実践ガイド』（企画・共訳、開発教育協会、2010）、『開発教育ってなあに―開発教育Q&A集［改訂版］』（共著、開発教育協会、2004）他。……**第８話**

野川未央（のがわ・みお） 1982年、千葉県生まれ。APLA（Alternative People's Linkage in Asia）事務局スタッフ。主に東ティモール事業と広報事業を担当。「原子力発電所―『エネルギー危機』を乗り越えるための巨大なリスク」（共著『現代インドネシアを知るための60章』明石書店、2013）、『パプア・チョコレートの挑戦』（共著、APLA、2012）、『フィリピンの少女ピア―性虐待をのりこえた軌跡』（共著、大月書店、2006）。……**第２話**

満田夏花（みつた・かんな） 1967年、東京都生まれ。FoE Japan理事。地球・人間環境フォーラム勤務、国際協力銀行（JBIC）出向、メコン・ウォッチを経て現職。2011年以降は、脱原発に向けた政策提言（アドボカシー）とともに、福島第一原発事故の対応として、20ミリシーベルト撤回、子ども・被災者支援法の制定・実施、原発事故被害者の権利の確立に取り組んでいる。『グローバルCSR調達―サプライチェーンマネジメントと企業の社会的責任』（共著、日科技連出版社、2006）、『「原発事故子ども・被災者支援法」と「避難の権利」』（共著、合同出版、2014）、『原発輸出の欺瞞―日本とベトナム、「友好」関係の舞台裏』（共著、明石書店、2015）他。……**第３話**

渡部朋子（わたなべ・ともこ） 1953年、広島市生まれ。ANT-Hiroshima理事長。戦後の広島に生まれ育った被爆２世として、ヒロシマの経験と思いを生かした平和づくりを、との思いから、1989年に「アジアの友と手をつなぐ広島市民の会」を設立（2004年「ANT-Hiroshima」に改称し、2007年には法人格を取得）。広島から平和を伝え続け、アフガニスタンでの難民支援やパキスタンでの平和づくり活動など、国際協力にも力を注いでいる。また、次世代を担う子どもたちや、広島を訪れる国内外の研修生を対象とした平和教育も実践している。……**第４話**

執筆者紹介（50音順）

宇井志緒利（うい・しおり） 1960年、愛知県生まれ。立教大学キリスト教学研究科特任教授。アジア保健研修所（AHI）でアジア各国での協力事業担当、および世界教会協議会（WCC）カンボジアプログラム・コーディネーターを経て、2015年から現職。*Ethnography Unbound: Power and Resistance in the Modern Metropolis*（共著、University of California Press, 1991）、"Building Peace through Participatory Health Training：A Case from Cambodia"（*Global Public Health*,Vol.2, No.3, 2007）、「参加型開発を進めるファシリテーター育成」（『開発教育』第56号、2009）。……**第５話**

内田聖子（うちだ・しょうこ） 1970年、大分県別府市生まれ。アジア太平洋資料センター（PARC）共同代表。アジア太平洋資料センター編『徹底解剖　国家戦略特区―私たちの暮らしはどうなる？』（共著、コモンズ、2014）、『自由貿易は私たちを幸せにするのか？』（共著、コモンズ、2017）。監修 DVD『誰のための TPP ？―自由貿易のワナ』（土屋トカチ監督、アジア太平洋資料センター制作、2013）。……**第11話**

大橋正明（おおはし・まさあき） 1953年、東京都生まれ。聖心女子大学文学部教授・グローバル共生研究所所長、国際協力 NGO センター（JANIC）理事（前理事長）、日本 NPO センター理事（前副代表理事）、アーユス仏教国際協力ネットワーク理事、シャプラニール＝市民による海外協力の会評議員（元代表理事）など。"NGOs and Japan's ODA: Critical Views and Advocacy"（Kato, Hiroshi et. al. ed., *Japan's Development Assistance*, Palgrave McMillan, London, 2015）、『国際協力用語集』（共編著、国際協力ジャーナル社、2014）、『グローバル化・変革主体・NGO』（共編著、新評論、2011）他。……**第12話**

木口由香（きぐち・ゆか） 1967年、東京都生まれ。メコン・ウォッチ事務局長。東北タイのダムの反対運動に関心を持ったことがきっかけで、メコン・ウォッチに参加。1999年よりタイとラオスでメコン河流域の暮らしと開発の影響について調査をはじめ、関連する映像制作も行っている。「ラオスの人々とダム―変わりゆく川と人々の生活」（共著『ラオスを知るための60章』明石書店、2010）。……**第７話**

金　敬黙（キム・ギョンムク） 1972年、東京都生まれ。ソウルと東京で育つ。早稲田大学文学学術院教授、日本国際ボランティアセンター（JVC）理事、オックスファム・ジャパン理事。JVC 事務局勤務、中京大学専任教員を経て、2016年から現職。『越境する NGO ネットワーク』（明石書店、2008）、『私、北朝鮮から来ました。ハナのストーリー』（アジアプレス、2016）、『教養としてのジェンダーと平和』（共著、法律文化社、2016）他。……**第10話**

小泉雅弘（こいずみ・まさひろ） 1962年、神奈川県藤沢市生まれ。さっぽろ自由学校「遊」事務局長、北海道 NGO ネットワーク協議会理事、酪農学園大学非常勤講師。『住民自治・地方分権と改憲―地域社会の再編に抗して（シリーズ「改憲」異論５）』（共著、現代企画室、2008）、「北のおるた―北海道からの便り（１～22）」（『解放教育』2008～2012）、「市民の学びとオルタナティブな社会づくり―さっぽろ自由学校『遊』の経験から」（『開発教育』第58号、2011）。……**第９話**

編著者

大橋正明（おおはし・まさあき）

谷山博史（たにやま・ひろし）

宇井志緒利（うい・しおり）

金　敬黙（キム・ギョンムク）

中村絵乃（なかむら・えの）

野川未央（のがわ・みお）

＊各プロフィールは執筆者紹介ページを参照

非戦・対話・NGO

——国境を越え、世代を受け継ぐ私たちの歩み　（検印廃止）

2017年12月26日　初版第1刷発行

編著者　大橋正明
谷山博史
宇井志緒利
金　敬黙
中村絵乃
野川未央

発行者　武市一幸

発行所　株式会社 新評論

〒169-0051　東京都新宿区西早稲田3-16-28
http://www.shinhyoron.co.jp

TEL 03（3202）7391
FAX 03（3202）5832
振替 00160-1-113487

定価はカバーに表示してあります
落丁・乱丁はお取替えします。

装幀　山田英春
印刷　フォレスト
製本　中永製本所

© Masaaki OHASHI ほか　2017

Printed in Japan

ISBN978-4-7948-1081-6

JCOPY ＜(社)出版者著作権管理機構 委託出版物＞
本書の無断複写は著作権法上での例外を除き禁じられています。複写される場合は、そのつど事前に、(社)出版者著作権管理機構（電話 03-3513-6969、FAX 03-3513-6979、e-mail: info@jcopy.or.jp）の許諾を得てください。

新評論の話題の書（〈開発と文化を問う〉シリーズ）

T. ヴェルヘルスト／片岡幸彦監訳
❶文化・開発・NGO
A5　290頁　3465円　ISBN4-7948-0202-1　〔94〕
【ルーツなくしては人も花も生きられない】国際NGOの先進的経験の蓄積によって提起された問題点を通し，「援助大国」日本に最も欠けている情報・ノウハウ・理念を学ぶ。

J. フリードマン／斉藤千宏・雨森孝悦監訳
❷市民・政府・NGO
A5　318頁　3570円　ISBN4-7948-0247-1　〔95〕
【「力の剝奪」からエンパワーメントへ】貧困，自立，性の平等，永続可能な開発等の概念を包括的に検証！　開発と文化のせめぎ合いの中でNGOの社会・政治的役割を考える。

C. モーザ／久保田賢一・久保田真弓訳
❸ジェンダー・開発・NGO
A5　374頁　3990円　ISBN4-7948-0329-X　〔96〕
【私たち自身のエンパワーメント】男女協動社会にふさわしい女の役割，男の役割，共同の役割を考えるために。巻末付録必見：行動実践のためのジェンダー・トレーニング法！

片岡幸彦編
❹人類・開発・NGO
A5　280頁　3360円　ISBN4-7948-0376-1　〔97〕
【「脱開発」は私たちの未来を描けるか】開発と文化のあり方を巡り各識者が徹底討議！山折哲雄，T. ヴェルヘルスト，河村能夫，松本祥志，櫻井秀子，勝俣誠，小林誠，北島義信。

D. ワーナー＆サンダース／池住義憲・若井晋監訳
❺いのち・開発・NGO
A5　462頁　3990円　ISBN4-7948-0422-9　〔98〕
【子どもの健康が地球社会を変える】「地球規模で考え，地域で行動しよう」をスローガンに，先進的国際保健NGOが健康の社会的政治的決定要因を究明！NGO学徒のバイブル！

若井晋・三好亜矢子・生江明・池住義憲編
❻学び・未来・NGO
A5　336頁　3360円　ISBN4-7948-0515-2　〔01〕
【NGOに携わるとは何か】第一線のNGO関係者22名が自らの豊富な経験とNGO活動の歩みの成果を批判的に振り返る。色平哲郎，熊岡路矢，中村哲，山田久仁子，山形洋一他。

キャサリン・H・ラヴェル／久木田由貴子・久木田純訳
❼マネジメント・開発・NGO
A5　310頁　3465円　ISBN4-7948-0537-3　〔01〕
【「学習する組織」BRACの貧困撲滅戦略】バングラデシュの世界最大のNGO・BRAC（ブラック）の活動を具体的に紹介し，開発マネジメントの課題と問題点を実証解明！

西川潤・野田真里編
❽仏教・開発《かいほつ》・NGO
A5　328頁　3465円　ISBN4-7948-0536-5　〔01〕
【タイ開発僧に学ぶ共生の智慧】経済至上主義の開発を脱し，仏教に基づく内発的発展をめざすタイの開発僧とNGOの連携を通して，持続可能な社会への新たな智慧を切り拓く。

若井晋・三好亜矢子・池住義憲・狐崎知己編
❾平和・人権・NGO
A5　436頁　3675円　ISBN4-7948-0604-3　〔04〕
【すべての人が安心して生きるために】「平和づくり」の理論と実践を9.11前後の各分野・各地域のホットな取り組みを通して自己検証。君島東彦，寺中誠，中村哲，ダグラス・ラミス他。

オックスファム・インターナショナル／渡辺龍也訳
❿貧富・公正貿易・NGO
A5　438頁　3675円　ISBN4-7948-0685-X　〔06〕
【WTOに挑む国際NGOオックスファムの戦略】世界中の「貧困者」「生活者」の声を結集した渾身レポート！WTO改革を刷新するビジョン・政策・体制への提言。序文＝アマルティア・セン

藤岡美恵子・越田清和・中野憲志編
⓫国家・社会変革・NGO
A5　336頁　3360円　ISBN4-7948-0719-8　〔06〕
【政治への視線／NGO運動はどこへ向かうべきか】国家から自立し，国家に物申し，グローバルな正義・公正の実現をめざすNGO本来の活動を取り戻す。季姫子，下澤嶽，高橋清貴，サラ・リスター。

真崎克彦
⓬支援・発想転換・NGO
A5　278頁　3150円　ISBN978-4-7948-0835-6　〔10〕
【国際協力の「裏舞台」から】「当面のニーズ」に追われ，「根本的な問題」に向き合えなくなっている支援現場の実情を詳細に分析し，住民主体支援の真のあり方を正面から論じる。

美根慶樹編
⓭グローバル化・変革主体・NGO
A5　300頁　3360円　ISBN978-4-7948-0855-4　〔11〕
【世界におけるNGOの行動と理論】日本のNGOの実態を明らかにし，〈非国家主体〉としてのNGOの実像に迫る。大橋正明，高橋華生子，金敬黙，長有紀枝，遠藤貢。

価格税5％込